A Imagem Autônoma

Coleção Estudos
Dirigida por J. Guinsburg

Equipe de Realização – Revisão: Geraldo Gerson de Souza; Assessoria editorial: Plinio Martins Filho; Sobrecapa: Adriana Garcia; Produção: Ricardo W. Neves, Sérgio Coelho e Adriana Garcia.

Evaldo Coutinho

A IMAGEM AUTÔNOMA

Ensaio de Teoria do Cinema

Direitos reservados à
EDITORA PERSPECTIVA S.A.
Avenida Brigadeiro Luís Antônio, 3025
01401-000 – São Paulo – SP – Brasil
Telefone: (011) 885-8388
Fax: (011) 885-6878
1996

À memória de
João Dias de Morais Coutinho

A memória de
Juan Díaz de Moreno Country

Sumário

ANOTAÇÃO PRÉVIA XI

PREFÁCIO XIII

1. Dificuldades de Atualização Crítica 1

2. As Figurações Mentais 9

3. A Crítica Formal 13

4. A Matéria do Cinema 17

5. A Presença da Imagem 21

6. A Ausência da Imagem 27

7. As Situações em Ato 33

8. A Sucessividade de Planos 37

9. A Unidade Visual 43

10. A Angulação 51

11. A Mobilidade da Câmera 57

12. Os Tempos do Cenário 63

13. Representação de Representação 73

A IMAGEM AUTÔNOMA

14. O Ator de Cinema. 77

15. O Desempenho Alegórico. 87

16. A Representação no Estúdio. 93

17. O Cinema e a Literatura. 103

18. *Leitmotiv* e Enredo 111

19. O Método Alegórico. 115

20. O Cinema e o Teatro 123

21. O Cinema e a Pintura. 137

22. A Técnica Suficiente. 147

23. Arte da Evidência 163

24. A Imagem em Virtualização. 173

25. Chaplin e o Método Alegórico 185

26. A Intuição Chapliniana. 195

27. A Incidência da Crítica. 225

Anotação Prévia

Reportando-me ao Prefácio desta obra, cabe-me esclarecer que ele foi elaborado para a edição primeira, a cargo da Universidade Federal de Pernambuco, no ano de 1972. Então, não estavam publicados pela Editora Perspectiva os cinco livros que constituem a *Ordem Fisionômica*, a saber: *A Visão Existenciadora, O Convívio Alegórico, Ser e Estar em Nós, A Subordinação ao Nosso Existir* e *A Testemunha Participante*. Hoje, com a presença dessas obras no acervo da Editora, poderá o leitor reconhecer em muitos dos "painéis", dos "retábulos", dos "episódios", o processo narrativo, a feição, o estilo da lente cinematográfica. Sabe-se que o olhar humano atua, freqüentemente, como se fora a objetiva, residindo nele, por conseguinte, o exemplo do que seria a câmera do cinema. Sem dar-se conta do evento, há um cineasta implícito no portador da visão. Tanto no presente livro como nos acima citados, paira, sem dúvida, a apologia da óptica, quer na passividade do vir ao conhecimento, quer na formação e constatação de alegorias e de símbolos. Ademais, o comportamento da câmera infundia, na fase silenciosa e através de seus valores – a nudez, a sucessividade, o descolorido – a estimulação a novos ideamentos de natureza estética. Era uma arte que nascia, logo provida de critérios e fundamentos teóricos, tudo a credenciá-la ao posto de arte maior. Em verdade, o cinema indicou, à filosofia da arte, outras modalidades de reflexão crítica. Parece-me

A IMAGEM AUTÔNOMA

aceitável a concepção de uma história das manifestações do espírito, na qual se inclua o singular e estranho fenômeno: o de um gênero artístico que se frustrou sem atingir a plena maturidade, toda a explicitude de sua respectiva matéria.

Recife, novembro de 1995
E. C.

Prefácio

Em algumas passagens de seu livro *O Espaço da Arquitetura*, publicado em 1970, o autor se refere à arte da cinematografia, deixando claro que a feição com que ela se apresenta na atualidade se constitui em transgressão à norma da autonomia do gênero artístico. De acordo com esta, cada gênero artístico se estatui à base de matéria específica, de modo que o cinema, em face do abandono daquele princípio, ao adotar o som e a cor, se converteu em ecletismo formal, com desapreço à sortílega aliança que une o legítimo criador à sua matéria de amorável emprego. A cinematografia, como gênero autônomo em virtude de possuir a sua matéria própria – a imagem em preto e branco – nem sempre atingiu a pura autenticidade no que tange à matéria mesma; salvo casos de exceção, havia letreiros que, por auxiliarem a externação do sentido, eram concorrentes de todo estranhos à imagem. Naquele ensaio sobre arquitetura, assim se expressa o autor a propósito desse ponto: "Os valores do cinema, integrantes do conceito de imagem enquanto matéria não capitulada em outra arte, são, com o descolorido de sua aparência, o movimento, quer o próprio da figura, quer o estabelecido mercê da sucessão de cenas, o ritmo, as angulações da câmera, as proximidades e os distanciamentos desta para o objeto fotografado, a dimensão do subentendimento, valor este que acrescentara ao aspecto artístico do cinema uma outra feição de cunho eminentemente intelectual, como seja, a potência de ilação que vem a oferecer determinada imagem,

XIV A IMAGEM AUTÔNOMA

tendo em vista outra, não imprecisa, vaga, tal se vê no setor da poesia literária, mas inconfundível, cabal, nominada".

Em *O Espaço da Arquitetura*, o autor adicionara ao princípio da autonomia da atividade artística, merecedor de grande saliência por parte de Lionello Venturi, mais duas outras autonomias: a do gênero artístico e a de cada obra de arte em particular. Ao conteúdo de *A Imagem Autônoma* interessa, principalmente, a segunda das autonomias, aquela que é firmada pela presença da matéria, em sua unicidade de aplicação. No decorrer da leitura, verificar-se-á que todos os assuntos se inscrevem no título do livro, nada existindo no temário que não contribua para o reconhecimento da autonomia do cinema. Essa observação importa para efeito de evitar insatisfações do leitor, acaso desprevenido quanto à posição filosófica da matéria, tal como se aborda ao longo deste ensaio. A existência da imagem cinematográfica e seu uso artístico antes da interferência da cor e do som, a convergência de intenções no sentido de uma arte independente e no mesmo plano das artes maiores, legitimam a preocupação do autor em circunscrever-se à imagem autônoma, sem demorar-se no reconhecimento daquela simbiose, apenas colocando-o à margem por sua infringência ao princípio do gênero autônomo.

Conclui-se que a cinematografia, como se vem processando há quarenta anos, longe está de promover estímulos à especulação teórica; especulação que, partindo da matéria, não se afasta do campo em que esta se perfaz em valores, permitindo sempre à crítica uma base de referência, enfim, condições para o módulo doutrinário com que ela, a crítica, sói estabilizar-se perante os seus definidos objetos. No entanto, podem encontrar-se, em filmes de composição eclética, momentos não desdenháveis, precisamente os que conservam resquícios da imagem autônoma. Passagens de positivo mérito surgem aqui e ali nos espetáculos que se vêm proporcionando ao público, às vezes levando o entendido espectador a lamentar que flagrantes de real mérito se inferiorizem em face de impuras intromissões. Por exemplo, a dimensão intelectual, o subentendimento, segundo o qual a câmera deve indicar a presença de certo vulto e não expô-la em sua corporeidade, tanto se mostrará, em figurações descoloridas, em imagens próprias do cinema, como em figurações coloridas. À semelhança deste, outros valores também aparecem em fitas da atualidade, porém, em relação a eles, a apreciação estética será diferente da que antes prevalecia, quando a matéria se preservava incólume, ou quase incólume.

Torna-se evidente que a ressalva acerca do condicionamento da crítica ao tempo da confecção da obra, não interfere quando o estudioso examina os filmes de hoje com os olhos de ontem; sem dúvida que ele, crente no que a imagem pode oferecer de especulativo, en-

PREFÁCIO   XV

caminhará o seu exame a elementos que aparecem em junção com outros de distinta matéria, aproveitando-os assim mesmo como sendo ainda os melhores do exibido espetáculo. Se as coisas notáveis de outrora consistiam de fragmentos esparsos, não tendo havido nenhuma obra perfeita em toda a extensão, elas mais ainda se escasseiam atualmente, em parcelas menores e essas mesmas evidenciadas por críticos que hajam treinado a sua curiosidade de acordo com o cinema à época da mudez e do descolorido.

Se, dessa maneira, se faz positiva e recomendável a apreciação dos filmes de hoje com a visão em termos de antigamente, o inverso não será plausível quando se atenta a que os recursos técnicos da atualidade, em desvio da matéria, dificultam no espectador a intenção de avaliar o que era necessariamente simples, porquanto a assimilação da imagem se opera de modo instante, imediato, sem coadjuvar-se com nenhum outro estruturador de presença. Deve-se atender também, no caso de ver-se o antigo com o olhar de agora, a determinadas contingências que foram inevitáveis nos primórdios da cinematografia, como a dos atores que gesticulavam em excesso, o que se justificava em virtude da influência do teatro e da reduzida confiança que os primeiros diretores depositavam no uso da nova matéria; eram eles inscientes das possibilidades expressivas da imagem que, pela só presença, suscitava de logo a sua compreensão por parte da platéia. Entende-se por presença o ato de o objeto se deixar ver em identidade útil para o assunto em foco, assim valendo o mero aparecer da figura, sem gesticulações afirmadoras de si mesma, tais como se observa nas representações do teatro.

A prática dos meios técnicos redundou em problema fatal para a cinematografia. Pode mesmo dizer-se que o cinema se extinguiu por excesso de aperfeiçoamento e de inovações aparenciais, a incontinência da forma prejudicando a fecundidade da matéria. Além disso, como afirma o autor na presente obra, a fundamentação espiritual da arte não consente que os seus processos de execução se definam, se efetuem, consoante a diligência de inventores que, engenhosos, mudam freqüentemente o que engendraram antes; como fabricantes de instrumentos, situam-se na dependência de quem os aproveita nos misteres da arte, embora as novidades oferecidas despertem a sofreguidão de conhecê-las. Em verdade, o grande artista é aquele que não se empolga com as técnicas que também lhe conviria adotar, assim contrariando a opinião dos que ignoram o quanto a criatividade se vincula à matéria.

Um correlacionamento existe entre o artista e a matéria que por vocação lhe compete aplicar, esse correlacionamento manifestando-se na maneira como se realiza essa mesma aplicação; isto é, o artista utiliza a sua matéria de modo inconfundível, diferente, che-

XVI A IMAGEM AUTÔNOMA

gando àquilo que tradicionalmente se tem chamado o estilo individual do criador.

De fato, tem acontecido que sempre um autêntico artista, o que porta a sua acepção do universo nas obras que executa, apresenta, na confecção delas, uma singularidade formal que o distingue entre os demais artistas do mesmo gênero. Assim, o estilo pessoal é a conclusão do estreito entendimento entre o artista e a matéria de que ele dispõe. Enquanto os desprovidos de intuição artística se igualam, se confundem no modo de usar a matéria, por impossibilidade anímica de possuírem o estilo, o detentor de uma intuição própria se alteia à só leitura de uma página, se escritor; à visão rápida no quadro, se pintor o artista.

Tratando-se de cinema, há que considerar a circunstância de o criador valer-se de recursos mecânicos, o que significa um distanciamento em seus contatos com a matéria que promana de um maquinismo: a câmera fotográfica. Mas, acontecendo que a câmera são os olhos do artista, como serão os do espectador, verifica-se uma prática exclusivamente ética, o olhar convertendo-se no possibilitador de matéria, portanto no instrumento com que a atinge e absorve. Arte visual por excelência, a cinematografia encontra no olhar o recurso único com que deve contar para o externamento da concreção artística. O olhar do criador, o olhar do assistente em sua cadeira, o olhar da câmera se unificam num olhar que, a um tempo, registra, observa e cria o fenômeno da arte; sem embargo de o criador de cinema, em vez de manusear a matéria, numa atividade empírica muito a gosto daqueles que assim trabalham, lidar com ela por meio de elementos mecânicos, isto não impede que ele, o criador, imponha na fatura o seu estilo pessoal. A máquina de ver – a câmera – os refletores e mais elementos que se colocam entre o cineasta e o filme, num processo de elaboração em que o artista não toca a matéria de sua lavra, como os artistas de outros gêneros, todavia possuem condições para conceder à imagem os mais sutis e fiéis encarecimentos.

Neste ensaio, o autor pretende a caracterização da matéria peculiar do cinema, detendo-se nos valores técnicos que preocupam – melhor seria dizer preocupavam – os autênticos criadores, tanto os do método alegórico, tanto os do método cursivo. Discernindo as situações visualizáveis das situações não visualizáveis, o autor implicitamente discrimina o cinematográfico do não cinematográfico, dessa forma clareando as fronteiras de seu gênero. Mas, para a magia da câmera, posto que não se mostrem os eventos não cinematográficos, tem ela o condão de deixar no espectador a subentendida presença do sucesso que se oculta em face de sua natureza desfigurativa: ela torna positiva e aparencialmente concreta, dispondo de seu lugar

PREFÁCIO XVII

no cenário, a coisa em ocultação. Caberia acentuar que, graças ao subentendimento, concorre, na matéria cinematográfica, a não-matéria, com o visível o invisível.

Adstrito à sua denominação, este ensaio cuida da cinematografia como um fenômeno sem precedentes na História da Arte: a despeito do grande futuro que prometia com a sua técnica devidamente caracterizada, veio a extinguir-se em virtude da incontida propensão, aliás comum entre os pouco avisados sobre a noção de matéria, de impor à fatura artística os valores que estão na empírica realidade. A figura deveria aparecer na tela trazendo consigo a sonoridade e a cor nela existentes em sua condição de modelo natural. De sorte que, se a cinematografia não adotava então aqueles elementos, era por efeito de deficiência na técnica de bem reproduzir a realidade; suposição esta de todo incompatível com a definição de matéria, e, em última instância, comprometedora quanto à própria conceituação de arte. Contando ainda com a geral exultação, mesmo de defensores da autonomia da imagem, entre eles Charles Chaplin, a mais importante personalidade do cinema, a técnica de maior aproximação com a realidade desfez, sem muitos lamentos, o que em verdade fora a matéria de uma arte ao nível das consagradamente maiores. Há também que considerar que as obras de cinema, com exceção de algumas, se tornaram objeto de mercancia, e nesse setor as novidades se tornam urgentes porque ativam a procura.

Analogamente a *O Espaço da Arquitetura*, tal como ficou explícito em seu Prefácio, *A Imagem Autônoma* tem relações com *A Ordem Fisionômica*, trabalho ainda inédito do autor: a preocupação por cingir-se apenas à visualidade, tanto existe numa como na outra obra; podendo ser dito que o autor, no caso de *A Ordem Fisionômica*, usou os olhos como o cineasta usou a câmera, constituindo-se não em cinema, no sentido rigoroso de estar esquematizado e prestes, portanto, a ser transposto em imagem; longe disso, a obra se integra no gênero literário, ao menos em escritura no decorrer da qual muitos entrechos se apresentam à feição de cenários sem pormenorização técnica; em outras palavras, a percepção óptica é a única a oferecer, da coisa em consideração, o teor bastante rico de predicamentos.

Quando o olhar faz as vezes da câmera, ele se metodiza em seu processo de descobrimento, prestigiando-se a máquina com esse mister de promover ao sentido da visão um encaminhamento mais propício à coisa descoberta. Sempre que a visão se anima de intencionalidade, infere-se que ela atua cinematograficamente. No caso de *A Ordem Fisionômica*, os objetos visíveis se mostram normalmente solícitos em conceder ao autor a simbologia almejada por este. A conversão do objeto neutro em símbolo é uma operação de natureza cinematográfica, ainda que anterior à cinematografia.

XVIII   A IMAGEM AUTÔNOMA

Com efeito, a câmera, seguindo as determinações do cenarista, daquele que escreve as cenas que serão fotografadas, se comporta em busca de desejada presença, acompanhando-se de uma vontade simultânea a ela, assim configurando existências, à maneira do olhar humano. Estilizadora do ato de ver, a câmera cinematográfica se dimensiona indefinidamente e às descobertas existenciais confere um relevo particularmente duradouro. Se o romancista pretende inculcar a maior saliência e nitidez possíveis a uma personagem, não as obterá tão bem como a objetiva do cinema em sua exposição imediata e direta.

Receia o autor que a maior parte dos trechos de filmes citados em abono de certos argumentos esteja na insciência de quase todos os leitores, sobretudo os trechos de produções pouco notabilizadas, e por isso mesmo ou eles não viram ou se esqueceram. É de crer que raríssimas pessoas se recordam de *Armadilha Perfumada*, no entanto a cena mencionada, a propósito de tempo transcorrido, não poderá ser omitida quando se estuda esse importante aspecto do cinema. Então concluir-se-á que a teoria do cinema, em nada assemelhando-se à da pintura, à da escultura e à da arquitetura, cujos comprovantes concretos se franqueiam à comparação e à conferência que levam a termo os leitores caprichosos, enfrenta essa debilidade quando o autor da teoria pretende aliciar ao seu pensamento a futura opinião do estudioso: os exemplares comprovantes, no caso do cinema, se esquivam na hora em que seriam necessários; tal conjuntura obriga o autor do ensaio teórico a solicitar, de todos os que lerem o livro, uma boa margem de confiança na memória e nos apontamentos aqui utilizados.

Recife, março de 1971.
E. C.

1. Dificuldades de Atualização Crítica

Diferentemente do livro que se tem na estante, e é compulsável a qualquer momento, o filme a que há anos se assistiu, e agora seria útil, de raro advém, a ponto de se poder conjecturar quanto ao impossível de uma nova exibição. Ao decidir-se à retomada de certas obras da cinematografia, com o intuito de fixar-se o que de significativo elas ofereceram no plano de uma teoria do cinema, deparam-se os elementos que na lembrança ou em nótulas restaram de quando foram vistos em ocasião talvez única. Também se conta com publicações que encerram muitos subsídios acerca de uma e outra obra, narrações do enredo, o ressalto crítico de alguma passagem correspondente ao gosto da época, ou mesmo apreciações de interesse estético, todas a apenas fornecerem dados imprecisos e impróprios que não restauram os conjuntos cênicos, os transcursos a que se referem. Se nas artes simultâneas, como a pintura, o isolamento de um trecho não capacita o contemplador para o julgamento da totalidade, assim, nessa arte da sucessão, o detimento de um instante de seu curso se esteriliza, se porventura não o aviva a decorrência que flui do início ao término da fatura.

Ao se reverem as nótulas escritas e as de simples memória, experimenta-se uma sensação equivalente àquela que oferece uma antologia literária cujos trechos se conhecem desde a sua leitura no teor das obras completas, cada um então indissoluvelmente assimilado ao respectivo conjunto. Muito diversa se apresenta a recepção do isolado fragmento se comparada com a da primeira e integradora

2 A IMAGEM AUTÔNOMA

vez, inculcando efeitos à revelia das previsões do autor, à maneira das frases dispersas que o compêndio de gramática cita como exemplo: facultam uma distinção nova e atraente, mas que refoge ao campo geral em que se inscreve.

Pode-se aplicar o nome "tratamento", aliás de corrente emprego na crítica especializada à época do cinema silencioso, para designar o estilo narrativo de uma obra, o qual somente se ausculta, se o filme se conserva inteiro, nada transparecendo desse estilo na cena que a título de publicidade se estampa em alguma revista. Com efeito, o esforço da memória e os apontamentos guardados não reconstituem o fluir do tratamento, que assim é inseparável da fita enquanto exposta em sua plena urdidura. Ao se acumularem, a respeito de uma obra, os dados disponíveis e hábeis a fornecerem o suficiente para uma teoria, o estudioso contenta-se sob a ressalva de que o estilo da narrativa, o seu ar de unificação e de acabada maestria não lhe voltam durante essa imperfeita e desarmônica exibição. Supre a deficiência a lembrança do tratamento radicalmente preso à original e natural elaboração, a memória da sensação vindo a substituir a sensação mesma. Outra conjuntura o dissuade quanto à incolumidade da experiência estética: a natureza da assimilação, a qualidade do recebimento hoje em dia, difere bastante do que fora ao tempo de assimilar-se a modenatura do filme, de simpatizarem-se o objeto em pleno testemunho e o caráter do acolhimento que se possuía então.

A atualização crítica no tocante ao cinema, com os estorvos acima considerados, torna-se um problema de expressiva importância para o alcance de algo que deve ser, apesar de sua condição efêmera, mantido em sua legítima acepção. Houve um acontecimento artístico, mas o espectador que iria restaurá-lo não sói corresponder à índole da tarefa nem tampouco munir-se-á de todos os requisitos para a desejada repetição. Uma obra de arte se submete, portanto, à contingência de ser mais perecível que o facultado pela normalidade do perecer comum, a que se encaminham todos os originais. Quando a obra artística é de tal formação que, desaparecendo, no entanto ressuscita nas reedições ou reproduções que em tempo se extraíram do original, tem-se que este se diminui, decai daquela importância que ao autor decerto parecera insubstituível. Na confecção de uma obra literária, a tácita aceitação de que ela se divulgará em multiplicações que todavia conservam a sua essência e o mais que for de sua matéria literária, faz irrelevante a diferença entre o manuscrito do escritor e a sua cópia em páginas impressas. Na pintura, entretanto, vê-se melancolicamente que o original não mais existe, que o perdeu o empobrecimento das tintas ou um acidente exterior, extinguindo-se o original que, afora o privilégio dessa

DIFICULDADES DE ATUALIZAÇÃO CRÍTICA

condição, acrescia um outro: o de provir de matéria diretamente vista e experimentada pelo autor, a presença deste a insinuar-se ainda pelo que lhe resta.

A retomada de um filme geralmente se afigura mais dificultosa e precária que a de uma tela que entretanto continua a existir através tão-só de suas reproduções. Mas uma possibilidade de salvamento, senão da aparência fotográfica, e sim de seu nominal conteúdo, como o enredo, a trama em si mesma, se alteia entre os processos de reedição da obra: trata-se do cenário, aquilo que atualmente se chama de roteiro, isto é, a fita em prévia escritura, a modo das peças de teatro; contudo, a composição do cenário é mais minuciosa, mais analítica possível, propriedade esta que conduz à questão da autoria da obra cinematográfica. Assim, ante a dificuldade de assistir-se a uma exibição em tela, compensar-se-ia com a leitura de seu cenário, ou roteiro, em alguma revista ou livro com fácil manuseio em bibliotecas.

No entanto, por mais minuciosa que seja a escrita, sempre colidirão a confecção realizada fotograficamente, enfim, a obra acabada, e ela enquanto posta em termos de programa, de indicação para tarefas a cargo de outrem. Estimulador da imaginação, o cenário, à proporção que é lido, se estabelece de forma visual, na mente do leitor, mas essa versão de interna cinematografia resulta desfrutável apenas por esse visualizador; e se ocorre conhecer depois, em sua integridade, um filme cujo cenário foi por ele anteriormente lido, a surpresa se configura como se se tratasse de uma segunda obra, tanto discrepam as tomadas de angulação e o mais que, previstos no mesmo cenário, se afeiçoam diversamente quando sob o emprego da câmera. Tais eventos sucedem ao comparar-se o teatro da leitura com o teatro da exibição, porém o aspecto mais analítico da escritura cinematográfica tem a especial prerrogativa de disciplinar, de subordinar aos desejos do cenarista, mormente no tocante a minúcias, a visão íntima do leitor, retirando deste a menor parcela de colaboração inventiva, omitindo-se-lhe o devaneio para vigorar tão só o atendimento ao que determine o autor do cenário, vale dizer, o autor do filme. Teoricamente, será mais cônscio de sua criatividade o cenarista que menos oportunidade de contribuição deixa para o leitor; tal observação se estenderia, a ponto de não ser demasiada a afirmação de que, ao diretor da fita, nada mais compete que a missão de ensaiador e literal seguidor de quanto lhe prescreveu o autor do cenário. Dessarte, a composição deste significa, em sua teia esquematizada, algo além de uma urdidura tecnicamente dissecada: significa a positivação da criatividade exclusiva, o autor a registrar, nos termos com que fixa a própria obra, a privatividade da autoria.

4 A IMAGEM AUTÔNOMA

A leitura do cenário, para efeito de conhecimento da obra, na falta de sua exibição, oferece, conseqüentemente, o ensejo de individualização com que se afirma o verdadeiro autor; havendo implícita, na escritura cinematográfica, a determinação de reduzir os demais componentes da equipe – considerando-se que a arte do cinema é sempre o resultado de um grupo com definidas especialidades – a coadjuvantes sem acesso ao nível da criação, inferiores sem dúvida àquele que armara a seqüência das situações, quer extraindo-as da motivação de sua lavra, quer aproveitando-as de um enredo ou história da autoria de outrem. Dessa maneira, o que fora sugerido como processo de compensação pela impossibilidade de se ver a fita em sua plenitude já assume um aspecto que escapa ao filme em sua definitiva integridade: o de permitir que se alcance essa conjuntura de o cenarista somar à confecção de sua matéria a escritura prévia da obra – a empresa de evitar que ela se despersonalize em face da cooperação dos auxiliares, notadamente do diretor e do fotógrafo.

O contato ocular entre o espectador e a decorrência na tela, pela razão de ser impraticável normalmente a repetição do filme tantas vezes quantas as necessárias para a retenção de todas as passagens, sem contar o incômodo que representam as sucessivas retomadas de uma obra já de si sucessiva, a relação visual entre o espectador e a fita, não consente que se recolha, em sua completa evidência, a atitude do criador em defesa de sua autoria, a si avocando tudo o que possa expressar o teor de sua imaginação. A ignorância que em geral se tem quanto ao cenário escrito impede o espectador de assegurar o próprio do cenarista, comumente atribuindo ao fotógrafo, ao diretor, uma angulação, um evento que está, a rigor, preestabelecido na precedente escrituração. O inverso também é apreciável: pode o fotógrafo ou o diretor promover angulações e eventos que nem sequer insinuava a peça escrita; aliás, no exercício profissional do cinema, tem-se constituído em norma a indiscriminação quanto às origens dos elementos que, reunidos, compõem a fita cinematográfica; o espectador cientifica-se, logo ao iniciar-se a exibição, que várias pessoas se incumbiram das diferentes especialidades, as mesmas que são necessárias a qualquer filme; mas acontece que essas especialidades não se efetuam independentemente do criador do cenário, é ele quem propina dimensão, intensidade, e sobretudo sentido a cada uma das tarefas de seus colaboradores. A conseqüência que dimana desse ponto está em que uma obra aparece tanto mais heterogênea, mais desprovida de unidade quanto menos vinculados do cenarista se encontrem os demais participantes da equipe.

Se uma obra de arte vale, em última instância, pela presença, nela, de um sentimento das coisas, de uma concepção do mundo que, em outras palavras, é uma cosmologia a que tudo o mais atende

DIFICULDADES DE ATUALIZAÇÃO CRÍTICA

e se insere na exclusividade de seu único criador, o conceito de equipe exclui a possibilidade de fazer-se íntegra e discernível a incidência dessa visão cosmológica. Em tese, o suposto nivelamento de interesses entre os que compõem o grupo corresponde a um falso entendimento, desde que há sempre, no conjunto de autores, alguém que emitiu a motivação primeira que, embora se elastecendo à custa dos coadjuvantes, revelará, em qualquer etapa de seu desenvolvimento, que procedeu de uma fonte solitária. O exemplo de Charles Chaplin esclarece marcadamente a questão da autoria dentro da equipe executora: detentor de uma intuição da conduta do homem no universo, ele a expunha em imagens de que era o selecionador e o modulador, apenas transferindo a seus ajudantes aqueles encargos que poderiam ser realizados por quaisquer; convindo ressaltar a circunstância de ele mesmo obrigar-se a essas tarefas, tais as de orientador do fotógrafo, de ator principal, de diretor, de supervisor, todas elas submetidas à sua maior e inalienável tarefa, a de cenarista. Existindo, para a obra, uma personalidade assim dominante, usufruindo, a seu pleno dispor, os recursos materiais de que necessita, não há que falar de dúvidas quanto ao autor do filme, ainda nos setores em que ele não se envolveu de modo direto; tal compreensão não se patenteia quando o cenário omite os pormenores que, imprescindíveis, ou não, vêm a ser efetivados por especialistas que, por sua vez, impõem ao filme as maneiras, os gostos que lhes pertencem e que, como é óbvio, não se fundem com as maneiras e os gostos naturais ao elaborador da escritura. Conclui-se que no caso do não-prevalecimento da equipe, o cenário deve-se estatuir sem muitas minuciosidades, porquanto estas se compensam, como no exemplo de Chaplin, com as eventualidades de soluções que adota o cenarista que estará presente nas outras etapas da produção, interferindo na direção, se não for ele também o diretor, na fotografia, na cenografia etc. Quando prevalece a equipe, isto é, quando cada um age como se fora estanque em sua prática, satisfazendo-se não com a aglutinação, mas sim com a coincidente justaposição das tarefas, resulta indispensável, se existe a determinação de atender-se à peça escrita, que esta se apresente repleta de detalhes, de indicações que atingem todos os aspectos da confecção, dessarte convertendo os demais da equipe em meros seguidores das fixadas instruções.

A excessiva importância cometida ao diretor, com o seu nome em especial saliência, tem desnorteado a crítica acerca de quem é verdadeiramente o autor de uma obra cinematográfica. É evidente que essa qualidade deve ser atribuída àquele que, antecipando-se ao acabamento fotográfico de sua obra, a teve em imaginação à medida que a confeccionava no papel; sem dúvida que um filme em cenário significa um filme em latente configuração, e se é o respectivo autor

A IMAGEM AUTÔNOMA

quem melhor "vê" a seqüência de seus móveis painéis, será ele o mais credenciado dos entendidos quanto a dizer sobre os meios mais convenientes à versão definitiva, dado que a sua escritura representa uma cartilha de como obedecer sem restrições. Na História do cinema, perderam-se inúmeros cenários que correspondiam a autênticos valores da linguagem das figuras em preto e branco e silenciosas; de sorte que, além da ausência, hoje, dos filmes que eles prenunciaram, há ainda a impossibilidade de se conhecerem aqueles cenários, entre outras coisas com o propósito de conferir o texto da escritura com a feição objetivada na tela, para a vista dos espectadores.

A apreciação crítica se tem ressentido dessas impossibilidades de se ter, no pretendido momento, para efeito de consulta, o filme que se deseja estudar ou que serve de ilustração a alguma teoria. Os recursos indiretos não habilitam o curioso a um tipo de observação equivalente ao alcançado pelos olhos diante da tela; e na comparação que se fizer entre uma crítica oriunda da recente visão da obra e outra à base da memória, de apontamentos etc., ressalta a maior importância da primeira; de modo que, se a segunda crítica se constitui com fundamento em tais considerações, tecidas sob a sensação que a fita proporcionou, a retomada do assunto representa o que se pode obter de mais consentâneo com a veracidade estética da obra antiga e não retornada em si mesma. Assim sendo, o julgamento, o estudo de um filme recentemente exibido, a crônica sobre ele publicada na semana da estréia assumem uma qualidade que se origina da pura época em que apareceu a obra: são os mensageiros da própria obra, e dela impregnados, e que, sempre ao serem lidos, abrem alguma porta ao discernimento daquilo que não ressurge. As apreciações contemporâneas ao filme possuem, por conseguinte, o mérito de haverem sido elaboradas sob o domínio de uma sensação, apreciações que, no tocante ao revivescimento do filme, são bem diferentes daquelas que se emitiriam em tempos de madura reflexão: tem-se, com o estudo produzido ao calor da experiência estética, um tanto da obra em apreço, fato que de comum se mostra peculiar ao cinema e não repetido igualmente por outras artes; porquanto em relação àquele o estudo sempre se processa mediante uma reconstituição mental, decerto imperfeita, e nessas ele pode operar-se diante da obra íntegra, do original em si mesmo.

As imagens do cinema encerram duas formas de fruição estética: a de sensação imediata e a de reatamento lógico, ambas atraentes para o espectador, mas detentoras de desiguais assimilações. Logo após a exibição do filme, a condição de crítico diário impele-o a envolver a sua crônica, feita sob o impulso da urgência, com a aura da sensação que a obra despertara, inclusive aliando a esse afeto os

DIFICULDADES DE ATUALIZAÇÃO CRÍTICA 7

demais espectadores; enfim, toda a conjuntura do espetáculo vindo a transparecer no pequeno artigo que o jornal publicou na semana do lançamento. Transpira dessas nótulas contemporâneas um calor de presença que deriva daquele contato entre o cronista e a projeção na tela, as imagens do cinema propiciando uma categoria de conspecto especialíssima, própria da circunstância mesma de estar na tela, não encontrada nos outros recintos, quando prevalecem, não as imagens cinematográficas, mas as imagens do cotidiano. Por sua ordenação unitária, oriunda da coordenação implícita em todo enredo composto pelo cenarista, o filme, mesmo no caso da coincidência de seus episódios com os da realidade há pouco surpreendidos, resguarda-se de ter confundidas, com as imagens de outra natureza, aquelas que lhe são inerentes, existindo uma qualidade de sensação que de alguma sorte se readquire ou dela sói avizinhar-se o leitor retardatário.

A fruição pelo reatamento lógico dispensa qualquer marginalidade estranha ao filme, só importando o que fora cinematografado; a retomada da obra, através da perquirição de notas descritivas, de apontamentos, do cenário porventura à mão, se processa sob reflexões que buscam a inteireza da memória, um filme interno a desenrolar-se ao módulo daquele a que em verdade se assistira; no entanto, se se trata de notas, de descritivos, de apontamentos, do cenário em forma de escritura, referentes a uma obra não vista, o estudioso apenas contará com as informações que observa, passando a tecer fiações lógicas, a instaurar presumidas urdiduras, dessarte restringindo-se a um plano de hipóteses que é a visualização, que lhe cabe, da obra que não chegou a conhecer em integração fotográfica. Ditas visualizações, incomunicáveis por sua natureza, não coincidiriam se acaso fossem postas em confronto, ainda que elas partissem do mesmo cenário e correspondessem a literal atendimento ao trabalho do cenarizador. A produção literária, à semelhança da escritura de um filme, assim exposta a imaginações múltiplas, perfaz-se, figurativamente, em tantas versões quantos são os leitores, cada personagem, cada cena, a possuir uma feição aparencial que não se repete na imaginação de outro leitor, permanecendo a obra literária, o romance, o conto, nesse estágio de ser sempre em diversidade fisionômica; estágio que o cinema, como visualização fixa de um enredo, de um urdume de corpos ou de situações, vence por superação, desde que o filme se revela algo de objetivo, de autônomo, que vem a impor-se como definitivo para todas as mentes que o recebem, vindo a platéia a unificar-se enquanto reconhecedora, sem exceção, do que acaba de exibir a tela. O cinema significa, portanto, um grau além do campo da literatura, campo no qual se inscreve o cenário sem a completação da fotografia. Mais que o teatro, cujas peças se mostram suscetíveis

8 A IMAGEM AUTÔNOMA

de desiguais figurações, podendo haver a possibilidade de, na mesma rua, duas casas oferecerem o mesmo espetáculo, naturalmente distintos porque distintos são os atores, o cinema se aproxima da posição que, a rigor, mais estimara o artista da literatura: a de ter a sua obra, ante o público, a identidade facial que ele, o escritor, ungiu ao elaborar, um a um, os figurantes animados e inanimados.

2. As Figurações Mentais

Dada a pouca disponibilidade de filmes que corroborem, com perfeição, o princípio da autonomia do cinema, em virtude de sua matéria, uma compensação ocorre, todavia: não sendo praticável a observação de obras que bem ilustrem essa concepção tida como correta, a improvisação mental do estudioso, a sua faculdade de imaginar ordenadamente, supre aquela falta, desde que o cinema é, antes de tudo, mentalização. Há, efetivamente, em cada pessoa o dom de criar em termos de cinema, de proporcionar a si mesma – e acaso a outrem a quem possa narrar de viva voz ou escrever como se fora cenarista – a urdidura de obra que até rivalizaria com outras que tiveram plena execução, ou mesmo as ultrapassaria em mérito, apenas com a ressalva de que é uma semifatura, embora investindo-se do fundamental. Com efeito, pode construir-se uma teoria com referência a determinada arte, sem que esta apresente obras típicas sobre as quais se arrime a teoria em causa, cabendo a conjuntura de uma se fazer a expensas de imaginadas exemplificações; neste caso, o teórico assume, com a sua dupla preocupação – a de doutrinar e a de ilustrar a sua doutrina – uma posição que o eleva acima da normalidade com que se relacionam o comentário interpretativo e a obra em comento. Então, ao fabricar o teórico os objetos de sua teoria, interpenetram-se, confundem-se os membros daquela tradicional dicotomia, apenas prestigiando-se mais o da crítica investigadora, isto por figurar em termos de pura imaginatividade aquilo que merecera estar em termos de material execução.

10 A IMAGEM AUTÔNOMA

Assim, tratando-se do gênero cinematográfico, e imbuído dos elementos que seriam plenamente executáveis pela objetiva do fotógrafo, ao estudioso de sua própria concepção não se mostrariam indispensáveis as obras que ele não viu ou não reviu, inclusive as apontadas como de mais legítima confecção. Da mesma forma que nas outras artes, a incultura no tocante aos exemplares havidos não impede que alguém, desse modo negativamente dotado, empreenda profundas novidades quando se dispõe a produzi-las graças a si mesmo; os demais e anteriores artistas apenas lhe proporcionando a usada experiência da matéria, e de maneira óbvia as possibilidades, as virtualidades nela existentes e propícias ao que ele programara. Desapercebidamente, cada indivíduo possui, nas meditações figurativas, em grande parte de seus pensamentos, a matéria análoga à dos cenários do cinema, e as suas reflexões, os seus devaneios, incorporados em vultos e painéis, se animam, se relacionam, em ritmos e temporalidades que são equivalentes aos tecidos pelo autor de um filme cinematográfico. Mas, se é despertado por tal similitude, alguém poderá, medindo e dosando os pensamentos que lhe sobrevierem, estender em escritura e como se foram destinados à câmera do fotógrafo, os fatos surgidos em sua elaboração mental; de sorte que parecerá legítimo dizer que cada um leva em si mesmo a prática do cinema, e inclusive, ao dispor de exercícios tão freqüentes, compete-lhe, se consciente de seus contínuos cenários, aproveitar a uns bem mais que a outros, a ponto de aos primeiros reservar a duradoura anotação.

Na cinematografia dos pensamentos, dentre os fenômenos tipicamente cinematográficos, existe o da fixação de uma determinada categoria sobre um vulto que tanto pode ser inédito no repertório de quem então medita simples e natural invenção do momento, como pode ser um que já se integra nesse mesmo repertório, sobrevindo, na hora, com igual espontaneidade, num e noutro caso ilustrando o teor da idéia, à maneira de ator que bem encarna o seu papel. Se esse alguém volta a mover o mesmo pensamento, eis que de novo surge o protagonista de antes, a confirmar, com a sua presença e gesticulações de rosto, que ele se vincula fortemente à cogitação em causa; é, com efeito, a personagem com quem ainda não concorre nenhum substituto.

Conseqüentemente, a figura do ator, isenta de sua voz e de seus coloridos, no silêncio e no preto e branco das imagens do cinema, está no processo com que fluem certas meditações, sempre se repetindo, a propósito do mesmo pensamento, a face solícita em acompanhá-lo de súbito, aparecendo à revelia da pessoa que se detém no significado, na nominação que ela torna "visual" através de si. Não é bem uma alegoria do pensamento, mas sim a encarnação de um

AS FIGURAÇÕES MENTAIS   11

papel no decorrer interior desse pensamento. A idéia assim ilustrada lembra a imagem metafórica, pelo seu contato vivificador do discursivo, do conceitual que pede a figuração a fim de ter assegurada a ênfase. O rosto de alguém, além de inculcar-se na memória de outrem, assume, aqui e ali, na meditação desse outrem, a posição de verdadeiro protagonista de uma idéia, sendo portanto o ator presente logo que no exercício mental desperta a motivação que dessa forma parece necessitar do intérprete condigno. Representa essa conjuntura, não obrigatória para cada semblante em relação a cada pessoa de quem ele é conhecido, uma eventualidade no entanto presumível, embora de raras confirmações, adstritas geralmente à puridade de quem a porta; entendendo-se como receosa curiosidade a de o indivíduo indagar a si mesmo qual, dos possíveis pensamentos de outrem, aquele que o toma na qualidade de ator; o mais fiel sem dúvida, tanto assim que poderá o seu detentor deferir-lhe o privilégio de ser, fora do legítimo receptáculo, a sua mesma idéia, inscrita em escultura tátil.

Como esta, são muitas as vezes em que o cinema reproduz o processo da meditação, a uma proximidade tal que não seria exagerado dizer que os caracteres de sua autonomia confinam com essa mentalização de fatura, não encontrada em outros gêneros artísticos; decerto, o conceito de cinema se nutre de uma constante que lhe é natural: a de limitar-se aos elementos da pura elaboração, aos sós valores da fábrica, sem, portanto, integral compromisso com o conteúdo, no caso o enredo, a história, a mera situação, que pertence também à literatura. Por isso que certas propriedades como o subentendimento, a angulação, o tratamento, o corte, a duração cênica, a duração seqüencial etc. adquirem primordial relevo nas considerações mais consistentes que se fizerem acerca da cinematografia.

3. A Crítica Formal

Mesmo no período de maturação técnica do cinema, compreendido no meado da década de vinte, quando era de todo evidente a distinção entre ele e o teatro, a ponto de se afirmar que um repelia o outro, as apreciações críticas dedicadas ao novo gênero costumavam incidir sobre o enredo da obra, muitas sendo elogiadas e perpetuadas em virtude da originalidade da história, do poder de arrebatar emocionalmente o espectador. Sem contar as que reproduziram enredos já conhecidos através de romances, de contos, de peças de teatro, muitas histórias foram escritas especialmente para o cinema, apresentando, melhor que aquelas, uma preformação já tanto ou quanto cinematográfica. É de admitir, fora de dúvida, que as elaborações instituídas para a filmagem, atentas no seu objetivo, representavam um bom trecho do caminho, sendo mesmo quase todo o caminho, cabendo ao autor do cenário, na hipótese de este não coincidir com o da invenção da história, o simples desempenho de converter em linguagem técnica a urdidura literária ou jornalisticamente tecida em palavras. Ia-se ao filme em busca de emoções e dificilmente se entenderia um julgamento, um estudo crítico que não abrangesse, em primeiro lugar, a tessitura emocionadora, os momentos de exultada recepção.

Quando o enredo era extraído de alguma obra literária, quem a conhecia através da leitura emitia ao fim do espetáculo um juízo que, proveniente da comparação entre o livro e a fita, resultava desfavorável a esta, não obstante possuírem as imagens em tela uma

14 A IMAGEM AUTÔNOMA

força persuasiva maior que a das imagens em pura ideação. A diferença notada, quase sempre sob a forma de decepção, todavia revelava que uma distinção mais significativa se impunha: cada um dos dois gêneros – o cinema e a literatura – se fazia estanque a determinadas injunções do outro, havendo, no campo de cada um, impropriedades e impossibilidades de adaptação, de assimilação, de comunidade que indicavam uma independência de feição, em última análise, o prenúncio das duas autonomias: a do cinema e a da literatura.

Em verdade, nem tudo que esta envolve e encerra em seu interminável acervo pode ser convertido a termos cinematográficos; e a recíproca é verdadeira: nem tudo que o cinema insere em sua modalidade formal pode ser transposto em termos de literatura. Balzac nunca estaria no cinema como está na literatura, nem Chaplin estaria na literatura como está no cinema. Um pequeno enredo de Maupassant em nenhum gênero estaria melhor que num conto de Maupassant. A simples queda de Carlito, motivada por alguma perseguição, em nenhuma parte estaria melhor que num filme de Chaplin. Cada concepção é aderida, indissoluvelmente, à matéria que lhe prescreveu o criador: Carlito é essencialmente cinematográfico assim como as figuras de romance, de conto, são, essencialmente, de feição literária.

Dessarte, no conceito de forma, compreende-se uma linha de restritivo aproveitamento, ou, em outras palavras, de recusa em assimilar a si elementos que não condizem com a matéria em causa; devendo-se, por conseguinte, afirmar que muitas coisas são anticinematográficas, incluindo-se nestas as que se apóiam em vocábulos, em cores, e que se não tornam transmissíveis a menos que se valham desses recursos estranhos. À índole especial da matéria – a imagem em preto e branco, silenciosa, móvel ou imóvel dentro da mobilidade geral do cenário – se aliam as situações, os cometimentos, cuja visualidade é, em si mesma, o modo de apresentação mais explícito. Se a literatura conta com uma visualidade que se dirige à imaginação, a visualidade do cinema se perfaz de maneira direta, surge independentemente de intermediários, ainda que, dentre estes, alguns se disponham a simplificar o arranjo cênico. Nessa condição de arte visual, o cinema obriga a que as considerações estéticas a seu respeito se formulem em vista de sua capacitação formal, abrindo-se portanto a oportunidade de ele se expor em termos de autonomia, com as suas exclusividades originais.

Competiria, então, falar de um purismo cinematográfico, à semelhança do que tem ocorrido com outros gêneros de arte; acaso um visualismo a obter significados através somente da sucessão de figuras e de cenas, a exemplo das situações em ato que o indivíduo capta, com os seus olhos, das afluências que se dão nas ruas, nos

A CRÍTICA FORMAL 15

recintos de comparecimento humano. Entretanto, sem extremar-se quanto à incidência da crítica formal sobre as produções do cinema, pode o crítico empregá-la em qualquer obra, ainda nas que se realizaram com fins nitidamente morais ou políticos, assim escapando ao que deveria ser primordial: a intenção artística. Mas acontece que o filme marcadamente confeccionado para as platéias ávidas de satisfatórias sensações – as platéias morais e políticas – não está isento de motivar apreciações que se ligam apenas ao seu aspecto formal, sendo conhecidos os casos de Eisenstein e outros cineastas russos da década de 20, cujas obras apresentaram sérias contribuições para a própria maturidade formal do cinema.

Verifica-se, conseqüentemente, que a arte cinematográfica se ressente da conjuntura em que se manteve desde os primeiros anos, de ceder a sua forma e a sua matéria a serviço de atividades alheias à da estética, e também de artes distintas como a da literatura e a do teatro. Na prática de tais desvios, muitas possibilidades de valorização, de acertos estritamente imagéticos, enfim, de apuramento de sua substância peculiar, sem dúvida se perderam, escasseando, como com efeito escassearam, ocasiões de puro cinema. A rigor, não existiu nenhuma obra que se apresentasse, do início ao fim, autenticamente cinematográfica, exibindo, além de sua matéria específica, os valores oriundos dessa materialidade, cada qual em seu oportuno aparecimento; valores que são, em primeiro lugar, o subentendimento, a ilação, e depois, a dosagem do tempo no cenário, a angulação e a distância variável entre a figura e a câmera. A linguagem do filme, algo que importa em si mesmo, será objeto de estudo próprio, ela sobreexistindo, à margem de seu conteúdo, mesmo que este se mostre irresistivelmente sedutor; sem depender, necessariamente, do motivo em narração, aqueles valores suscitam considerações à parte, fomentando uma lexicologia e uma sintaxe de férteis relacionamentos.

Certos autores da ficção literária aspiram a ver as suas histórias transformadas em fitas de cinema, aspiração que não recomenda muito a consciência que tais escritores possuem da criação e integração artísticas; há, implícita, na admissão desse aproveitamento de um enredo, escrito para o gênero literário, vir a transmutar-se em obra de cinema, a aceitação de que nenhuma conexão fundamental articula o enredo à matéria em que ele estilisticamente se acomoda; reduzindo-se o assunto em causa a qualquer coisa de utilizável ao capricho de marginais orientações, de modismos publicitários que, se aplaudidos por mais numerosa platéia, no entanto ofendem a base de todo o princípio da autonomia do gênero, o qual se apóia na matéria de que este se constitui. No campo do cinema têm sido numerosas as profanações cometidas, a esse respeito, pelos autores

16 A IMAGEM AUTÔNOMA

que as praticam em suas próprias obras, e pelos críticos que levianamente as aceitam, todos olvidados de que são indiscerníveis o interno e o externo, segundo a congenial intuição do criador. Ao elaborar a sua obra, ele a dispõe de maneira espiritual conforme os ditames da matéria a que simultaneamente se destina, a fase mental da criação consistindo em arraigado consórcio entre a intuição ou – no caso da maioria das vezes – o simples desenvolvimento de uma idéia hábil e a imaginada matéria; um cineasta, ao conceber o cenário de seu futuro filme, pensava-o cinematograficamente na sua vindoura matéria composta de imagens em preto e branco, silenciosas, animadas ou inanimadas, dentro do movimento geral do cenário; um romancista, na etapa inicial de sua obra, pensa-a em termos de transposição verbal e discursiva, e em todos os casos de um e outro exemplo sói acontecer que determinadas soluções de conteúdo foram adotadas por imposição de uns elementos formais que também impulsionam as suas oportunas urgências.

Mas as urdiduras da forma em si mesmas não representam uma atividade artística, antes, elas se instituem em simples objeto de conhecimento, o seu interesse restringindo-se a um tipo de intelectualização que por si só é insuficiente para significar o todo de uma obra de arte. No setor do cinema, evidencia-se, com precisão, um processo de conhecimento – a ilação – que, ordenando-se segundo a gramática da forma artística, não atinge, no entanto, o nível da realização da arte, embora resida nesse processo um dos pontos que fundamentam o princípio da autonomia cinematográfica. Sem dúvida que a crítica formal se impõe por mais legítima, se se têm em conta os valores que são próprios do cinema e de mais nenhum outro gênero artístico; essa exclusividade mais se acentua quando se depreende que, salvo aquelas situações em ato, gratuitamente sobrevindas com os flagrantes ópticos do espectador, no plano estritamente empírico, o mais que concerne ao cinema pode ser comum à literatura, resultando, assim, bastante justificada a influência que meios de romanceada ficção sempre exerceram no andamento técnico dos filmes. E à medida que o cinema absorve – como se fora um trabalho de documentação – aqueles aspectos da realidade visual que são cinematográficos em si mesmos, isto é, desde que a película imita as situações em ato, reproduzindo os seus recursos cênicos, mais clara se torna a impessoalidade do autor que, desse modo, às vezes se diverte em configurações e correspondentes justaposições, previstas na sintaxe óptica, mas isentas da intuição que firma a autêntica obra de arte.

4. A Matéria do Cinema

Tais aparições costumeiras, e que se resumem em meras imagens, se investem do sentido que o espectador lhes inocula por serem elas plenamente disponíveis quanto ao significado. Existem, na realidade empírica e óptica, muitos atores que assumem os seus papéis logo que estes se fazem, sem que eles se apercebam, desempenhar segundo a agenda que porta esse mesmo espectador, tal a natureza da permissibilidade figurativa que os corpos encerram. Ao observador é dado, se porventura se dispuser à prática desses exercícios, promover, a expensas do que vê em seu cotidiano real, pequenos filmes à base de puras correlações de aspecto, franqueando-lhe um leve ou denso motivo, ou mesmo reconstituindo-lhe em imagens alguma significação já havida em seu repertório; apenas, essas curtas e eventuais metragens se mostram unicamente a esse observador, e ainda se alguém lhe estiver próximo e a este for comunicada a ocorrente urdidura, esse alguém que acompanhou o desenrolar daquela dificilmente atinará com o sentido que tão clarividente pareceu ao detentor do fenômeno.

A câmera cinematográfica decerto que não surgiu com a consciente verificação de que substituía um metódico processo de ver, pois que se anteciparam a ela os olhos que souberam distinguir na objetividade a homologação do que ia no pensamento desse próprio contemplador; o conceito de ator vindo a preencher-se também com essa disponibilidade, que cada vulto revela, de traduzir a mentalização que simultaneamente acode ao observador por ocasião de certas

18 A IMAGEM AUTÔNOMA

visualidades. Os olhos perscrutadores têm a mobilidade que a câmera pode reproduzir, eles atendem a demoras necessárias e suspendem o exercício óptico sobre determinada coisa quando sentem que esta se lhes esgotou como partícipe da trama, quer por encerrar o fim da situação, quer por transferir à outra o mister de desenvolver o assunto. Nas histórias que se encadeiam ao longo da via pública, franqueia-se a disponibilidade com que cada um dos passeantes, em sua qualidade de ator, sem embargo de permanecer insciente de seu papel, se deixa incidir como a figuração daquilo que pensa o eventual espectador.

Há, conseqüentemente, situações, fatos da realidade que são cinematográficos em si mesmos, proporcionando ao cineasta os fundamentos de sua matéria artística, as sugestões concretas para um tipo de elaboração diferente das oferecidas pela literatura e pelo teatro, algo que tem, no só domínio da visão, os seus limites e a sua expansibilidade. Assim como, para que se iniciasse a arte da pintura, o interesse sentimental pelo colorido, e precedentemente insinuador de líricos efeitos, se constituiu em lastro não apenas precursor, mas fecundo em inspirar a própria variação artística, também, das situações em ato das ruas, dos recintos internos, extrair-se-iam o material e o instrumental e, ainda, os valores mais consentâneos com os surgimentos das imagens: o estilo da narração e a dosagem do tempo artístico; enfim, o cinema se baseara na realidade empírica, e procedendo à maneira da formação de outras artes, a si avoca uma das parcialidades da vivência humana, aquela que se dá na plenitude do aparecer à vista. Sucedendo que o princípio de autonomia de uma arte se funda na matéria que a torna possível, sendo a cor a matéria de uma outra arte, nada mais teoricamente legítimo que o cinema vir a privar-se da cor, restringindo-se à imagem em preto e branco, em sua natureza de mera figuração plástica.

Na coonestação artística do cinema, outro aspecto se sobressai com o relevo que atinge a substância mesma da arte: as imagens cinematográficas, na sua mudez e isentas de colorido, são capazes de externar uma intuição do universo, uma concepção do existente, senão com a extensibilidade da literatura – entendendo-se nesta o sistema filosófico – ao menos com a acidentalidade que desponta na pintura e noutras artes, maiores por motivo dessa externação, isto é, de poder, com os seus recursos relativamente exíguos, apresentar uma intuição do mundo, acaso apenas sugerida. A circunstância de, verificando-se a historiografia do cinema, não se encontrar, salvo a exceção de Charles Chaplin, nenhum autor que expresse, com permanência em suas obras, um sentido de criação que induza a uma amplitude cosmológica explica-se por várias razões: dentre as quais o dispêndio financeiro na confecção de filmes e a sabida dificuldade

A MATÉRIA DO CINEMA 19

de o cineasta, dispondo de grande mérito, impor a sua vontade artística no meio de muitas injunções, por força da organização do trabalho cinematográfico. A permanência do sentido da criação em mais de uma obra representa uma condição natural para a crítica, dessa forma evitando confundir o fortuito com o duradouro, a despeito do risco de silenciar sobre alguma personalidade que, realmente criadora, não pode obter o privilégio da ratificação em obra ou obras subseqüentes.

Aprestada para veicular uma concepção cosmológica, assim concorrendo com outras artes, igualmente passíveis de profundos instantes, o cinema passa a suscitar a crítica de conteúdo, essa mesma que desvenda em Cézanne, em Lloyd Wright, uma dimensão que os eleva sobre os contemporâneos comuns, entre estes os que se sobressaíram no emprego de técnicas e de inovações formais que, entretanto, não foram além de maneiristas de outros ou de si próprios. Acontece, todavia, que esses filósofos que se valeram da forma cromática e do espaço arquitetônico, respectivamente, se mostraram inovadores técnicos de primeira ordem, inclusive com originalidades que conduziram à polêmica e ao escândalo, tudo bem ao gosto da crítica jovial e momentânea. No caso de Chaplin, não houve nenhuma reformulação aparencial, antes, aproveitou-se ele do que existia na época de sua iniciação, tendo sido, aliás, mesmo na fase de sua maturação, com *Em Busca de Ouro, O Circo* e *Luzes da Cidade,* acusado de primarismo técnico. O importante é que esse primarismo representava o suficiente para a explicitude de sua intuição, a forma bastante a cumprir o necessário à arte, comportamento este que era de Charles Chaplin, não podendo, por sua vez, converter-se em regra geral no domínio da confecção artística. Sem dúvida, a simplicidade técnica, mesmo acoimada de primitiva, não será obstáculo à obra de criação, semelhantemente à exuberância técnica que propiciará, do mesmo modo, produções de excelente qualidade, assim como, num caso e noutro, redundam viáveis os medíocres cometimentos.

O acerto provirá do auto-senso com que o artista se descobre em sua vocação, a qualidade do assunto, do conteúdo, da intuição, que toda obra de arte encerra, desde que o autor se impõe filosoficamente, a natureza de sua substância a ditar os valores que irão externá-la. Compreendida e assimilada a intuição de um artista, deixa sempre a impressão de inoportuna, de falsa, a objeção que incide na forma empregada pelo criador; no exemplo de Chaplin, seria desnorteador, incabível, alguém reprovar-lhe o uso de meios tão pobres, estranhando não tivesse ele adotado a movimentação da câmera, a angulação já experimentadas por E. A. Dupont em *Varieté,* filme que foi anterior a *Luzes da Cidade*; este produzido durante a larga adoção daqueles valores, freqüentemente desfrutados sem muita par-

20 A IMAGEM AUTÔNOMA

cimônia, e sobretudo sem atender às exatas ocasiões de seu emprego. A ausência de acrobacias da câmera nas obras finais de Chaplin no cinema silencioso deve ser considerada como uma conduta de maturidade artística, permanecendo fiel aos recursos que lhe bastaram na emanação de sua idéia filosófica, decerto a menos acidental de toda a história da cinematografia.

A matéria do cinema presta-se, portanto, a duas ordens de crítica: a que se restringe à linguagem em si mesma, comparando-se às situações em ato das ruas, dos recintos internos, e a que abrange o recheio que geralmente consiste na história narrada, vendo-se a esta com os mesmos critérios que se dedicam, em análoga conjuntura, às obras literárias. A primeira dessas modalidades de crítica dispõe de peculiares processos, de maneira que se perfaz em elucidadora autonomia, havendo, assim, paralelamente à autonomia do gênero cinematográfico, uma autonomia da crítica que lhe corresponde. O fenômeno da singularidade criticista opera-se também nas demais artes maiores, contudo, tem no cinema o mais franco pretexto para se apresentar com todo o discernimento. Quando se atende à cinematografia posta no mesmo plano de possibilidades que a literatura, quando se compreende como habilitada a exteriorizar amplos sentimentos dos fatos e das coisas, a ter, por conseguinte, uma dimensão filosófica, a despeito de naturalmente acidental ou simplesmente sugerida pelo autor, a crítica inflete os seus recursos tanto de uma como de outra categoria, buscando interpretar a utilização de um elemento, de um valor formal, consoante o seu vínculo com o instante intuitivo, com as densidades e as levezas com que a história, o enredo, se ondula.

5. A Presença da Imagem

A autonomia do cinema está na matéria de que ele dispõe para externar motivos, assuntos, que também se inscrevem em outras artes; contudo, nem todos os motivos e assuntos que preenchem o repertório dos vários gêneros artísticos se prestam a aglutinar-se à pureza formal do cinema, cabendo, pois, a afirmação de que há assuntos e motivos cinematográficos e não cinematográficos. A linguagem do cinema nem sempre possui poderes para converter à sua modalidade certas situações que encontrariam na pintura, na literatura, o seu hábitat condigno. Torna-se implícito, portanto, que ao cenarista, a quem incumbe a transposição de um enredo literário ao cinema, é dado transgredir o romance ou a novela em causa, omitindo o que não for cinematografável, ou acrescentando o que a feição cinematográfica vem a requerer. A admissibilidade dessa transgressão suscita o problema de vulnerar-se ou não vulnerar-se a obra original, quando é ela aproveitada para a reelaboração de seu motivo ou assunto em obra de outro gênero, muitas vezes sem a anuência de seu autor, como nas inúmeras ocasiões em que ela se franqueia ao domínio público. Aceitando-se a idéia de que existe na obra de arte uma substância que dela se desvincula e paira como gratuita oferenda à utilização por parte de quem a recolha; atendendo-se à disponibilidade desse valor que se faz comum graças à circunstância de já se ter experimentado na criação de outrem, resulta natural que nenhum esbulho se comete na avocação desse elemento que, assim considerado, aponta um largo repositório a cujo preen-

22 A IMAGEM AUTÔNOMA

chimento contribuem, à revelia de seus autores, as utilizáveis produções, ainda mesmo aquelas menos consangüíneas à forma primitivamente usada.

Acontece que, simultaneamente à idéia desse reservatório a que o cinema tem recorrido com freqüência, há a conjuntura de não diminuir a importância da obra literária de que se valeu determinado filme: a integridade da mesma e o reconhecimento consagrado ao seu mérito a permanecerem incólumes, não parecendo desprezível a publicidade que gera, em relação ao original, a transferência do assunto para outro gênero artístico. A despeito das reações contrárias, comumente partidas dos assimiladores mais fiéis à obra, não há razões muito ponderáveis que justifiquem a não-remoção do enredo de um livro para a tela cinematográfica, mesmo com perdas e danos concernentes à urdidura originalmente estabelecida; o que, a rigor, tem que se verificar para o acerto da linguagem do cinema, considerando-se a defesa da própria autonomia dessa arte. A explicitude inerente a cada imagem, a cada cena, em conexão com outras, afora a explicitude, o claro discernimento que toda imagem de si mesma elucida, representa uma condição que ultrapassará quaisquer entendimentos advindos da combinação de vocábulos e de proposições; a conhecida superioridade, nesse aspecto da visível imagem sobre o conceito e também sobre a imagem compreendida em vocábulos ou em proposições, a traduzir-se em termos de ato, de instantânea apreensibilidade, como sucede na vigília dos olhos. O cinema se estrutura à base de presenças bastantes, de aparecimentos dosados a ponto de poder entender-se como a mais persuasiva estilização do efêmero: a duração que, na realidade empírica, muito se abstrai da atenção rotineira, impõe ao espectador, assim formalizada na tela, uma assimilação tão exclusiva que leva à conjetura de que o tempo se deixou ilustrar em diversas variações, e por meio de uma única matéria: a imagem.

Com efeito, as imagens, em relação com outras no decorrer do filme, instituem uma seriação de presenças, em que ressaltam as medidas do tempo a que se condicionou o assunto, e a motivação posta em figuras, e só a ela adstritas. O ato de presença ante o espectador se perfaz sob múltiplos aspectos, em todos eles se revelando uma intencionalidade que teve em conta o sentido de valorização atribuído aos agentes da expressividade, vale dizer, às diferentes posições dos intérpretes no tocante ao cenário; cada aparecimento se dosa em angulação e tempo segundo a vontade do cenarista, uma objetividade, que foge, inclusive, aos presságios do espectador, se patenteia no transcurso das seqüências, uma entidade lógica a se firmar em concreções de presença, podendo, depois da exibição na

1. David Griffith (1875-1948).

24 A IMAGEM AUTÔNOMA

tela, igualmente repetir-se em análogas exibições, sendo tal obra uma criação em si mesma invulnerável.

A reprodução da peça de música, da obra de teatro, gêneros que se dão sucessivamente, costuma sofrer alterações, ainda que leves, mas que tocam a receptividade de quem já assistiu ao mesmo programa; ao passo que a obra de cinema se expõe estável no vero de si própria, por toda a vida de sua materialidade, só ressentida, e assim mesmo exteriormente, pelo desgaste de descuidosa conservação. Quando presente ao olhar do espectador, a imagem atua sem sair de sua fixidez, na posição ou posições que vem de ocupar, a sua estabilização nos trechos da tessitura a externar-se idêntica de conformidade com o querer do seu autor, confinando-se na originalidade que este lhe deferiu. No decorrer de sua confecção, qualquer dos componentes da equipe idealizará sempre a obra como situada no reduto que o aglomerado da platéia confrontará, a unidade de visão sobre o filme a defendê-lo de eventuais deturpações, à maneira das que surgem pela simples deslocação do objeto artístico, como no exemplo da escultura que varia de significação em virtude dos ângulos diferentes em que é observada.

Nas inúmeras salas em que se projeta a obra, a imagem única para todos os assistentes discerne os seus poderes conforme as determinações firmadas pelo cenarista, a qualidade da presença vindo a ser o tipo de aparição traçado por ele a fim de que também se torne único o modo de acontecer da imagem; enfim, a intencionalidade do criador a se fazer evidente nas movimentações da figura, quer de si mesma, por seus passos, quer por mobilidade da câmera. Há, assim, na fita cinematográfica, duas fontes de presença, ambas consistindo numa relação entre o vulto em causa e a lente da objetiva que, no primeiro caso, é apenas registradora e, no segundo, interferidora no âmago do contexto. Dois movimentos se conjugam em concomitância: o da imagem normalmente móvel e o do cenário, este último consistindo em deslocamentos da câmera e na tomada de sucessivos e diferentes planos de incidência dessa mesma câmera. O *long-shot* seguido de *close-up* pertence ao movimento do cenário, tal a cena de um vulto a andar à distância, a qual se substitui pela cena do rosto desse vulto com as características de sua identidade. Resulta ser esse movimento, que muitas vezes se esmera em ritmo, a parte original do cenarista, não captada nos modelos naturais, das coisas que de si mesmas se apresentam móveis, mas instituída pelo inventivo engenho do autor do cenário, modalidade nova, não encontrada em outro gênero artístico.

Toda angulação de uma figura encerra particular intencionalidade, que se torna possível em virtude da normalidade de posição assumida pelo geral comportamento da câmera, ao tratar as demais

A PRESENÇA DA IMAGEM 25

cenas no mesmo nível de expressividade. Essa normalidade propicia as ocasiões de relevo escolhidas pelo autor, que assim institui um campo de naturalidade, com o seu módulo de símiles enquadramentos, as passagens comuns do filme a imporem à platéia uma fluente receptividade, somente ferida pela intercalação da ênfase promovida pela câmera. Quando em unidade de ângulo se movem os figurantes em seqüência, exclui-se aquela intencionalidade especial que desponta ao menor afastamento da objetiva que se mantivera inalterada. Há necessidade de um agudo senso de medida no ato de fazer saliente, retirando-a do geral estilo, a imagem que o cenarista escolheu em busca de mais destacado flagrante. A seleção preferida pelo autor pode recair em imagem até o momento sem vir à curiosidade do espectador, e então ela deixa entornar um tipo de sensação que se fundamenta na surpresa ou no seu poder de expectativa, caso essa angulação não se formule na cena derradeira do filme. As tentativas registradas na história do cinema, de angulações ininterruptas como se fora dispensável aquela normalidade a que se uniam todas as figuras, não atendem, salvo o estranho ineditismo, aos próprios reclamos da sensacionalidade, que quer o rotineiro como condição para o advento do excepcional.

Murnau, cineasta alemão da década de vinte, que se celebrizou pelo notável trabalho *A Última Gargalhada*, revelou em outra obra de grande mérito, *Aurora*, uma tal afluência de angulações que se perdiam os ensejos da intencionalidade, à falta, precisamente, do sentido de exceção que deve nortear o cineasta em seu intuito de converter em linguagem os recursos provenientes da câmera. Muitas produções não exibiam qualquer distanciamento da linha costumeira que viesse a se constituir em angulação, e entre estas se sobressaíam as de Chaplin até *Luzes da Cidade*, o que esclarecia não ser a angulação um requisito absoluto para a autêntica obra de arte; mas, sim, uma adoção ao arbítrio do autor, ora determinado pelos atrativos da obliqüidade óptica, ora pelas exigências do assunto enquanto fator de sensações, a câmera a afirmar-se como um criador de presenças, cada uma assentida na posição que lhe deve caber, segundo o cenarista. De fato, pode o autor, valendo-se da imediata assimilação que induz à platéia a presença de uma conhecida imagem, dispensar que esta se configure em ênfase angulada, bastando-lhe o uso de planos, desde o longínquo ao mais perto da objetiva. Nessas eventualidades – e elas são o comum do cinema, sobretudo antes de *Varieté*, de Dupont – a imagem em seu habitual conspecto era suficiente à explanação dos enredos, entendimento este que certamente contribuiu para a demora na aplicação de movimentos, de giros, de variações de ângulos, todos já possíveis nos próprios começos da invenção do cinema.

26 A IMAGEM AUTÔNOMA

Todavia, a presença da imagem cinematográfica investe-se de outra significação: ela se acentuará como o termo esclarecedor de outra imagem que está ausente, que não se mostra ao olhar do espectador, mas que este adquire de imediato, por simples ilação, num exercício de agradável entrosamento. Cada imagem tem o seu índice de exteriorização do assunto, e alguma ou algumas, pelo arranjo que concerta o cenarista, se acrescentam desse atributo de abrir à receptação da platéia as precisas figuras que no entanto não se exibem na tela. Uma dimensão nova se estatui no plano da visualidade, passando a viger, em concorrência com a parte testemunhável e dirigida aos olhos do espectador: a dimensão do subentendimento, que é, em última análise, um processo intelectual de conhecimento, privativo das formas que se fazem compreender em virtude de seu desenrolar, no tempo.

6. A Ausência da Imagem

Em sua modalidade formal, o cinema revelou, em sua qualidade de arte da visão, um paradoxo que, entretanto, se mostrava um recurso peculiar da cinematografia, qual fosse o de não apresentar determinada cena, e sim aquelas que tornavam possível a assimilação da existência desta, exata, oportuna, ali subentendida no cenário. De modo que a câmera, aplicada em produzir a visualização de presenças, se empregava em escondê-las, evitando expô-las e conseguindo-o subentendidamente. Não houve uma obra que se produzisse à base de assim fazer-se, de forma que o cenário, a partir da primeira cena, se estruturasse com o propósito de ocultações, porém, em muitas fitas, despontavam instantes em que o não-ver prevalecia sobre o ver. Os cineastas Lubitsch e Hans Kraly – há incerteza quanto à autoria das produções que realizaram, se de um, se do outro – eram peritos em acomodação de cenas para efeito de obliterar a que seria, em verdade, a dominante; existe uma ressalva quanto ao uso, por eles, de tais processos tipicamente cinematográficos: em algumas vezes incidiam em passagens desprovidas de séria significação, contudo essa ressalva se despe de importância ao se considerar o cinema em seu aspecto meramente formal.

Um esclarecimento oportuno acerca da adoção do subentendimento – nome com que a crítica especializada designou o fenômeno em apreço – consistiria no reconhecimento de que a sua índole é puramente intelectiva, não podendo por si mesma levar à conceituação do cinema como arte; fundamentando-se esta na presença de

A IMAGEM AUTÔNOMA

uma individualidade artística na obra efetivada, estando inerente a essa individualidade o sentimento com que o artista se vê a si próprio e ao mais do universo, oferecendo deste uma acepção que lhe é pessoal. Este reparo visa a atenuar o relevo que dantes se inculcava ao processo das elipses cinematográficas, a ponto de se dizer que ele representava a essência do cinema. Decerto que o subentendimento era algo novo e só possibilitado pelos meios do cinema, vindo inclusive a prestigiá-lo pela maneira direta e objetiva da realização, de convencimento mais rápido que os obtidos pela literatura através de sugestões, de vago apontamento, sem o caráter identificador que a imagem suscita. A imagem oculta, mas revelável por intermédio de arranjos cênicos anteriores à sua invisível enquadração no cenário, é a determinada figura e não outra, um bastidor em atuação a assumir o mesmo grau de comparecimento que os vultos apresentados pela nitidez da objetiva.

O subentendimento pode ocorrer no próprio seio da cena, sem mudança na tomada visual, a exemplo da passagem de *Em Busca de Ouro*, de Chaplin, em que o gesto de mastigar de seu companheiro sugere a Carlito que o cachorro havia sido por ele devorado; tem-se, portanto, que a imagem oculta, a do cão, a si vincula um significado que se não alcançaria com a presença dela; em geral, as elisões sempre eram utilizadas pelo cenarista como possibilitadoras de uma idéia oportuna, ora conclusiva de cenas precedentes e encaminhadas para essa idéia, ora surpreendentemente como nesse caso de uma das obras-primas de Chaplin, quando a câmera, mais que nos outros filmes de seu repertório, se esmerava em exibir profundas sutilezas. A não-presença de sabido vulto se inscreve em categoria expressional equivalente à dos participantes testemunháveis, assim modelando-se um fenômeno por dedutibilidade mental, que tanto vem a produzir-se em flagrantes de seriedade como em trechos de vulgar entretenimento.

Mas é na ocultação operada pelo conspecto de cenas sucessivas que mais se alteia a importância do cenário, além dos jogos rítmicos que venham a mover-se em virtude dessa mesma sucessividade; transparece da seqüência que se executou para a obtenção de uma figura ou cena subentendida, uma intenção efetuada a expensas de cada uma das figuras ou cenas indicadoras da pretendida ocultação, cada qual sem desenvolver as virtualidades que nela se contêm, todas adstritas ao anúncio daquela que o espectador não verá, porém assimilará como se fora vista. Em última análise, a figura que não se observa outorga, nas que lhe esclarecem a existência, o poder de torná-la presente à platéia, equiparando-se, nisso, ao nome, que designa determinada coisa e a substitui quando impossibilitada de expor-se perante os olhos em causa. O cinema, uma vez assentada a

A AUSÊNCIA DA IMAGEM 29

dimensão do subentendimento, deveria ter-se infletido mais acura-
damente nessa direção; todavia, a despeito das insistências de Griffith que, em sucessões de cenas, armava conclusões de pensamento
que se chamavam símbolos, sem embargo de aparecerem como arranjos conscientes e estimuladores de certos cineastas, o cinema geralmente se omitiu em tais empregos, preferindo o grande número
de seus responsáveis que a sucessão de figuras e de cenas procedesse
num estilo menos fascinante que aquele que a própria realidade oferece, porquanto se sabe que ela é pródiga em esconder à visão coisas
e fatos que se incluem, no entanto, no conhecimento do portador
desta. A presença da imagem resulta, na grande maioria dos exemplos, apresentar-se com a propensão ou o imediato destino de ser
ofuscadora em seu prospecto, a valer mediante a acepção de que se
reveste no preciso instante de sua estada na óptica do espectador.

Não se possui nenhuma experiência de obra que tivesse sido
confeccionada com todas as cenas e figuras convergindo a subentendimentos, inexistindo a certeza sobre a receptividade de realizações desse porte, em filmes com a extensão normal; contudo, uma
percentagem maior de ilações que a costumeira nas poucas fitas que
as encerravam, seria de proveito para o prestígio intelectual do cinema. Com que esperança o espectador se alimenta, logo no início
de Cavaleiros de Ferro, a história de Alexandre Nevsky, ao se deparar com a cena do campo repleto de ossadas, alguma com lança
cravada ainda, fazendo subentender que ali houve uma batalha.
A batalha é a cena oculta e entretanto posta à assimilação da platéia
como se fora também fotografada, à maneira das visíveis. Esse espectador, se bem avisado acerca do sincretismo de matérias – imagem e som – decerto que atenuaria a bela expectação, dado que o
filme de Einsenstein feria o princípio da autonomia do gênero artístico com facilidades conseqüentes, quanto à expressividade de cenas e figuras, que poupariam esforços do puro engenho; mas, em compensação, reduziriam, quando não extinguiriam, as possibilidades
de subentendimento, escasseando dessarte o engenho, o mentalismo
das deduções de cena à cena, sem escapar desse deslize o próprio
Einsenstein.

A imagem se deixa envolver por duas acepções: a de afirmadora
da presença de si mesma, presença estanque e reclusa em seu ato
de se deixar ver, e a de preparadora de algo que se apreende, que
se assimila, porém que não se mostra à visão. Na primeira, reside
uma literalidade que abrange as figuras de cenas em via de, unidas
através do cenário, conduzirem, até o fim do enredo, o assunto ou
assuntos que assim se espraiam em imagens estendidas no tempo.
As relações entre as figuras e cenas sucessivas são todas firmadas
sob o signo da presença, do comparecimento à visualidade do es-

30 A IMAGEM AUTÔNOMA

pectador, que, conseqüentemente, terá diante de si uma linguagem cujos elementos, à semelhança de antigos e primários caracteres, bastam ao conjunto como justapostas aparições. Apenas, o desvendamento do significado se alcança com rapidez mais discernível, sendo imponderável a distância entre as imagens e o assunto que corre à medida que elas vão surgindo. Enquanto os caracteres da antiga escritura são signos convencionados, as figuras são como que transparências absolutas, congênitas com a acepção que transmitem. Na velha escritura duas entidades se congregam no mesmo signo: a da acepção originária e a da conversão ao significado propriamente da escritura, o significado posterior e passível de tradução.

Nas imagens do cinema a vida do assunto se propaga estritamente nas figuras que aparecem, o ato de incorporação do nome à face a prevalecer em todas as cenas, a compreensão a fazer-se de súbito, as coisas visíveis a nascerem e a desaparecerem com o nascimento e o desaparecimento de sua significação. O único de uma face é o mesmo único do motivo que ela desempenha, de forma que ninguém reserva uma figura, já atuante no enredo, para uso em outra oportunidade, a figura, a cena a ser inseparável da acepção em que se atinha.

Portanto, sempre a aplicar-se a si mesma, a imagem cinematográfica vem a instituir uma presença bastante, mas que pode habilitar-se à preparação de uma cena oculta e que assim ficará ao término da obra. A passagem subentendida, por não se apresentar visualmente, está, entretanto, no seio do cenário, mantendo a integridade inconfundível, na sua posição que se limita com fronteiras concretas a modo das cenas fotografadas. O seu lugar na extensão do filme é tão determinado, insere-se com tal fixidez, que concorre com as demais – as da plena aparição – nesse mister de aglutinar-se ao assunto, não à maneira de um comentário, mas de um momento de sua corporificação; as cenas preparatórias a lhe conferirem, em vez de uma localização de bastidor, a mesma prerrogativa, que lhes toca, de contribuir para a tessitura com que se arma o enredo. Acresce ainda que a duração de uma subentendida cena, ou, melhor, a duração do subentendimento, costuma ter a brevidade do pensamento que então exercita cada espectador, nos mais distintos locais; uniformiza a sua receptação às dos demais assistentes que desta forma se unificam enquanto visualizadores, no preciso e comum instante, da cena, da figura que o autor decidira não mostrar.

A ocultação mais especificamente cinematográfica redunda em ser proporcionada por cenas sucessivas, exigindo o cenário que se torne imprescindível a passagem de cenas antecedentes, as que encaminham os espectadores ao mesmo pensamento-imagem; as quais fomentam neles a predisposição a acolher, em índice de certeza, que

A AUSÊNCIA DA IMAGEM

se homologa, a predestinada e escondida figuração. Sabe-se que o cinema, tal como se confecciona na atualidade, se despreocupa com arranjos tendentes a obliterar, em vez de exibir, cenas e figuras; a própria feição de espetáculo, que se imprime ao cinema, a estimular o só emprego de flagrantes visíveis; porém acontece, ou por acaso, ou por intenção do autor, que algo de interessante pode excetuar-se nesse gênero de filme, inclusive na dimensão do subentendimento, à maneira do sucedido na fita portuguesa *Inês de Castro*, quando, invertendo-se a ordem lógica do sucesso, aparecem os personagens recuando coletivamente em gesto de repugnada surpresa, e em cena seguinte o cadáver no trono. O efeito vinha a antepor-se à causa, contrariando, conseqüentemente, a normalidade real, através de um recurso privativo do cinema.

Verifica-se, em relação a este, o mesmo que ocorre com as demais manifestações artísticas em suas consonâncias com a realidade: assim como existem, na natureza, coisas já pictóricas, existem, na incidência do cotidiano, fatos, episódios que se patenteiam em índole cinematográfica, espontâneos na pura inteligibilidade que se depreende com os olhos. Sem sair de sua janela, o indivíduo, com o pendor cinematográfico da óptica, presenciará eventos que lhe revelam a visão de aspectos compostos de improviso, mas que propiciarão a esse observador, se ele atentar com o cinematografismo de quanto vê, uma curiosidade que se confunde com o encarecimento artístico. E se o testemunhante for dotado de prestezas que se comparam às da câmera, dosará, se quiser, as conjunturas aparecidas, de sorte que se distribuirão, segundo ele, os flagrantes em perspectiva, elaborando-se, à custa de imagens reais, um pequeno filme, após o qual, se estender a reflexão ao que há pouco descortinara, há de concluir que, para o discernimento que se operou, se fizeram inúteis os elementos estranhos ao ser da imagem cinematográfica, isto é, à essência muda e descolorida.

7. As Situações em Ato

O documentário cinematográfico chegou a se constituir em espécie com alguns exemplares excelentes, como os produzidos por O' Flaherty, que, em *O Esquimó* – um documentário com leve enredo – apresentou o subentendimento do trenó que se desprovia dos cães à medida que o percurso se alongava, um número menor de animais em cada cena em via do término da caminhada. O autor fazia da realidade o elemento dútil, maleável, inclusive poetizando-se, sem todavia perder a sua verdade.

Em outras ocasiões, o documentário era cópia autêntica e em certos casos a duração do objeto coincidia com a duração do filme correspondente; outras vezes, o cuidado consistia em expor o ritmo natural da coisa em apreço, alternando-se com o empenho em submeter o vulto da realidade a ritmos que se geravam da câmera e não da realidade. Em sua vigência positiva, o cinema documental se mantinha à base de objetivações, havendo uma fronteira a partir da qual se sustavam as pretensões de natureza estética, a fim de impor-se o verdadeiro e indubitável. Sendo assim, nada mais aceitável que a adoção de processos que o tornassem cada vez mais conforme com a realidade, com o vero da coisa em objetivação: quanto mais propiciador de identidade, mais correto o meio de conhecimento. Justificava-se, portanto, o uso de ruídos e de cores naturais do elemento em apreciação, mas apenas em filmes de natureza didática, precisamente naqueles que se resumiam à veracidade pura, sem permitirem que a câmera, tal como se houve em *O Esquimó*, se libertasse do

34 A IMAGEM AUTÔNOMA

domínio único do objeto, e o modelasse e ainda o subentendesse graças aos recursos peculiares dessa mesma câmera.

Na consideração do documentário, deduz-se que a cópia de toda a verdade do objeto é um fenômeno de homologação real, de repetição concreta, enquanto que a cópia de apenas a sua imagem em preto e branco resulta ser uma parcialidade real mas que se positiva já em termos de abstração. Compreende-se, através do documentário cinematográfico, anteriormente à junção de ruídos e de cores, que a realidade se rarefazia para veicular-se por intermédio do cinema, que ela expunha os seus confins ao avizinhar-se de sua antimatéria: a feição suscetível de revelar-se em desenho. Com efeito, a expressão *contornos genéricos*, utilizada em outra parte, induz ao conceito de desenho, de algo que se presta a uma redução de essência; o objeto em apreço a despir-se daquelas modalidades que pareceriam acidentes, para o só alcance da forma, esta, sim, a substância de sua identidade. Nenhuma arte pode ser totalizadora, nesse sentido de valer-se de todas as realidades que compõem o seu inspirador objeto, cada gênero artístico é sempre uma parcialidade que se ostenta mercê da ocultação das demais.

Atendendo à circunstância de que uma pessoa pode conduzir-se de maneira cinematográfica, desde que os seus olhos procedam à imitação da câmera, e mais condigna se patenteará se se regerem sob intencional desígnio, dir-se-á dessa pessoa que ela atua ao mesmo tempo que contempla, o objeto em causa a ver-se em disponibilidade e em registro por força desses olhos testemunhantes e criadores. Da janela, o perscrutador, quer sob o estímulo de uma significação, de pequeno enredo de sua pré-autoria, quer sob o de um motivo oriundo das primeiras cenas que o tocaram, motivação ali mesmo nascida, anotará a elaboração de ensejos cinematográficos, distraindo-se com os favorecimentos que o real cotidiano lhe concede. Decerto que bem se anima quem recolhe da objetividade as correspondências ao seu desejo, revezando-se o espontâneo desempenho das figuras entre cenas ratificadoras do prévio libreto e cenas promotoras dele, acontecendo que estas últimas se franqueiam mais freqüentemente, as correlações entabuladas entre espectador e intérpretes a dependerem, sobretudo, destes.

O aspecto mais curioso deste cinema ao vivo está no fato de os atores – os protagonistas são, em geral, os passeantes da rua – ignorarem os papéis que desempenham, e ainda a própria situação de se aplicarem à mira de alguém com subjetivos influxos. Quanto ao entendimento da passagem, se outro alguém se localiza no mesmo miradouro, ele, pela confissão do que também sucede à sua vista, sem dúvida confirmará o pequeno conto, ali havido de maneira gratuita.

AS SITUAÇÕES EM ATO   35

A realidade, conteúdo das homologações analíticas e matéria dos documentários, enquanto permanece incólume em sua contextura, se faz disponível à prática de sortilégios, tais sejam as conversões de sentido em que se inculcam os seus componentes. As externações da realidade servem agora a outros fins que não à entrega de sua verdade primeira, de sua naturalidade existencial, e sim para a ilustração de pensamentos, cuja movimentação se cadencia de acordo com as atitudes e posições dos corpos em enquadratura, selecionados pelo observador e inseridos na ordem armada por este, de seu belvedere. Após se tecerem as situações em ato, o anotador poderá concluir que os atores, os participantes do breve enredo, se impuseram a assimilação do perscrutador independentemente de suas minúcias, do ruído de seus passos, das cores de suas vestes, e que apenas contribuíram, para a obra fortuita, os contornos genéricos, os valores bastantes à identidade dos vultos, à significação que lhes corresponde na curta seqüência. Atentará o receptor e estruturador dos eventos para a circunstância de que as aparições eivadas dos papéis que lhes inoculou à distância se mostram, enquanto intérpretes do imaginado texto, equivalentes às figuras que o cinema antigo apresentava, silenciosas e descoloridas, desnudadas dos elementos mais ostentadores, mais gritantes de sua existência. Uma das comprovações da inutilidade desses fatores consiste na substitutividade de que são passíveis todos os seres em interpretação, um pelo outro cabendo permutar-se sem a exigência de persistirem as mesmas vestes, nem os sons que por acaso articulem: insertos na generalidade de seus contornos, os ocasionais protagonistas atendem à sua inclinação para o abstrato, se capitulam numa essência do aparecer que sobretudo informa sobre a contingência de eles participarem de surgido assunto, a sua existência adstrita à qualidade de pontos onde pousam, no exercício do encadeamento, os atos mentais que assim alcançam a procurada incorporação.

A cor, porventura a salientar a certo figurante, não interfere mais além do que propina a feição plástica desse mesmo vulto, a menos que o enredo leve a uma concreção em que o colorido de que se recobre seja a motivação que há de externar-se. Sempre existe um desenho onde a cor se fixa, e é ele que desperta de sua discrição para corresponder ao chamamento à tessitura da pequena história, os contornos genéricos a imporem, sobre o elemento mais vivo, aquele que menos se predispunha à particularidade de um desempenho. Desprovidos da mais encantada atração que possam causar, os seres, reduzidos à sua complexão formal, transferem para o movimento a fonte interpretativa que, em outras conjunturas, se originara ou se acrescentara da coloração, e a cena perde detimentos da intensidade, que a cor auspicia; no entanto, ela, dessarte esmaecida,

36 A IMAGEM AUTÔNOMA

mais se parece com o pensamento que, em gratuidade franca, se situa na reclusão do devaneio. A mobilidade em que se surpreendem os passeantes é, com efeito, em lugar da cor fascinante, o maior fator da expressividade com que estes ilustram o que discorre na mente do observador, fazendo lembrar o sonho com a sua raridade de colorido e as suas mobilidades em fugidias enquadrações.

Uma coisa, todavia, dificulta mais frisantes apanhados que da janela se recolhem: a fixidez de planos em que se localizam os eventuais intérpretes, restringindo ou impedindo as possibilidades de ênfase que qualquer enredo, ou curta situação, costuma obrigar, desde que todas as motivações que se estendem em episódios, que se alongam em cenas, encerram instantes que se sobressaem do nível em que a maioria dos sucessos se ordena em comum estado. Assinala-se a variação do índice de presença, como que a distinguir, no mesmo flagrante em conspecto, na mesma cena, umas figuras que, por ocorrente nominação, se tornam mais presentes que outras; salvo se configura tais saliências com uma demora maior do olhar sobre o vulto ou vultos merecedores, não consegue o inventivo testemunhante, de seu imóvel belvedere, e, por mais astuto que seja, explorar devidamente os recursos expressionais que ele visualiza.

8. A Sucessividade de Planos

Sem a cor para evidenciar uma presença maior, a imagem se compensa quanto à necessidade de variar, no tempo da história, do enredo, a sua importância ocasional, com as mutações de planos propiciados pela objetiva, esta sempre a serviço da intencionalidade do autor, o cenarista que determinara os referidos planos. Aliando à versatilidade dos planos de fotografia as angulações admitidas no decorrer das seqüências, o cinema se dispusera a soluções de entendimento, por parte do público, só mesmo obtidas por meio das palavras e frases. Tendo-se em conta a imediata clareza das figuras cinematograficamente tratadas, sabia-se que a arte recente, ou, melhor, em via de formulação, se distinguia sobretudo pelo poder de discernimento que promovia nos espectadores, de onde se salientava o caráter de extremo intelectualismo inerente ao processo de sua elaboração.

A rigor, todo processamento técnico de qualquer arte visual se estrutura à base de reflexões da mente quanto ao justo, ao oportuno, de cada elemento em utilização, vale dizer, um grau menor ou maior de cuidada cerebração reside na contextura das artes acolhidas pelos olhos. As faturas do cinema, entretanto, se sobressaíam nesse particular, notadamente na dimensão que era peculiar a ele: a do ocultar em vez do exibir. Além disso, a tarefa da cenarização, isto é, o trabalho preliminar de escrever, uma a uma, as cenas que se sucederiam, com os prefixados planos e ângulos a serem atendidos pelo diretor e pelo fotógrafo, a tarefa da confecção cênica se cumpria sob

38 A IMAGEM AUTÔNOMA

a triagem da meditação, cedendo ao ensaiador dos intérpretes a emocionalidade de cunho óptico. Decerto que a fase de entrosagem cênica e mediata retira do cenarizador, incumbido de tecê-la, as sensações tais como as experimenta ele mesmo depois de terminada a obra, ou o espectador ou leitor que a assimila quando divulgada. Enquanto a produz, o criador vê atenuada a sua estesia por força do encarecimento em proporcioná-la, exatamente no período em que a circunstância de só ele ser o detentor da palpitante novidade lhe fomenta júbilos difíceis de conter.

Ao contentamento do cenarizador não estaria estranho o ensejo intelectual de bem urdir os calculados momentos, realçando-se, dentre os processos mensuráveis, o da sucessividade de planos, em cujo transcorrer se articulam as necessidades do enredo e o arbítrio inteligente do autor, a sua mobilidade de imaginação a preeditar o comportamento da objetiva cinematográfica. Uma história, com toda a sua motivação continuada, quer em forma de conto, de romance, quer mesmo sob a feição de narrativa oral, nunca se desenvolve no mesmo tom, havendo o matiz enfático para as situações merecedoras dele. No caso da cinematografia, são bem fortes os recursos de sublinhamento e a variação das tomadas cênicas, desde o primeiro plano ao fundo de uma perspectiva, do *close-up* ao extremo *long-shot*, obedece à aliança entre as imposições do assunto e a vontade artística do cineasta; mas ambos os elementos, por sua vez, se subordinam à capacidade da câmera, capacidade que deve ser o ponto de atenção mais sério de quantos se oferecem ao elaborador de filmes. A lente cinematográfica é a possibilitadora dos rendimentos da matéria que lhe diz respeito, é implicitamente consultada pelo cenarista sobre a viabilidade prática das intenções em agenda. O criador, durante a feitura do cenário, sente que a câmera tem estreitas afinidades com os seus olhos, que a tarefa a ser desempenhada pela objetiva não será mais do que a repetição daquela que o seu olhar íntimo exerce nos instantes de escrever as tomadas de cenas, porém com a sua liberdade restringida aos poderes da lente que há de filmar, por fim, os seus mentais cometimentos.

Um desses poderes, por sinal o mais fecundo quanto a elasticimentos da visualidade, consiste no atributo de mover-se e que tanto focaliza o objeto em sua normal aparência como em deformadora angulação, a presença a fazer-se continuada por ampliação do proscênio. No tocante a esse aspecto, o cinema acrescia de tal forma as suas possibilidades de revelação, possibilidades expositivas no que tange aos lugares e coisas em vizinhança, que ultrapassava as prerrogativas das vozes, das palavras. O cinema vencia o teatro porque dispunha de uma rampa extremamente móvel, aumentando assim o terreno para a exclusiva utilização de imagens, conquanto as propi-

A SUCESSIVIDADE DE PLANOS

ciadas pela vizinhança tivessem o necessário para o prosseguimento da iniciada motivação. A propósito de imagens oportunas, situadas nas cercanias da câmera e disponíveis ao advento desta, formula-se a lei do local, quando se tem em vista aproveitar, para a significação da seqüência, aqueles objetos que estão nele e não outros ao arbítrio do cineasta, mesmo em aplicação metafórica.

A sucessividade de planos induz a ritmos de que muitos autores se prevaleceram, alguns a exagerarem o seu emprego como se foram elementos de pura visibilidade, sem relação com o sentido em decorrência, com o instante em causa e dentro do assunto. Em verdade, o ritmo, afora a sua cadência deleitável, pode traduzir intenções de ênfase, tais nas ocasiões em que mudamente dialogavam os atores, a atuação da lente dividindo-se, em tempos iguais, entre as figuras expostas em primeiro plano, com resultados positivos para o tratamento da obra, isto é, o seu estilo de narrativa.

O uso do primeiro plano – o *close-up* – valoriza-se desde que se rareia em comparação com o uso comum dos demais planos; em virtude do agrado que se sentia diante de rostos mais engrandecidos, em fascinante evidência, vários filmes se compuseram com índice predominador de primeiros planos, o que lhes diminuía o expressional relevo, dado o vulgar de sua incidência. *A Paixão de Joana d'Arc*, de Karl Dreyer, nas cenas da inquirição, apresentava nítida incontinência quanto aos *closes-up*, ainda agravada pela circunstância de surgirem à base dos letreiros das vozes, trechos sem dúvida inferiores aos da fogueira, nas seqüências finais. O descomedimento na adoção de meios técnicos com que se armam os gêneros artísticos é comum por parte dos autores que se impressionam demasiadamente com eles, às vezes com infantil entusiasmo. O cinema seguiu a regra, não sendo poucas as manifestações desses descompassos, quer no uso de primeiros planos, quer também no de movimentos da objetiva e no das angulações. Mas sempre têm aparecido os que põem nos devidos lugares os elementos da técnica, atribuindo-lhes o seu real valor e dosando o grau de suas interferências e os instantes de sua oportunidade, desempenhando a técnica o seu predicamento de recurso em via de algo transcendente. Admiráveis em particular são aqueles que, inovando em matéria de forma, exibem a originalidade sob um índice bastante, quando bem podiam, para o fácil encômio notadamente dos imaturos, espantar a platéia com a ginástica de seus processos pioneiros. O verdadeiro artista não abusa de suas criações formais, a exemplo de Griffith que aplicava com a devida parcimônia as tomadas de cena de sua inventiva, como Dupont que em *Varieté* externou vertiginosos movimentos da câmera, tendo-os quando era preciso, por determinação dramática do entrecho.

40 A IMAGEM AUTÔNOMA

Mediante a sucessividade de planos, o espectador se inteira da intencionalidade do cineasta de modo mais frisante que a convenção do grifo no correr da escritura, de todos fazendo-se destacar o primeiro plano, indo a primeiríssimo com a mais estreita aproximação entre a objetiva e a coisa em foco. Esta se isenta de gesticulações para expressar-se em pura e afirmativa presença, computando-se pelo que ela é nesse ato de assim aparecer; enquanto em cenas tomadas de alguma distância, conseqüentemente em planos recuados, as atitudes dos figurantes, dos atores, se tornam imprescíndiveis à compreensão da cena, ao passarem ao plano contíguo à própria lente, eles interrompem a mobilidade da conduta e apenas exibem o estar de seu conspecto. Visto de longe, o protagonista que chora desvela o seu pranto por meio de gestos convulsos; posto em primeiro plano, é suficiente a lágrima visível.

Em relação ao entendimento do objeto estético, dá-se que a platéia do cinema difere qualitativamente da platéia do teatro, que imita, na conexão entre o palco e o espectador, as platéias da realidade cotidiana. Com efeito, no caso da cinematografia, salvo nas vezes em que o estado da visão de um assistente o obriga a sentar-se mais perto ou mais afastado da tela, caso sem importância intrínseca para a situação em apreço, no caso do cinema, todos os lugares no recinto da platéia são o mesmo lugar, no sentido de que a imagem, tal como é, apresenta-se a mesma para todos os assistentes; a câmera, que assim figurou o objeto fotografado, a estabelecer, também, a unidade de visualização em todos os comparecentes. O mesmo não acontece no tocante aos espectadores do teatro, existindo uma sensível distinção entre a perceptibilidade do assistente na primeira fila e a daquele que mal se acomoda a vários metros do proscênio, em algum recanto da torrinha. O vulto no desempenho teatral conduz-se na persuasão de que a sua face se distribui igualmente a todas as parcelas do público; no entanto, diversas minudências, constantes dessa própria face, registram-se nas mais próximas e se omitem nas mais distantes à maneira da lágrima, vista pelos espectadores da frente e apenas subentendida pelos que se sentaram nas últimas poltronas. Se porventura o autor da peça, imprimindo na lágrima um valor decisivo para o enredo, desejara que ela se oferecesse a todos os olhos, desalentara-se ao saber, na discreta inquirição após o espetáculo, que nem os da primeira fila puderam, a despeito da perícia do ator, perceber a lágrima tão repleta de significação.

Quanto ao cinema, o pormenor impregnado de esclarecedor sentido será testemunhado pelos espectadores sem exceção, o pequeno trecho do objeto a incutir a sua desveladora presença em todos eles, e desprovida de vozes e de gestos que apontem a existência da lágrima, esta de ninguém se esconde, assim promovendo, com a só

A SUCESSIVIDADE DE PLANOS 41

imagem, um tipo de recepção uniforme que se não encontra no usual relacionamento das ópticas, no cotidiano da realidade. A menos que o observador avizinhe o olhar da superfície da coisa em observação, a convivência visual não se processa a expensas de primeiros planos, vindo a cinematografia, sobretudo nos documentários, a fornecer, ao conhecimento do mundo objetivo, um meio de hierarquizar, através dos olhos, os instantes de contato entre o indivíduo e os seres que o cercam.

A câmera é um super-olho que versatiliza o objeto e, como tal, ela assume participações que, inclusive, excedem o campo da objetividade estética, indo a envolver-se nas entrosagens entre o contemplador e a coisa contemplada, coadjuvando àquele e não apenas incumbindo-se da apresentação desta. Efetivamente, quando a lupa cinematográfica se desloca e se detém, por fim, em algo que antes se perdia no conjunto, passando, por conseguinte, do fundo da paisagem para a singularizada clareza do primeiro plano, do *close-up*, ela substitui o espectador que se encaminhasse com os olhos em direção ao pretendido objeto; nesse caráter, a lupa se presta, antes de quaisquer outras considerações, a ser um ato preparatório a um desígnio – a exposição clara do objeto – que está nela mesma; em outras palavras, a câmera é, a um tempo, o transmissor de uma final intenção e o elemento em busca dessa intenção efetivada, praticando o mister que pertenceria à óptica do perscrutador. A lente cinematográfica, em seu papel de mover-se a determinado fim, a uma cena que é a conclusão de anteriores encaminhamentos, repete a conduta que animaria, no setor da realidade, a alguém à procura do mesmo objeto, agora em termos de transposição fotográfica: dados os mesmos acidentes intermediários, o mesmo recinto, esse alguém veria com os seus olhos o que vê a câmera que se pôs em seu lugar, a lhe seguir os movimentos. Contudo, no domínio do real, nem todas as possibilidades se concretizam, razão por que a objetiva do cinema excede, com vantagens, o discorrer da óptica humana, assim que retrata, em *close-up*, uma coisa que aquela não atingiria; e nesse ato de mostrar a figura, ou o trecho de figura, em primeiro plano, se acha implícito um favorecimento ao espectador, denotando que este economizara as antecedentes atitudes no encalço dessa coisa ora exibida com a minúcia de seus poros; não se deram os aviamentos, o alcance foi obtido em virtude de a lente haver ido diretamente a ele. Quando a tela mostra uma coisa em primeiro plano, subentende-se que a câmera se colocou na vez de todos os olhares da platéia, enquanto lupas que se pouparam de movimentações que se dirigiriam àquela coisa.

De suas cadeiras todos verificam esse primeiro plano, o assistente mais próximo e o da derradeira fila recebem a imagem que é única para ambos, o mesmo se produzindo quanto aos demais planos

42 A IMAGEM AUTÔNOMA

de fotografia, que são nuanças de presença, de sorte que toda cena uniformiza os vultos da platéia, na acepção de que indistintamente ela se dá a quantos a vêem. A imagem, na pormenorização de seus componentes, a imagem em primeiro plano, fazendo-se enorme e exclusiva em predominação, é o resultado que a pessoa teria obtido se, insolitamente, caminhasse de seu ponto e fosse com os olhos rastrear a superfície em alvo. O processo do cinema, poupando-lhe o esforço, implica em ofertar a todos os assistentes a aparição principal, proporcionando-lhes o movimento inverso, o de ir a eles com a intensidade que só lograriam, em realidade, pousando a vista a centímetros desse objeto. O espectador na poltrona recebe em seu olhar imóvel a coisa dessa maneira realçada pelo cenarista, e assim sendo, aquele se afigura o mais passivo dos assistentes, desde que a tudo recolhe, variamente endereçado a ele, e sem divergências com os demais participantes da platéia.

9. A Unidade Visual

A lente cinematográfica se assemelha ao olho humano, inclusive quanto à normalidade de seu comportamento receptivo, quase sempre a manter-se integrada na subjetivação que desde o início adotou; mas sucede que às vezes ela se transfere para outro sujeito de visão, e, em conseqüência, a coisa vista vem a perder algo de sua acepção anterior, senão mesmo sofrer profunda mudança no sentido e na aparência. E como na decorrência de um assunto, de um enredo, está implícita a unidade de geração óptica, isto é, todas as passagens se verificam em obediência ao estilo de ver, inerente à qualidade da câmera, que atua, assim, haverá tantos modos de objetivação das imagens em fluência quantos são os sujeitos visualizadores. Tem-se, no desenrolar do filme, que apenas uma câmera serviu ao fotógrafo, todavia, pode acontecer que se distribua em parcialidades de visão, tal como se existiram várias câmeras, cada qual com a sua acepção, de modo a muitas vezes tumultuar o tratamento que merecera a obra. Durante o curso da história, a câmera, em geral, se conserva neutra em relação aos objetos que focaliza, estabelecendo-se no papel de simples registradora de quanto se incorpora ao enredo, sem transformar-se nos olhos de algum dos intérpretes em cena, fiel à sua posição mera e imparcialmente narradora. Há, portanto, uma normalidade de comportamento por parte da câmera cinematográfica, mas nisto diferindo do olhar de um indivíduo humano, que fisicamente não se converte no olhar de outrem, o olhar do cinema, sem dano

44 A IMAGEM AUTÔNOMA

técnico, infringirá a regra do costumeiro sistema, resultando fácil a sua mudança de um para outro dos protagonistas do elenco.

A consciência a propósito da unidade visual, o intuito de conduzir a câmera sem desvio de sua coerência de apresentação, não tem existido em nenhum cineasta nem tampouco tem sensibilizado a crítica do cinema que dessarte continua a excluir esse problema estético; no entanto, ele se articula aos fundamentos da cinematografia, insere-se no campo estrito da imagem, da fabulação óptica. Ainda os autores mais ciosos de pureza formal não se deram conta da distorção cenicamente ilógica ao dividir-se a lupa entre a sua habitual neutralidade e a peculiar visão de uma das personagens em tela.

Adotando-se a unidade visual como condição de legitimidade artística, segue-se que todos os entrechos com pensamentos visíveis, sonhos exteriorizados, vulneram a continuidade natural da lente, passando de um terreno para outro, este sem relação congênita com o primeiro; salvo nas fitas que se desenvolvem segundo uma visão particular, e então a obra inteira é o produto de um olhar exclusivo e único, com a objetiva a ser o mesmo que esse olhar, salvo nessas ocasiões, qualquer transferência de visualidade fere o princípio da unidade de ver. Charles Chaplin, numa de suas obras principais – *Em Busca de Ouro* – comete a transgressão numa das seqüências mais célebres de sua carreira: a de Carlito sob a feição de um galináceo, tal era assim visto por seu companheiro de cabana. A câmera vinha sendo neutra e de repente se converte nos olhos do companheiro de Carlito, que só ele o via dessa forma. Esse tipo de quebra da unidade visual era o mais freqüente, e mesmo Chaplin o cometera em muitas obras, onde os sonhos, privativos do intérprete, se compunham visivelmente, no mesmo nível de aparição que os demais entrechos. Em *Varieté* de Dupont, a personagem Boss via os olhos de toda a platéia fixados em sua pessoa, com a objetiva a lhe fazer as vezes, isto de modo singularmente artificial, com a tela cheia de olhos, em verdade uma ostentação expressionista que agrava sobremaneira o defeito da descontinuidade visual.

A propósito desses exemplos, verifica-se uma observação que atinge ao cinema tal como ele se estabelecia até o advento do som: os cineastas se preocupavam demasiadamente em mostrar, em exibir imagens sem atenção a qualquer norma restritiva, quando o certo residia em subentender imagens, à custa de outra ou outras surgidas antes. Realmente, caberia ao autor, decidido a incorporar à obra um pensamento traduzível em imagens, porém de inoportuno conspecto por elas infringirem a norma da unidade visual, caberia ao autor introduzir o pensamento, mas sem as figurações perturbadoras, deixando-o subentendido mediante os mais caros recursos do cinema. Para exteriorizar a alucinação do companheiro que enxergava em

A UNIDADE VISUAL 45

Carlito um galináceo, havia processos mais puros que o de substituir a neutralidade da câmera pelos olhos do dementado protagonista, o próprio grotesco da transformação poderia advir independentemente de seu prospecto à vista dos espectadores.

Além disso, acontece, com esse tipo de quebra da unidade visual, uma situação sobremaneira curiosa a respeito de outros participantes da cena, quando os há; estes assumem, em pleno episódio, o papel de não assistentes no tocante ao que vê, em estrita individualização, a personagem detentora da câmera. Dessarte, esses outros participantes da cena se equiparam aos componentes da platéia, a meros espectadores, porquanto eles também, no plano da verdade lógica, desconheceriam o que se passa na mente e na visão do ator em causa. A incongruência posicional ainda mais se acentua, por motivo da interrupção da unidade visual, se se considerar que, a um tempo, os comparsas do painel acumulam em si a qualidade de intérpretes e de assistentes, a estrutura do quadro a, daquela forma, aluir-se dentro de sua física inteireza. No caso de *Em Busca de Ouro,* a personagem Carlito, na ignorância de como era observada pelo companheiro, teoricamente se deslocava para uma platéia mais distante que a testemunhadora do espetáculo, porquanto ele, Carlito, era de fato o único dentre espectadores e atores, a desconhecer que se mudara o seu corpo, metamorfoseando-se em galináceo.

Então, o problema se capitula no domínio da confusão entre categorias da representação e categorias da realidade, fenômeno abordado em outro livro* e que, no setor do cinema, se liga à questão da instabilidade da fronteira estética. Nas artes de representação, nas quais se inscreve a cinematografia, há um marco divisório entre o espectador e a obra em sua objetividade; e às vezes ocorre que, dentro mesmo da obra de arte, se intrometem uns predicamentos dessa fronteira estética, a exemplo da personagem que se torna assistente, de limitada visão, quanto ao sucesso que se verifica aos olhos de seu comparsa, dentro da mesma cena. Uma ponta de realidade, simplesmente especulativa, se engrena a fatores de representação, como que havendo da tela ao público, uma prancha articuladora, por meio da qual os comparecentes da platéia dividiriam com o ator supliciado pela fome – no caso de *Em Busca de Ouro* – a mesma visão do galináceo em vez da figura humana de Carlito. Aquela e os espectadores têm, então, de comum, o fato de verem o que o intérprete principal – Carlito – não via, dessarte resultando, da mistura entre os assistentes e o comparsa em delírio, que um só ator existe em cena: Carlito; que, a rigor, só há, em pureza

---

* *O Espaço da Arquitetura*, de Evaldo Coutinho, Imp. Univ. da U.F.Pe., Recife, 1970.

46 A IMAGEM AUTÔNOMA

teórica, uma cena investida de representação: a de Carlito em forma de galináceo.

Mas esta cena, objeto simultâneo dos olhos do comparsa e dos espectadores, é uma passagem visualmente absurda, em face de a câmera não poder, ao mesmo tempo, cumprir a visibilidade dos assistentes e a de um dos protagonistas da obra. A unidade visual, estabelecida desde a primeira cena e em óbvia continuação até o final, se constitui um meio de preservação da fronteira estética; a objetividade do filme, em relação à platéia, a manter-se intacta, embora o procedimento da câmera inclua uma intencionalidade que não deriva dos assistentes em seu ato de ver o filme, e sim é integrada neste que assim mostra ser o monitor de suas próprias manifestações. À similitude de certos pintores que cedem aos intrínsecos elementos do quadro o atributo da orientação quanto à modalidade de vê-lo, na obra de cinematografia a imagem apresenta em si mesma a feição em que deve ser olhada; a angulação da câmera a servir de processo pelo qual o autor determina as maneiras de ver, por ele preferidas, implicitamente como se evitara enganosas interpretações, se ao espectador fosse dado, transpondo a fronteira estética, amoldar os atores e objetos da cena conforme suas escolhas arbitrárias.

Na coerência em torno da unidade visual, salienta-se a preocupação do autor em localizar os intérpretes segundo o espectador que os há de perceber, firmando na platéia a base da visualização; de sorte que a posição de cada figura em cena também se arruma consoante os presumidos assistentes, a conjuntura de ser vista, por estes, a ditar o tipo de presença, marcando-se dessa forma o influxo da platéia como algo mais além do simples testemunho. Essa atenção permanente quanto ao público se comprova em geral nos momentos de dialogação, quando o ator que fala tem o rosto dirigido para a platéia e não para o outro protagonista com quem palestra. Às vezes, conclui-se que o cineasta é um desarticulador da normalidade cênica, introduzindo nela comportamentos da imagem que não condizem com a significação que alimenta o painel, se bem que todos se ofereçam à ritualidade de ser em posição adequada ao espectador. Ao falar a alguém no interior da cena objetivada, o ator é apanhado não como se estivera nesse ato de falar a alguém, dirigindo a este o seu rosto, mas o endereça diretamente ao público, até acontecendo ficar em suas costas o verdadeiro receptor de suas palavras. Os desempenhos se conservam neutros no que toca à platéia, a fronteira os separa em dois mundos distintos, porém o primeiro plano, o *close-up*, que sempre surge quando fala o ator, não corresponde, em sua posição, à que se verificaria na composição normal da cena: o primeiro plano, o *close-up* de acordo com a presença do interlocutor, a exemplo do que sucede na realidade.

2. Charles Chaplin (1889-1977).

48 A IMAGEM AUTÔNOMA

A prática das exibições tem convencionado a coincidência entre a visão do protagonista e a da platéia nas ocasiões em que o interlocutor lhe fala. Essa condescendência por desajustadas relações tem persistido durante toda a experiência cinematográfica, salvando-se uma e outra vez, perdidas no transcurso do enredo, em que, sem prejuízo para o espectador, as coordenações ópticas se verificam em naturalidade de conspecto. Então, a objetiva cinematográfica se conduz mais neutramente que no comum de suas aplicações; no ensejo, o cineasta não leva em conta o assistente, o seu interesse circunscreve-se à objetividade que ele compõe, nada mais prevalecendo senão os poderes da imagem e a câmera visualizadora. É inegável que se tornam mais artisticamente puros esses trechos em que a obra se distancia, se afasta, da idéia de que existe o espectador a assimilá-la: claro que este existe, mas a obra deve proceder de forma que lhe não transpareça a feição de que se fizera para o espectador, assim objetivando-se em integral autonomia.

A insistência em identificar a visão do interlocutor com a da platéia, obrigando esta última a forçados intrometimentos, se explica em face da orientação em tudo mostrar, inclusive aproveitando o momento para extrair sedutores aspectos, não obstante a desunidade visual vir a corromper, internamente, a normalidade com que se impusera a câmera, neutra em sua qualidade física. A mobilidade que lhe é inerente ante a multiplicidade dos objetos que abrange certamente que estimula o cineasta a conduzir os olhos da platéia a recantos insuspeitados, mesmo aqueles em que se situa o protagonista cuja visão ele ocupa; vale dizer, à câmera se confere uma atribuição mágica, a de preencher concomitantemente com os olhos de outrem, o mesmo ponto, em absoluta identidade de ver.

A lente cinematográfica se confunde com os olhos do espectador, o cineasta possui o arbítrio de encaminhar, aonde quer, o olhar dos assistentes, obrigando-o a penetrar recessos, a espreitar em ângulos, a mover-se em passagens, a deter-se em contemplação, enfim o público já se encontra afeiçoadamente contido na câmera que assim discorre. Nenhuma outra arte, sob esse aspecto, condiciona tanto o espectador como o cinema que logo inclui, no campo da tela, a maneira que assumirão os olhos dos comparecentes ao espetáculo; nenhuma outra se assegura tanto do comportamento da platéia como a cinematografia, mais englobadora das relações entre o público e a obra. Na história do cinema, registram-se casos em que o autor ora restringe o olhar do espectador, ora o emprega abundantemente: quando o filme se prodigaliza em ângulos e movimentos, com o intuito do cenarizador em elevar o nível da expressão e da sensação, tem-se que à inquietação da câmera se associa o presumido olhar do público, este filiando-se às cenas um tanto a modo do romancista

A UNIDADE VISUAL

que está no romance que escreveu, fazendo-o na primeira pessoa. Ele vem a ser um vulto em cena, expondo, como autor, os flagrantes que presencia, os quais participam do enredo porque estavam à vista dele, do romancista enquanto personagem. Quando o filme restringe a contribuição da imaginada presença – a do espectador – imitando, nesse particular, o romance que quase todo, ou todo se libera da intromissão do romancista em suas malhas, o princípio da neutralidade da câmera, a norma da fronteira estética mais acentua a sua vigência, atingindo às vezes um rigor tão completo que se assemelha ao que domina as relações entre a realidade da platéia e a representação ao público. Então a objetividade mais se apura na manutenção de si mesma, perdendo em atrativos o que lucra em permanência de si própria; todas as figuras, todas as cenas a aparecerem sem se desajustarem opticamente, as tomadas da câmera sem se dividirem entre a exteriorização do assunto, do motivo em causa, e a consideração à receptividade do espectador, promovendo-lhe as mais diversas satisfações à curiosidade.

Nota-se, conseqüentemente, que a unidade visual na cinematografia está sujeita a freqüentes perturbações, a maioria delas oriunda da natureza versátil que define o ato de ver, a lupa a se entender com dimensões, sem recusar-se a admitir a extensibilidade que se continua diante dela; a câmera incentiva-se mediante a sua atividade de ver, e se não fora um cenarista consciente de que deve conservá-la, no decurso da trama, fiel a um só olhar, a uma visão única, isto é, aquela que gerou o início da tessitura, se não fora a unicidade da objetiva, a unidade visual facilmente se perdera; de fato, perdeu-se em inúmeras obras, inclusive em algumas de alta importância no plano da arte, a exemplo de *Em Busca de Ouro.* O atendimento à unidade visual é das tarefas mais sutis que se cometem ao elaborador das seqüências, cumprindo-lhe, pela imaginação, estabelecer a modalidade de as coisas serem vistas, ou aplicando-se às possibilidades de seus olhos, ou às de algum dos figurantes das cenas, o que tem rareado na história da cinematografia; teria sido conveniente que o cineasta não se houvesse confundido ao mudar de olhos constantemente, nem houvesse imposto à câmera extrema versatilidade, a menos que o assunto assim prescrevesse, eventualidade esta, com a nítida consciência do autor, ainda não encontrada, ao que tudo indica, em filmes de enredo.

Há que distinguir, portanto, a propósito da infringência ao princípio da unidade visual, duas espécies de variação óptica: uma em que a objetiva passa a focalizar o que é somente privativo do olhar de um dos figurantes, tal no exemplo de *Em Busca de Ouro,* e uma que se depara em quase todos os filmes, tal nos momentos em que a câmera se move e se detém segundo se move e se detém o olhar

50 A IMAGEM AUTÔNOMA

de um dos protagonistas em cena. Se no primeiro caso a transgressão é intolerável, inclusive por efeito da ilogicidade óptica, no segundo caso a infração resulta venial, tendo-se em conta que se não desnaturam, quanto à anormalidade de aplicação da lente, as coisas em que ela recai, em geral não se percebendo esses lances de ligeiro desajustamento com relação ao olhar da platéia.

10. A Angulação

Existe a normalidade de posição da câmera que, desatendida, revela especial intenção do autor: a significação interna da cena obriga a que certa imagem se exponha diferentemente, sendo esta, ao lado do primeiro plano, a maneira mais comum, e tipicamente cinematográfica, de imprimir relevo a determinadas aparições. Mas a angulação não se processa de forma arbitrária, não é apenas o simples desvio da normalidade o bastante para a oportuna saliência de um objeto; há, em verdade, regras de fotografia que, consagradas pela experiência, asseguram ao cineasta o acerto nessas ocasiões de, em contorcida visão, produzir a cena enfática. Conhece-se que a figura observada de baixo para cima avulta com o sentido de predominador conspecto, e sabe-se que a figura vista de cima para baixo se diminui com o sentido de desprestigiada presença. Dessarte, a angulação possui enorme interesse quando a história encerra instantes singularmente expressivos, segundo a intencionalidade do autor que sempre desfruta do direito de afeiçoar aos seus ditames uns e outros momentos da objetivada história. Por conseguinte, o uso da angulação pela angulação, animado pelo que de sedutor encerra uma cena contorcida, tem representado um dos vícios mais sérios do cinema, todavia aceito, sem reservas, pela maioria dos comentadores.

Se, na elaboração do cenário, o autor se aplica a delicadas e sinuosas reflexões, há que admitir que as referentes ao desvio da câmera de sua posição normal constituem um ponto do mais rigoroso encarecimento, no mesmo grau dos que se dedicam à temporalidade

52 A IMAGEM AUTÔNOMA

em curso. Senhor de todo o fio da história, o cenarista, logo às primeiras tomadas, sente que um e outro lance merecem aparecer sob angulação diversa da ordinária, porquanto se acentuam, com o encaminhamento ao desfecho, as insinuações para saliências peculiares, de sorte a promoverem no autor a automedida de suas próprias imaginações. Pode-se falar, portanto, de métrica cinematográfica, de um critério de medida a fim de que se preserve o equilíbrio entre motivações desiguais, entre sentidos de intensidades diferentes na participação com que contribuem para o desenvolvimento do filme. Além disso, há os instantes em que se torna necessário imprimir determinada saliência em certa figura a fim de que mais adiante, reaparecendo ela na urdidura do cenário, a expectativa da platéia se homologue, assim capacitando o espectador a reconhecer, na cena passada e de esquisito ângulo, uma virtualidade anunciadora e não suspeitada no momento de ser vista. A assimilação da obra muitas vezes exige que o assistente volva a passagens dessa forma enriquecidas à posterioridade, dificultando-se a comprovação em virtude de a fita não se dispor ao bel-prazer dele, assistente, que recorrerá, na costumeira impossibilidade de revê-la, à falível memória, o que representa um dos desfastígios das artes compostas em sucessão, no tempo.

Desde que a câmera significa um olhar que vê enquanto movido por intencionalidades, tem-se que o existenciamento do objeto, a sua modalidade de ser, deriva não de si próprio e sim desse olhar que, expressando um intuito, infiltra na coisa fotografada o grau de significação que ela deve possuir perante as demais da seqüência, do filme inteiro. Cada uma das cenas traz a sua contribuição à sucessividade do tecido, mas é a câmera, com a sua posição propositada, que determina o valor do aparecer, gerando no objeto em causa uma profunda alteração, se ele passa a apresentar-se sob ângulo novo, podendo inclusive converter-se em algo diverso, sem entretanto mover-se de sua respectiva identidade. Incólume em si mesma, a figura em tela como que se extingue para vir outra em seu lugar, ela fazendo-se de substituta de si própria, conquanto registrada como parte do elenco, ou, melhor, como ator que se contrata para mais de um papel; no entanto, apreciada na condição de partícipe de uma entrosagem autônoma, considerada em termos de representação e não de realidade dentro de sua fronteira estética, ela pode transformar-se em outra, se outro for o ângulo segundo o qual se exibe. Inferências antagônicas se deduziriam de seu rosto único, sem sair de sua individualidade real, ela assumiria individualidades impostas pelo olhar da câmera, este obtendo as que deseja, até à revelia do ator presumidamente indivisível.

A ANGULAÇÃO

Essa disponibilidade que a figura revela proporciona imenso prestígio à obra de escultura que tanto mais se fertiliza quanto mais solta se mostra no espaço, permitindo que o espectador, em vez de situar-se em limitados pontos, venha a contemplá-la em todos os sentidos, desfrutando das diversidades que ela lhe oferece, sem mudar-se de si mesma. Enquanto, na experiência estética do cinema, o olhar do espectador já se encontra aprestado a ver, de escolhido modo, o objeto, na experiência estética da escultura, o espectador tem a liberdade de dirigir os seus olhos, de estabelecer peculiares conexões entre a sua ocasional sensibilidade e a coisa esculpida. Ele diligenciará os ângulos convenientes ao seu estado de receptação, movimentará o objeto mesmo em busca da posição melhor; e, se fixo for o elemento escultural, ele, o espectador, deambulará à sua volta a fim de recolher o mais plausível exemplar; mas, em todas essas providências, ressalta a conjuntura de a obra poder, num momento, revogar a expressão de que se investia no anterior instante, enriquecendo-se de imprevisto significado mercê do volúvel espectador. Na escultura, o assistente dispõe de seu olhar; no cinema, este lhe é dado pelo cenarista que o orienta, o situa sob a modalidade que a câmera permite. Assim sendo, a coisa esculpida se entrega muito mais vária em si mesma que a coisa cinematográfica, entretanto, da parte do artista, nem sempre é suportável o grande número de interpretações que ela suscita ao ser tão angulável. Certamente que o criador, dentre as feições que gera um trabalho seu, há de preferir uma ou umas e não outras, inclusive desejará que estas nunca se patenteiem aos olhos de ninguém, vivendo receoso de que um vislumbre cabível, mas deformador da almejada aparência, conteste a versão que mais perdura em seu espírito, e que ele desejara também se impusesse no de todos os espectadores.

A circunstância de a obra de escultura estar fisicamente disponível, em qualquer hora, à visão do assistente, dessa forma sendo o mesmo o tempo do contemplador e o da peça contemplada, a contingência de a obra esculpida mais prestar-se a mutações, todavia oriundas do espectador, faculta a instituição do comportamento alegórico, de plena e compreendida leitura; o que se não verifica na sucessividade do cinema, quando o universo da obra não coincide com o universo do contemplador; sem dúvida que o contato com a peça esculpida compreende relações que se inscrevem no setor da realidade, a fronteira estética se perfazendo muito mais reduzida que a existente em outros gêneros de arte, notadamente nos de sucessão, que desajustam a temporalidade da platéia e a da obra com o seu transcorrer particular. À versatilidade de angulação a que se entrega a obra de escultura corresponde, por conseguinte, o predicamento alegórico de que ela se inculca, havendo a possibilidade de tantas

54 A IMAGEM AUTÔNOMA

alegorias quantas forem as posições do olhar assimilador; olhar que se educa através do exercício de reconhecer, por afinidades entre o nome e a figura, o temário da corporificação de idéias, de sentimentos ali onde o contemplador põe em prática a sua óptica. Há, a cada passo, um acervo alegórico que se desvenda ante esse esclarecedor olhar, o qual tem no cemitério o mais explícito lugar de exposição, apenas com a ressalva de que nele se mostra um pensamento único e conseqüentemente uma só interpretação para todas as faces exibidas em propositada tristeza. O nome tristeza se fez então genérico para todas as atitudes escultóricas, desde que o ângulo, que assim as revela, se mantém incólume e é o mesmo para a média dos comparecentes ao campo santo. No entanto, este se profanaria se alguém, erguendo-se ou abaixando-se da posição normal, recolhesse dos anjos, dos seres ajoelhados, dos aspectos chorões, as aparências desta sorte modificadas, outras alegorias se compondo em detrimento do luto. Quando foram implantados, os autores estabeleceram, tacitamente, o ponto em que deveria localizar-se o espectador, de maneira que uma sensível obliqüidade na contemplação traria, para a escultura, uma impressão diferente daquela congenitamente desejada; por isso que, pretendendo a uniformidade de recepção ao sentido alegórico posto em sua fatura, o artista a confecciona com a preocupação de que, partindo de todos os possíveis ângulos, os olhares curiosos se enderecem em busca da significação nela incutida. Se ela se mostrasse a mesma a quantos a vissem dos mais diversos miradouros, o criador teria alcançado enfim a perfeição do cometimento alegórico, a unânime receptividade em plena homologação de seus desígnios; mas resulta improfícua a intenção de obter que a motivação procuradamente explícita se dê, de forma idêntica, aos distintos belvederes, sempre restando, para a melancolia do escultor, a certeza de que restarão uns observadores assim alheios ao mais caro de seus propósitos. A prática escultórica nos logradouros que a estimulam, ou que, como tem acontecido, se planejam em virtude da posterior estátua, geralmente efetiva-se sem os promotores cuidarem de que os edifícios circundantes se constituam, consideradas as elevações que se sucedem pelos anos afora, em agentes de deturpações que angustiariam o compenetrado autor se lhe vaticinassem tão danoso advento. Perdurável em seu bronze, todavia, o consagrado cavaleiro um tanto se extingue, se alguém, da alçada janela, se debruçar para vê-lo apenas ou para consagrar-lhe uma unção afetuosa; será à outra escultura e não à almejada pelo autor, nem por aqueles que consideram o esculpido vulto sempre em condição de corresponder às cívicas reverências, será à outra escultura que reverenciará o observador em inoportuno belvedere, já agora não se ajustando ao atencioso olhar a aparência talvez risível do que ele testemunha.

A ANGULAÇÃO 55

Na cinematografia, a imagem não se aventura a perder a aparência que lhe estatuiu o criador, porquanto ela persiste em feição única, a despeito dos inumeráveis e dispersos assistentes; a intencionalidade do cenarista a responder, da mesma forma, a todos que recebem a propositada cena. Como que, o cenarista escolhe o espectador que ele deseja adequado ao artístico objeto, preferindo, dentre as variadas posições dos olhos, simultaneamente nesse pressuposto de se inscreverem para a contemplação do filme, aquela que, melhor convindo à significação em causa, irá fazer perseverante, e sem perturbadoras concorrências, o conspecto da obra de arte. Com efeito, pode dizer-se que o autor seleciona o assistente de sua fatura, porquanto de nenhuma outra angularidade se divisa o objeto, a cena, senão da que determinou o cineasta, e à que hão de aderir, fatalmente, todos os figurantes da platéia. Nesse particular, o cinema possui excepcional privilégio, qual seja, o de não arriscar-se a obra aos percalços de angulações que o artista não controla, o de manifestar, a um tempo, a intuição do criador e a modalidade infalível de como a verá o assistente, consoante lhe prescrevera o próprio autor. Para esse exercício de o cinema fazer a platéia que presenciará a sua criação, ele contará com um valor muito específico: a aliança entre a angulação e o movimento que pode alcançá-la, naquelas hipóteses em que, no lugar de cenas sucessivas, a câmera vem a operar com o contínuo de sua deambulação, quer vertiginosa quer lentamente. Dessarte, a lente se conduziria à semelhança, mais uma vez, do olhar humano que percorre todos os lados do objeto, mesmo sem deter-se em nenhum nem diminuir a mobilidade em virtude de alguma especial atração, tendo, por fim, completado o conhecimento do referido objeto que assim lhe desnudou a feição inteira.

Mais do que a escultura em contato com o observador habilitado a inúmeros belvederes, admitindo-se que a sua curiosidade tanto estará em normalidade de posição como nos mais oblíquos e extravagantes recessos, através dos quais ainda se nota a presença do vulto em apreço, mais do que a escultura, o cinema se capacita a oferecer o objeto nos mais variados ângulos, apenas com esta distinção: no ensejo do trabalho escultórico o espectador é um elemento real em confronto com a obra representativa, com uma entidade do artístico universo; no ensejo da feitura cinematográfica, o espectador já se inclui, em face do idêntico entre ele e a câmera, no universo da arte, pertencendo-lhe, por conseguinte, algo de representação, vale dizer, ele perde um tanto de sua essencialidade real por se mostrar visualmente inserido na câmera. O movimento perscrutador com que a óptica da testemunha se acerca da coisa esculpida é um movimento de realidade, enquanto o movimento da objetiva é um movimento de representação, desde que posto dentro da fatura artística; mas essa

56 A IMAGEM AUTÔNOMA

representação, menos pura que a fixada pela fronteira estética da arte pictórica, se configura mais como realidade transposta em imitação imediata, o sujeito da observação a transferir, para o instrumento óptico, a prerrogativa de contornar todo o vulto em apreço. Decerto que o movimento em busca da imagem, tal como defere a lupa do cinema, significa algo que em si próprio independe da coisa a que aspira; e assim sendo, fortalece-se a interpretação de que ele, o curioso movimento, é uma seção da realidade mesma enquanto desse modo tem esta, por finalidade, o objeto absolutamente artístico. Então, a câmera se divide na tarefa de outorgar-se de um processo que, a rigor, se capitula no plano do real, e na tarefa de, por último, exibir a encontrada coisa, esta completamente em objetivação, sem nenhum resquício do território aquém da fronteira estética, isto é, o território da realidade.

Entendendo-se que esta apõe influxos sobre a obra cinematográfica, nesses momentos em que a câmera prepara a objetivação artística, exercitando-se como se foram os assistentes na síntese de um só olhar, tem-se que, em reciprocidade especulativa, o cineasta penetra no âmbito da realidade enquanto assim faz permutar a visão dos espectadores pela visão da artificiosa lupa. Em tal ocorrência, verifica-se o quanto se sobressai, à maneira de elemento protetor do objeto artístico, o movimento com que a máquina se dirige ao ponto em significativa saliência, adquirindo ele a acepção de aprimoramento da realidade, traçando-lhe um sentido de procura bem mais adequado ao objeto em mira que o movimento, sem restrições, que o observador pratica em redor da disponível escultura.

11. A Mobilidade da Câmera

Entretanto, o modo de assimilar o filme, não apenas por parte do comum espectador mas também por parte da crônica erudita, nunca dissociou, como terrenos distintos, o movimento da câmera em busca de um objeto, e esse mesmo objeto considerado em si próprio. Distinção facilmente levantada quando do exemplo do observador e da escultura que ele analisa com o seu pessoal movimento; esquecendo-se de que a câmera procede à similitude do olho humano, ou melhor, que é o olho da platéia a atuar conforme deseja o autor da obra, o olho dos assistentes a ver o que, em verdade, seria o autêntico objeto do cinema, o núcleo depositário da intenção especificamente artística.

Na fase primitiva do cinema, com o escasso ou nenhum deslocamento da câmera, havia um tratamento mais puro no tocante à fixidez da fronteira estética: as tomadas sucessivas sob a normalidade angular expunham as cenas com nítida objetivação, o esforço do cenarista a firmar-se nos painéis súbitos que, juntados um ao outro e em sucessão, se constituíam de coisas não aparentemente buscadas. De um *long-shot,* com determinada figura, e essa mesma figura posta em seguida em *close-up,* não existia o intermédio da movimentação da lente que iria à sua procura; portanto, aquele sentido de bastidores à vista da platéia, não se revelava até a época de *Varieté,* que surpreendentemente aliou, à novidade do movimento, a correta apresentação dele. O emprego da mobilidade representava um adiantamento técnico em relação à etapa anterior, quando a lente, no muito,

58   A IMAGEM AUTÔNOMA

se reduzia ao movimento permitido por si mesma; a sua localização em trilhos, em carretas, viria a proporcionar uma plasticidade maior no domínio da expressão, da versatilidade cênica, mas ninguém se apercebia de que a câmera era o mesmo que o olhar do espectador e que, afinal, principalmente se obtinha a intromissão da platéia no interior do quadro, dessa maneira aluindo-se a fronteira estética, sob o disfarce de uma composição objetivada. No uso das tomadas, das cenas em sucessão, a lente imitava a postura do indivíduo com o olhar imóvel, a registrar o acontecimento em desfile, este vindo a ele e não o inverso. A dualidade espectador e cena se nutria dessas ocasiões em que a lupa se não precipitava, as coisas em agenda advinham sem as gradações oferecidas pela movimentação da máquina, de forma que quase a única mobilidade existente na obra – com exceção, em primeiro lugar, da promovida pelas figuras em si mesmas – residia na contextura do cenário, por conseguinte, na circunstância de o cinema ser um gênero artístico temporal.

A câmera em movimento equivale aos olhos do homem em movimento, condicionando-se-lhe o ver à medida de seus passos, o cortejo dos flagrantes surgindo minuciosamente, sem entretanto nenhuma parcela obrigar à detença a objetiva móvel, salvo aquela que, prestigiada segundo a ênfase do enredo, era afinal o vulto a que se destinava o movimento. Uma hierarquia de conspecto se institui do itinerário ao ponto em que a lupa se paralisa, quando então se encerra a intencionalidade desse instante, com a imagem última a sublinhar-se no primeiro plano; e as que se apresentaram ao longo do percurso foram seres de ocasional presença, não existidos em face da câmera se não houvesse a busca ao determinado ponto, à imagem estimuladora do próprio movimento. Também sucede que, contrariamente, em vez de a máquina ir à procura do objeto, é este que se movimenta ao encalço da câmera que, parada, espera que ele se aproxime e nela se grave em primeiro plano. Nessa prática, os seres do caminho, mal testemunhados pelo ator em advento, escapam à assimilação da lupa que tão só os vê recebidos em seus contornos, fugindo-lhe alguns, dada a posição em que se fazem discretos. O que seria, no primeiro caso, atribuição da câmera passa a constituir atribuição do ator, porém não intercalada no comportamento da objetiva, a menos que o cenário inclua, quebrando a unidade visual do entrecho, essas imagens que ladeiam o intérprete em direção à lupa fotográfica.

Importa bastante, para a especulação em torno do cinema, o estudo acerca da distinção entre o olhar da câmera, que é o do espectador, e o olhar do figurante em cena; a confusão entre eles, a transferência de um para o outro, conduz à inobservância do princípio da unidade visual em sua pura aplicação; de maneira que, compenetrando-se o cineasta de que, com exceção do filme cuja história

A MOBILIDADE DA CÂMERA 59

está narrada por um dos protagonistas, deve ser respeitada a neutralidade da lente e a objetivação das personagens, fiquem demarcados os campos de visão, excluindo-se um quando há a adoção do outro. A infringência da unidade visual, de fácil verificação na história do cinema, quando ela ocorre em termos de movimentação da câmera, e não de duas cenas sucessivas, com a primeira expondo o ator a olhar significativamente, e a segunda exibindo a coisa conforme a está vendo o referido ator, quando a desobediência se efetua em processo de mobilidade, mais se acentua o dano à transcorrente neutralidade. Realmente, a mobilidade tem poderes de atração que não possui a sucessividade das cenas, e se na deambulação que o ator exercita para chegar ao primeiro plano, os seus olhos apreendem as coisas ladeantes, as quais se angulam pois que a câmera se situa neles, a feição nova que elas assumem desatende ao estilo de ver com que se capacitara a câmera até o momento, o qual, retomado em seguida, salienta o intervalo transgressor.

Igualmente sucede que a câmera vem a possuir o mesmo movimento que a imagem em face, tal nas vezes em que o fotógrafo prende a esta a objetiva, tornando idênticas ambas as movimentações, em conseqüência coincidindo o olhar do espectador, enquanto móvel, com a cena estruturada em comum deslocamento. Para efeito de sucessão, a mobilidade sempre se mostra produtiva, e à mobilidade se solidariza a câmera, um ato de endopatia se opera no ânimo do assistente, homologando este a conjuntura especial da cinematografia: a lente é a visão do espectador. De fato, em sua poltrona o indivíduo se sente aumentado em seu poder de contemplação, ele se descobre na plenitude daquele movimento que adere ao da locomotiva, ao do avião, como se ele, o assistente, estivesse no veículo que acomodara a câmera reveladora.

Se o movimento propicia mais desenvolta intencionalidade, disputando com a angulação a primazia em expor a vontade do cineasta, tem-se que a lupa fotográfica, em seu percurso, tanto apresenta novas coisas como oculta as imagens já vistas por ela, imitando mais uma vez o comportamento do olho que sempre descobre algo a expensas de outras figuras ou mesmo de todas as outras figuras. Valendo-se dessa conjuntura, o autor, em certas ocasiões, procederá de molde que uma relação se efetue entre o visível e o anteriormente sonegado; trata-se de relação de significado, sabido que o próprio enredo é um desfile de ocultações na medida dos aparecimentos, segundo a natureza temporal da cinematografia. A motivação guia tal contingência, portanto existindo, no seio da geral sucessividade, em parciais coincidências com esta, várias movimentações obtidas à custa do desaparecimento de imagens, todas elas impregnando-se do fio de significado, tudo sob o controle do cenarista. Aliás, é esse controle

60 A IMAGEM AUTÔNOMA

que firma a acepção de arte em obras de cinema, a pura sucessão de cenas, desprovidas de conexão, impediria a lógica interna do trabalho, a elaboração vindo a impossibilitar-se por ausência de fecundidade da matéria; isto, naqueles exemplos de improvisada documentação, quando a lente, sem controle, mostra os mais díspares aspectos da realidade. À maneira do olhar, a câmera não atinge a totalidade que a circunda, ela perde espaço à medida que ganha espaço; mas acontece que, mais bem provida que o gratuito olhar humano, a objetiva encerra a intencionalidade de quem a orienta, incluindo-se nela o relacionamento entre umas e outras imagens, de sorte que as ocultas ainda se fazem patentes, por força das que são atuais.

Revelando-se um elemento de primeira importância para a obra cinematográfica, a movimentação da câmera não se processará ao arbítrio do fotógrafo, ao contrário, cada deslocamento há de corresponder à necessidade da cena; todavia, a movimentação não é um fator indispensável à elaboração artística, havendo, na história do cinema, inúmeros episódios em que a câmera não se moveu, e, antes de introduzir-se esse adiantamento técnico, existiram momentos de pura linguagem visual. Tomando-se *Varieté* como uma das obras que adotaram inicialmente a mobilidade da objetiva, pelo menos foi a obra mais notável a cronologicamente assim proceder, deve ser elogiado o modo com que se apresentou a novidade, parecendo que o autor A. E. Dupont já se exercitara muito nesse mister, de tal forma condiziam com os efeitos emocionais os movimentos do trapézio nas seqüências do desespero de Boss. Obtinha-se, realmente, uma sensação propinada pela rapidez da lupa, sensação não encontrada se a câmera se houvesse mantido em repouso. Assim, além de seu papel de ir em busca de certa imagem cumpria a tarefa de fomentar a sensação, aliás, passando a consistir esse último desempenho na preocupação comum dos movimentadores da câmera, dessarte diminuindo o mérito da maioria das mobilidades. Com o intuito de aquecer a emocionalidade da platéia, muita coisa foi desperdiçada no tocante ao movimento, aliás, o movimento pelo movimento pareceu, em diversos casos, ultrapassar o próprio intento de comover, malbaratando-se um dos meios mais fecundos da cinematografia.

Tal consideração insere-se no capítulo dos entendimentos entre a obra e o espectador; em questão de movimento deverá o cenarista, ou quem as vezes lhe fizesse, a exemplo do diretor ou do fotógrafo que, no instante da filmagem, se responsabiliza pelo comportamento da câmera, deverá o cenarista aplicar a deslocação mercê da necessidade íntima da cena, e não do contentamento do público. Esse capítulo levaria muito longe a especulação em torno da dualidade criação-recepção, mas basta referir-se, tendo-se em conta que a câmera é o olhar do espectador, ao fascinante cuidado com que ela se

A MOBILIDADE DA CÂMERA 61

movimentaria, cuidado talvez mais profundo que os outros empenhos: porquanto ele visaria à acomodação, dentro do representativo quadro, desse observador em sua função de pura óptica, e conseqüentemente convertido de realidade normal em realidade presumida. O observador que se outorga na câmera sai de sua cadeira para os meandros da cena, a sua posição a ser, por conseguinte, bem mais próxima da atenção do criador que a dos comparecentes ao teatro, ou ao recinto de exposições. Essa realidade em duplicata – assim se apresenta a câmera sempre inseparável de seu objeto – investe no cineasta um predicamento incomum, se se tem em conta a mais clara devesa, em outras artes, entre o espectador e a obra em contemplação: o cineasta leva esse espectador a imiscuir-se incorporado à sua elaboração, sob a modalidade de lente o olhar do público se agrega à obra, fazendo-a à medida que se sucedem os quadros; decerto que o filme se compõe partindo da lupa do espectador, toda vez que se exibe à platéia, existindo, portanto, em simultaneidade com as cenas, o respectivo processamento de fazê-las, o olho cinematográfico e também real a ser a testemunha que não se desapega das coisas testemunhadas. Então, o movimento da máquina consiste em acompanhar as figurações que surgem por motivo desse mesmo movimento, o olhar humano conduzindo-se de conformidade com os roteiros impostos pelo cineasta.

12. Os Tempos do Cenário

Pode ocorrer que o tempo do filme seja igual ao tempo da história que nele se estrutura: nesse caso, alcança-se a maneira mais simples de se expor a duração através de imagens sucessivas, a câmera a imbuir-se de mais naturalidade, como que solta em espontâneo desígnio, sem nenhuma redução a promover, fluindo as seqüências como na rotina do olhar coincide, com o tempo deste, o tempo das coisas por ele registradas. Estas imergem na temporalidade do espectador, numa solidariedade sem postulação, puro acontecer de um tempo comum ao contemplador e aos objetos contemplados. Em tal conjuntura, a câmera se patenteia menos elaboradora em sua tarefa de criar à medida que capta a objetividade, constituindo-se em processo de criação a mera faculdade de colher as coisas confrontadas ou ladeantes, a exemplo do que sucede nas situações em ato, quando a vista do observador, no mesmo flagrante, vê e discerne as figuras do prestimoso elenco, e inscritas na mesma temporalidade. A idéia de uma continuidade absoluta se origina dessa possibilidade de ser o mesmo o tempo do espectador e o prazo da transcorrência do enredo; quando então, se porventura uma única imagem for a preocupação da lupa, em conseqüência a acompanhará em todo o decorrer da história, parecendo temer abandoná-la, por isso que, ausentando-se e ressurgindo depois, a imagem se omitiria do tempo em que se iniciara, passando a pertencer aos quadros de outro tempo, o tempo do cenário.

64 A IMAGEM AUTÔNOMA

Este é, a rigor, o tempo cinematográfico, produto de representação artística e não da realidade em que se integra o contemplador, duração específica e determinada pelo cenarizador da obra que a obtém sem sair do domínio das imagens; e cujo relacionamento, por intermédio do aparecer e do ocultar-se, deve excluir as simplificações muito do agrado de autores que não sabiam configurar o tempo decorrido ou julgavam sem mérito um propósito desse gênero. O próprio Charles Chaplin, tão conhecedor dos recursos do cinema e possuindo rara intuição de como aproveitá-los, cometeu ilegitimidades descondizentes com a sua fama: a cena das folhinhas do cromo, em *Luzes da Cidade,* despetalando-se inexplicavelmente é a prova de sua inoperância nesse particular, aliás de às vezes difícil confecção, como seja, mostrar, com imagens oportunas, o tempo transcorrido.

Tendo-se em consideração a experiência do observador, cabe dizer-se que muitas imagens revelam, na aparência, a idade que contam, dessa forma vindo a facilitar-se, com o aproveitamento de tais intérpretes, o que de tempo fluísse em suas faces e em suas naturezas. Mas acontece que a decorrência se torna manifesta em situações que não exteriorizam, por si mesmas, o tempo que também é o do espectador, a plenitude delas a impedir que um de seus componentes se integre na temporalidade do público. Em verdade, as histórias que o cinema aproveita geralmente se armam de conjunturas que encerram o seu tempo respectivo, muita vez externando-se por subentendimentos, por ilações de imagens e não pela transcorrência natural dos vultos. O tempo do cenário se explicita por meio de arranjos cênicos a que a câmera, em sua intencionalidade, não se mantém alheia, ao contrário, se paralisa, se movimenta consoante o prazo havido e o tempo que houve em certos momentos na contextura da obra. Alguns processos se têm empregado para exibir o decurso do tempo, os quais revelam uma sabida e anterior significação, tal a lua a aparecer em suas diferentes fases, todas em um minuto; assim, o minuto da exibição vem a conter os dias do trânsito lunar, e, através das quatro imagens do satélite, se configura o período de tempo que passou.

Verifica-se, nesse exemplo, que o cenarista, para expor determinada temporalidade, estabelece, na mesma conexão, o uso de imagens diversas e para isso um tempo singular, qual seja, o minuto que foi preciso para representar o tempo maior, o de lua nova a quarto minguante; evidencia-se o tempo do cenário, com a sua feição de subentendimento, sem coincidir com o tempo do espectador, ou, melhor, com o tempo real. Visto sob esse aspecto, compreende-se que ele, o filme, na maioria dos casos – pois que o cinema se tem nutrido de motivações em transcurso – se caracteriza como um escorço de temporalidades, existindo várias ocasiões de se contrair,

OS TEMPOS DO CENÁRIO

em um minuto ou menos, uma idade de semanas, de séculos, de milênios. Nota-se, entretanto, que, na copiosa produção cinematográfica, bem poucas vezes se tem recorrido exclusivamente a imagens para se oferecer à platéia a quantidade de tempo decorrido; de ordinário, o cenarista emprega letreiros, vozes, a fim de esclarecer que houve um intervalo de duração que o filme não explora mas deixa indicado por intermédio de elementos assim estranhos à cinematografia. Na cena de *Luzes da Cidade,* as folhinhas de cromo, sem embargo do artifício, eram todavia imagens, enquanto que os letreiros e vozes simplificadores importam em mais grave defeito, o de ofender a autonomia do cinema. Na qualidade de escorço de temporalidades, a elaboração da fita se submete a peculiares entrosamentos, a dosagens cujas delicadezas nem sempre o cineasta alcança, como desejara, porque os objetos contidos na cena pouco ou nada colaboram para a apresentação do tempo transcorrido.

De fato, pode o recinto das cenas – aquele que indigitaria o volume temporal em passamento – não dispor de imagem que sirva ao oportuno mister, nenhuma a inserir a faculdade de transmitir o tempo, impossibilitando o cenarista de conservar-se fiel à sua arte, pois que somente valores estranhos, os letreiros, as vozes, assegurariam a confecção da empresa; a menos que ele procedesse a modo de Chaplin na cena do cromo, sendo no entanto preferível que, em vez disso, abandonasse a cenarização do entrecho, porquanto este revela não ser passível de transpor-se em versão cinematográfica. Nem todas as situações, abordáveis na literatura, se prestam à linguagem do cinema, de modo que o perfeito cineasta desistiria de esforços comprovadamente inúteis; talvez não resulte demasiado supor que, desde a origem do cinema até hoje, nenhum cenarista se tenha alertado sobre o que é legítimo e o que é ilegítimo em sua tarefa, antes insistindo em abusos, mesmo de todo desavindos com a matéria cinematográfica. Não há por que utilizar assuntos que, demandando havida temporalidade, no entanto se ressentem de imagens propícias a resolvê-la; estorvo que, em última análise, informa que o tempo, subordinado também à lei do local, deve ser descoberto nas feições das coisas inerentes ao próprio recinto em que se desenvolve a motivação em causa.

Admitindo-se a extrema liberdade de aplicar a câmera, à similitude de Poudovkine em *Tempestade sobre a Ásia*, ter-se-ia a impressão de falso artifício, equivalente à das folhas do cromo; decerto que, tratando-se de tempo decorrido, essa impura artificialidade particularmente se agravaria, deixando no espectador a conclusão de que assistiu a um esquema que alude ao intervalo temporal, e não a sensação de que se deparou com o tempo de meses, de anos, de séculos, de milênios, virtualizado em figura ou figuras que para tal

66 A IMAGEM AUTÔNOMA

desígnio se sucederam. E como se mostra solícito o ambiente que, na explicitude de todas as suas imagens, ainda se reserva, mercê de alguma ou algumas, o poder de comunicar um tempo existido, curto ou longo, mas que não coincide com o do assistente em sua poltrona. Por não coincidir, a temporalidade do cenário a que está subentendida pela imagem ou imagens da tela redunda ser uma temporalidade em objetivação completa, uma temporalidade assistida como um momento do enredo, guardada dentro de sua fronteira estética. Ao vê-la assim em termos de espetáculo, registra-se um cometimento idêntico ao da realidade: o de vir a mesma espécie de cena, o mesmo tipo de imagem, a significar, com a atitude silenciosa, e as visuais correspondências, tanto o período de um mês, como o de um século ou milênio, ele não necessitando de modificar o gênero de conspecto a fim de que se evidenciem, ao olhar do público, os mais diversos prazos do tempo. As virtualizações dele se condensam nas mais díspares imagens, surgindo o tempo de muitos anos quer no acordo entre a imagem que mostra a planta pequenina e a que depois apresenta a mesma planta sob o aspecto de frondosa árvore, quer nos cabelos de alguém na juventude e depois esse alguém encanecido, tudo feito para repentino esclarecimento.

Houve uma obra – *Armadilha Perfumada* de Victor Schertzinger – em que a personagem, recém-posta na cena do presídio, atesta nos cabelos a passagem de uns vinte anos ali na vivência do cárcere, toda a ilação promovida mediante um simples movimento da câmera, indo dos cabelos jovens e regressando para vê-los embranquecidos. A máquina em seu percurso alcançou o sortilégio de, sem demorar-se em nenhum pouso, conseguir dizer que tantos anos eram passados no decorrer de um instante, o suficiente para mostrar o mesmo vulto em dois aspectos distintos. O movimento em si não se apresentava como fator imprescindível à externação do tempo, dado que em duas cenas sucessivas, a da cabeça jovem e a da cabeça embranquecida, se teria o mesmo resultado, sendo legítimas ambas as maneiras de elaboração; mas a do movimento da câmera veio não só a manter da mobilidade o seu atributo de trazer a primeiro plano a coisa por ela buscada, como ainda a somar-lhe a função de, na inteireza do ambiente, admitir, sem solução de continuidade, duas posições diversas em relação ao tempo.

No exemplo em apreço, a temporalidade do espectador abrange os dois tempos do objeto estético – no caso, o prisioneiro – existindo sempre na receptividade do público a faculdade de acolher as mais várias conexões de tempo, desde a que coincide com a contemporaneidade entre ele e a da obra, até a da sucessão de muitas idades, sem nenhuma dessas vir a ser a que desfruta pessoalmente o espectador. Há também aquela circunstância de o tempo da platéia ser

OS TEMPOS DO CENÁRIO   67

comum ao tempo do cenário, decorrendo-lhe numa hora exatamente a hora em que se passou o enredo, a estrutura do filme a atender à continuidade real, porém a despeito de o conteúdo se ter processado em outra era. O tempo de apresentação assemelha-se, por conseguinte, ao círculo de maior diâmetro dentre os concêntricos, equiparando-se aos menores o tempo do cenário propriamente dito e ainda o tempo de duração de cada seqüência, de cada cena dentro do mesmo cenário.

Na consideração de todas essas temporalidades, nota-se que as últimas, as do cenário, inserindo-se nele as de cada seqüência e de cada cena deste, são as autenticamente cinematográficas, se investem no domínio da confecção, isto é, se produzem elaboradamente por intermédio do cineasta; enquanto que a temporalidade do assunto, a histórica, pertence a outra dimensão, à qual concorrem outros gêneros artísticos, a modo das faturas literárias. O tempo da cinematografia é um fenômeno interno desta arte, ele consente, para a sua configuração, arbítrios formais que levam à adoção de normas a fim de que a liberdade de compor se não constitua em dano para outros aspectos da obra, como o estilo da narrativa que pode afetar-se ante a presença de mal dosados transcursos. Tais normas, conseqüentemente, melhor se imporiam se fossem adstritas ao seio da fatura onde deverá viger, positivando-se elas em face de experiências diretas, surgindo do ato mesmo de aplicar-se, portanto instituindo-se uma para cada filme, que assim haveria de completar-se como obra autônoma. A singularidade dessas adoções se estimula por motivo de cada imagem ter a sua feição própria de externar o tempo, condicionando os meios coadjuvadores, à analogia do movimento da câmera na cela do prisioneiro, quando a cabeça da personagem era o centro de todas as formações.

Em verdade, não se deve estar munido, na apreciação e no julgamento de um cenário, de esquemas teóricos igualmente abordáveis nessa e em outras produções; preferentemente, cabe ao crítico aguardar a tessitura especulativa para o momento de iniciar-se a projeção na tela, a confecção doutrinária a se promover à medida que segue a sucessão da obra. Na sua desenvoltura, o filme ostenta uma teia de coordenações, de continuidades unitariamente movidas, que, a mais de sua lógica interna, o observador encontra nele uma entidade sem bastidores, algo em autonomia completa; em virtude dessa integridade em si próprio, as quantidades e as qualidades insertas em sua composição se revelam verdadeiras novidades, visto que, embora materialmente conhecidas, se fazem inéditas por força da acepção que assumem, dos misteres ordenados para um estilo que é particular da obra. Sendo assim, inadequado se torna requerer de um autor que empregue na última fita os processos de figuração que adotou na

68 A IMAGEM AUTÔNOMA

fita precedente; o enredo, que alicia as imagens, consistindo na tarefa de estimular originalidades consoante as exigências dele, entendendo-se que um enredo possui uma linha vital que, mutilada, não pode o fragmento servir, ainda sob a arraigada acepção, à diferente tessitura que o mesmo ou outro cineasta se proponha a urdir; o enredo significa a artéria irrigadora, e as cenas e seqüências apresentadas, postas em consangüinidade, não se desapegam do corrente núcleo, com a sua utilização em outro cenário, sem perturbar gravemente a essa outra contextura.

Esclarecida, dessa maneira, a organicidade da obra, conclui-se que o tempo de cada imagem na cena, de cada cena na seqüência e de cada seqüência no conjunto da produção, são tempos quantitativa e qualitativamente condicionados às instâncias do enredo. A temporalidade geral cede ao autor da obra o predicamento de instituir parcelas de duração, momentos singulares, maiores e menores; e também, à semelhança das figuras, se investem do tratamento, do estilo do criador aliado às imposições do assunto, da história repartida em painéis. Na escolha da imagem que há de exprimir o tempo, além da restrição que obriga a lei do local, aquela que determina dever a imagem ser alguma do ambiente em foco, existe a oriunda do bom gosto; claro que o uso de imagem que já se tem prestado a semelhante mister, o de externar o tempo decorrido, torna vulgar o empreendimento, como no caso do relógio que em duas cenas, cada qual mostrando os ponteiros em posição diversa, conduz à assimilação de que tantos minutos, tantas horas, se passaram. Tal processo é inegavelmente legítimo por ser de pura figuração e desde que atenda à lei do local, porém o seu emprego, como sucede em tudo o que a fácil repetição preenche, desacredita o cineasta, a menos que ele, com sutil maneiramento, disfarce a pobreza da solução. Resta sempre, das considerações acerca do tempo no cinema, a conclusão de que algumas dificuldades estorvam a expressão perfeita do tempo, cabendo dizer-se, com convicção, que este é o ponto vulnerável da maioria das obras, raro sendo o grande filme que não tenha incidido em erro ou em vulgaridade. A circunstância de a cinematografia se valer de histórias, de contos, de peças de teatro, da literatura enfim, para o desempenho do papel da câmera, faz-se responsável pela intercorrência de durações, pois que os enredos se alongam e nem sempre os alongamentos coincidem com os do espectador em sua cadeira.

O tempo de uma seqüência cinematográfica dita-se pelas pausas do enredo, a modo de capítulo de romance, quando as interrupções da narrativa se ordenam segundo a permissibilidade da trama em si mesma, e não a que visa à comodidade do leitor. Por mais intensa que se exponha a história, há finalizações parciais que encerram um

3. King Vidor (1894-1982).

70 A IMAGEM AUTÔNOMA

motivo, ou, melhor, um submotivo do tema geral que a tessitura absorve, o que exige do autor um senso de medida, no atendimento do qual se salienta o atributo de bem dosar, dentro da extensão do filme, portanto de uma temporalidade limitada pelo padrão comum das exibições, esses tempos cinematograficamente menores, os que integram as várias seqüências da narrativa. Sob esse aspecto, vê-se que os tempos do cinema se efetivam à semelhança de círculos concêntricos, sendo o maior a duração da fita, e o menor a duração de uma imagem no interior da cena. Por conseguinte, o cineasta cumpre uma tarefa bem parecida com a do autor de romance, todavia, sendo a imagem uma representação direta, a produção dos tempos requer, sem dúvida, uma acuidade especial, pois que tudo o que ele utiliza são figurações e, como tais, se encravam em suas temporalidades próprias, ocorrendo que elas não podem aparecer sem a respectiva duração.

Quando se termina a visualização de uma seqüência, e a memória analítica restaura os havidos painéis, tem-se que breves tempos se intercalaram no tempo maior da seqüência, cada um com sua imagem ou imagens em perduração permitida pelo plano geral do enredo, assim esquematizado em tempos e subtempos, mediante a medida que lhes ordena o autor do cenário. Às vezes, o prazo de demora de certa imagem, pelo óbvio da conduta, do naturalmente necessário à trama da narrativa, em nada dificulta a elaboração do articulador de cenas, do cenarista; mas, em outras ocasiões, não se mostra simples a dosagem do tempo, antes, ela vai ater-se com delicados óbices, quer considerando-se as imagens em si mesmas, uma a uma, quer enquanto formadoras da seqüência; as relações que se estabelecem entre as cenas, todas acomodadas segundo a circunstância de pertencerem à seqüência, relações que se entabulam por força do tempo geral do filme, muito importam, em virtude das temporalidades em que se inscrevem, para a obtenção do estilo que se sente já a partir das cenas primeiras, isto quando o cineasta procura imprimir estilo, tratamento unitário, ao longo de sua obra. Observando-se e reobservando-se uma fita em seu desenrolar, apreende-se que o fator decisivo no alcance do tratamento consiste na temporalização das imagens, nessa providência de cingir, em meditadas durações, as imagens, cenas e seqüências.

No exame que se fizer sobre o tempo de cada imagem em particular, verificar-se-á que ele, enquanto representado pelo movimento dessa própria imagem, se condiciona, em sua perdurabilidade certa, em enquadração fixada pelo cenarista, ao espaço em que se situa. O lugar freqüentemente obriga a que a motivação da cena atenda aos limites dele, de sorte que muitas ligeirezas e intensidades se dão mercê das dimensões do ambiente; e com elas o tempo das imagens, à maneira daquela que apenas se demorou no período entre o ponto

OS TEMPOS DO CENÁRIO

em que estava e a porta por onde se retirou: se fora mais ou menos extensa a distância, mais ou menos longa teria sido a duração da personagem em tela; o confeccionador da montagem, em aliança com os azares da construção do recinto, a possuir a sua cota de contribuição à medida do tempo, desde que ao cenarista não cabe prever todas as injunções em que se operará a sua inventiva, restando sempre alguma ou algumas coisas à autoria do acaso. Assim, em consideração ao fortuito do cometimento, deixa-se margem para o advento de estranhas ajudas, margem de tolerância que não o afeta a decisão do cineasta; ao contrário, o fenômeno oferece graus de aliciamento para a execução final da obra, equivalentes aos que faculta o gênero teatral. No tocante a este, há realmente mais possibilidades de complementação ao trabalho escrito do autor, bastando citar-se as que sobrevêm com as variações de intérpretes pelos anos afora; e o cinema, igual ao teatro, requer, salvo se a mesma pessoa reunir todos os encargos da fatura, o que é raro, a colaboração de outros que tanto podem prestá-la em plenitude de consciência, conhecedores, que são, do sentido nuclear da obra, como podem colaborar sem convicção acerca do fim a que se contrataram.

Cada imagem possui o seu tempo respectivo quando se trata do grau de presença necessário ao decorrer da situação, indo ele de uma aparição de segundo à duração inteira da cena; de forma que, semelhante à realidade, o cinema exibe cronometradas facializações, apenas as do filme se apresentam controladas dentro da limitação da obra, da faixa compreendida entre o começo e o término. Com efeito, a realidade procede cinematograficamente nos instantes em que deixa que se delimitem os seus minutos, as suas horas, firmando-se dessarte uma concreção no tempo, a qual pode ser objeto de independente apreciação e desfrutar de autônomos predicamentos. Assim como na cinematografia um minuto a mais do que o preciso para a atualidade da cena danificará a sua prontidão de presença, a oportunidade do conspecto, na realidade, um trecho do tempo comum, uma vez enquadrado entre um começo e um término, consente que seja isolado para receber atenções próprias, à maneira de entidade independente.

O controle do cineasta sobre o tempo é registrado pelo espectador durante a fluência da obra, a menos que ele disponha do cenário escrito, hipótese impraticável porquanto os cenaristas, nesse aspecto geralmente improvisadores, não anotam a duração dos recheios cinematográficos: imagens, cenas, seqüências, e esse registro, sem que o assistente conheça o que virá depois, se torna como que intuitivo. Em verdade, a lembrança que se guardará do filme ressentir-se-á do conspecto homologador das passagens; a memória, se resulta ineficiente quanto à perfeita reconstituição da matéria fotográ-

72 A IMAGEM AUTÔNOMA

fica, mais ainda se patenteia frágil quando lida com o transcurso do tempo a que se subordinam todas as figuras. Reveste-se, conseqüentemente, de delicada importância o sentimento com que o espectador acolhe as cenas imbuídas de temporalidade, a intuição a reagir sobre as durações postas na tela e pré-fabricadas pelo cenarista ou quem lhe fez as vezes, tal o diretor ou o fotógrafo. A sensibilidade do assistente – sem dúvida o habilitado à experiência estética da contemplação – estranha os minutos sobejos e reclama os minutos omitidos, o que aconteceria no estudo da grande maioria das produções, visto que não tem sido permanente cuidado a providência de se conceder a cada imagem, a cada cena, a cada seqüência, a necessária e justa perduração.

13. Representação de Representação

Na feitura da obra cinematográfica, na fase em que a câmera executa a visualidade prescrita pelo autor, observa-se que o cinema se efetiva a expensas de duas formações: uma consistente na composição dos valores, dos intérpretes, das coisas inanimadas, enfim de tudo o que se fará visível pela câmera, muitas vezes parecendo, a quem surpreender esse arranjo, que se trata de um treino ou mesmo de alguma exibição teatral, assim excepcionalmente desprovida de platéia; a outra formação consiste no resultado da atuação da lente, ou, melhor, compreende o próprio filme em condições de passar à tela. Enquanto no teatro a fatura se ultima na etapa que, inclusive, poderá ser definida como o ensaio mais completo e perfeito, em outras palavras, o espetáculo diante do público se identifica na qualidade de treino derradeiro, na cinematografia, a ordem dos preparos difere substancialmente da obra concluída, dois setores diversos se deparam: o da acomodação feita para o propósito estético e o da arte independente em relação aos seus agentes possibilitadores. No caso da dramaturgia, há uma continuidade de ser que não sofre alteração exceto quanto ao grau de aprimoramento, que se torna superior na vez de se mostrar ao público; no caso do cinema, há distinta separação entre a coisa cinematográfica e o filme que lhe corresponde, se bem que este dependa daquela para efeito de sua própria existência. Dupla representação opera-se no tocante à fatura do cinema: uma que é original em seu desempenho dirigido à câmera e outra que é o trabalho desta, enfim divulgável ilimitadamente.

74 A IMAGEM AUTÔNOMA

Talvez fora melhor falar-se de representação de representação, estendendo-se a todas as espécies de filme uma conjuntura semelhante à que reside no documentário sobre igrejas de grande estilo, as góticas, por exemplo, cujas fachadas estampam artísticas expressividades, representação portanto; as fotografias inanimadas ou animadas que delas se tiram são representações de um conteúdo que já se define como representação, o simbolismo gótico estando duas vezes presente: na construtividade do templo e na fotografia ou cinematografia desse templo. A propósito do cinema de enredo, de histórias extraídas da literatura, considerando-se a circunstância formal, tem-se que o modelo resultante de ensaios, o modelo em sua estratificação preparadora, é, sem embargo de ser uma contingência intermédia e não um fim determinado, uma representação do tema, do assunto que ele, o filme, encarnará. Por conseguinte, há que apreciar o objeto antes de nele recair a câmera, o objeto em seu caráter provisório, existente em virtude dessa câmera que ele espera; em certos momentos da filmagem, se as exigências da confecção não impusessem compreensível recato, bem que se admitiria algum público para a oportunidade de ver uma ou umas composições plenamente representativas.

Diferentemente do teatro e da fase primeira da elaboração do filme, da presença natural dos intérpretes, a fita acabada e posta na tela se caracteriza como uma exibição sem bastidores, finda a qual nenhum dos figurantes se recolhe ao camarim, tal a modalidade de separação entre a obra e os meios de alcançá-la. Espécie de subprodutos do filme, os originais que ao vivo se deram possuem a feição de algo que está longe de ser a versão mais completa e perfeita, se comparada com a obtida fotograficamente e que se mostrará a mesma para todos os espectadores; evidenciam-se como uma contextura pronta a exaurir-se de imediato, assim que a lente gravar o seu conspecto, a sua essência consistindo em existir de conformidade com a câmera que há de sorver-lhes a aparência. O modelo, alvo de fixação por parte da lupa, reveste-se de uma significação, à margem da obra ultimada, que lembra a de certos flagrantes que a realidade estimula, que pertencem a ela, à maneira da roupagem, das atitudes que alguém utiliza para efeito de programada cerimônia; e, uma vez encerrada esta, ele, no próprio recinto e em meio às pessoas da solenidade, se desveste, se normaliza, por não mais haver o motivo causador da efêmera modificação. A realidade conta, decerto, com situações freqüentes que valem pela duração curta que se impõem, para a qual se formulam e se efetivam todos os ingredientes; e, a despeito da efemeridade, antes por força mesmo dessa efemeridade, se habilita a uma perduração, na memória das testemunhas e dos integrados no painel, em vantajosa concorrência com os minutos de

REPRESENTAÇÃO DE REPRESENTAÇÃO

estendida efetividade. Assim, o ato da filmagem envolve o estabelecimento de um breve flagrante, que se não confunde com a realidade rotineira, e multiplicar-se-á, convertido a portável existência, em tantas cópias quantas forem as telas da exibição.

Sendo a conduta da câmera puramente visual – os olhos do espectador – o objeto da fotografia, para ela intencionalmente disposto, deixará em segundo plano, ou, antes eliminará da consideração em foco, de sua propicialidade artística, qualquer outro elemento alheio à função óptica da câmera, inclusive subestimando desta a possibilidade de trazer a cor. O objeto em via de cinematografar-se depura-se de si mesmo, só interessando ao cineasta em tarefa os valores que possam influir na imagem em preto e branco. A coloração do indumento importará na medida em que ela oferecer maior ou menor tonalidade de sombra, de acordo com o desejo do fotógrafo; portanto, a conjuntura dos atores no instante da filmagem exprime a inteira submissão à finalidade da lente, a ponto de o eventual observador, em seu trânsito pelo estúdio, e ciente de quanto se aproveitará do protagonista em desempenho, presenciar uma contingência algo estranha: a da abstração em que imerge o protagonista, sob a modalidade de aparecer, a esse visitante curioso e perante a sua mente perplexa, em ato de diluição dos naturais pertences, de sua própria realidade de ator, segundo a comprovação que advirá ao ser vista a projeção da obra.

14. O Ator de Cinema

Salvo um e outro indivíduo convidado ao estúdio e os incumbidos da tarefa da filmagem, nenhuma platéia existe para testemunhar o desempenho do ator, sendo ele o único, entre os seus congêneres, a não assistir à reação do público perante o seu trabalho; atuando para espectadores presumidos, ele não usufrui o estímulo das palmas e por isso mais se concentra em si mesmo, dessarte concorrendo a que melhor se considere o modelo da cena como apreciável em si próprio sem embargo de ser um ato de preparação no tocante à lente cinematográfica. Não entrando em contato com o público, ele também desconhece qual a exata aparência com que surgirá diante desse público, numa circunstância que difere da que desfruta o ator de teatro: este sabe que o seu conspecto físico, igual ao que ele conduz a partir do camarim, será o mesmo que ele terá no palco, nenhuma dúvida levando-o à sofreguidão de inquirir, depois do espetáculo, se o aspecto de seu vulto fora o de sua firme certeza. Entretanto, o ator de cinema ignora a fotogenia de sua figuração, sempre sensível às adulterações favoráveis ou desfavoráveis da câmera; em compensação, ele possui o privilégio de, sentado a cômodo, assistir à plenitude de seu desempenho onde uma ponta de angústia se inoculara, de ver a sua fisionomia em determinada atitude e ao mesmo tempo recordar-se de que, enquanto desempenhava esse gesto, tal pensamento surdira simultâneo a ele, e que assim diversas ocorrências se passaram sem o registro da lupa, dentro do setor passível de ser apreciado com independência, apesar de sua índole pre-

78 A IMAGEM AUTÔNOMA

paratória. Equiparando-se a comum espectador, ele, ao presenciar o filme, neutralizar-se-á em relação ao seu próprio desempenho, examinando-o, julgando-o como se se tratasse de uma terceira pessoa.

No teatro, conta o ator com todo o seu complexo comunicável, enquanto que no cinema o prospecto do protagonista se resume à parte meramente visível, e esta mesma, desnudada de sua cor, se abstrai nas gradações do preto e branco, atraindo para si várias qualificações, mais peculiares ao desenho. Nas ocasiões de submeter-se à fotografia, o ator, se a interpretação compreende a movimentação dos lábios, com a pressuposição de que emitem vozes, profere, segundo conselho idôneo, as palavras cabíveis na correspondente realidade, de forma que o intérprete não prejudique a conduta cênica ao desviar a cogitação para vocábulos desnorteadores. Tais palavras se absterão de ir à tela, os seus efeitos restringindo-se ao ambiente do estúdio, lugar que, afora o caráter instrumental e medianeiro, revela o de inserir singularidades próprias: dentre estas, avulta a de desprovir-se de concreções reais para o fim de efetivar-se na abstração de uma de suas parcialidades: o corpo adstrito à visualização, comparando-se o estúdio a um grande e misterioso camarim, onde o comparecente se desveste mais do que supõe. Ordinariamente, o camarim alberga o ator de teatro em sua urgência de, à puridade, e consoante as exigências do papel, afeiçoar a este, com acréscimos ou eliminações, a apresentável e geral presença de seu corpo; na vez do intérprete de cinema, uma extinção maior envolve as alterações de seu vulto: a que abrange todas as parcelas da personalização, excetuada, assim mesmo incompletamente, aquela que se obtém com os olhos, e que se converte em imagem representativa.

Diante da máquina e de refletores, cercado de especialistas em todas as carências da filmagem, o ator se compenetra de que a sua posição na arte dispensa muito, ou, melhor, a maior parte do que constitui a sua individualização, correspondendo a esse reconhecimento o fato de ele ser mais caroável a mutações da aparência, a caracterizações, que o ator de palco, este sempre mais senhor de si mesmo. A circunstância de o ator de cinema vir a expor-se em primeiro plano exige mais extensa versatilidade no semblante, pois que a lente irá perscrutar todos os escaninhos do rosto; vale dizer, se o papel determina, o intérprete cada vez mais se artificializa, junta a si próprio estranhos elementos, proporcionando ao maquilador o mister de fazê-lo distante de si, e mais próximo de algo ideal, da imagem em preto e branco, assim afastada da pessoa física do ator. Distam bastante um e outro desempenho, o do ator de teatro e o do ator do estúdio, o primeiro a resguardar o íntegro de sua corporeidade, indo à participação como se fora a uma ambiência qualquer, dono de seus passos e de suas atitudes; enquanto o ator de cinema cede à câmera

O ATOR DE CINEMA 79

a iniciativa de torná-lo verdadeiro intérprete, conduzindo-lhe o vulto a cometimentos faciais à revelia de seu conhecimento, às vezes numa disponibilidade que o constrangera se informado acerca de como ficaria a sua externação. Pode ocorrer que o ator ignore inteiramente o assunto do filme, cumpra o seu instante de desempenho sem possibilidade de conhecer o resto, o que não estorva a perfeição de seu trabalho. Esse instante de desempenho articulará muitos fios da urdidura, terá a importância de nódulo das demais cenas e seqüências, entretanto o ator somente virá a descobrir o relevo de seu mister quando mais tarde assistir à obra na qualidade de espectador. A modalidade avulsa da tarefa, de que se faz suscetível o ator do estúdio, nesse particular equiparando-se a uma coisa isenta de vida, vale unicamente por motivo de seu vulto, de seu aspecto facial, elemento exclusivo de sua efetividade na composição da cena. À feitura cinematográfica apenas importa o tipo físico, o que facilita a consecução do elenco, e no caso de o ator, na sua compleição, corresponder a um papel de compensador emprego, dá-se que, no que sobra de sua existência, se esforçará por manter sem alteração, em litígio com o tempo, o seu conspecto de aceitação comprovada; para isso obtendo, no entanto, menos êxito que o ator do teatro, porquanto a lente, em indiscreta revelação, mostrará a negativa à perpetuidade.

Em parcial compensação, o ator de cinema não repete, para a mesma obra, a fadiga de interpretar o seu papel, ele não se submete ao irrenovado da repetição, nem se faculta a parecer melhor ou pior em uma ou umas das edições: o seu desempenho é único no filme que se divulga em inúmeros pontos da terra, talvez no mesmo dia, na mesma hora. Resulta, tendo-se em vista a irrepetição do desempenho, que o ator enfrenta séria responsabilidade nesse ato único de ser intérprete: não lhe será proporcionada nenhuma ocasião de redimir-se da atuação anterior, se porventura foi defeituosa a sua participação. Dessarte, o ator de cinema, em consideração à sua fama, e em vantagem para o próprio filme, é alguém que não efetuará senão o ótimo, transformando, assim, a sua prática em algo extremamente delicado, pois que é muito difícil a substituição, no transcurso da obra, de um ator por outro ator. Sabe-se dos exemplos em que a fita não chegou a ultimar-se em virtude da morte de um dos intérpretes, sem embargo de o subentendimento, da figura da ilação que tanto resolve quando o cineasta pretende alguma ocultação, prestar-se a suprir, com pureza cinematográfica, eventuais perdas, não apenas de coisas, mas também de figuras humanas.

Na ausência de contato direto com o público, o protagonista do cinema exercita o seu trabalho diante de pessoas que não estão ali para assimilá-lo entre os restantes valores da obra, e sim para dizerem até que ponto satisfaz a cena; de modo que ele, o ator, não

80 A IMAGEM AUTÔNOMA

ritma, segundo o módulo da anterior fluidez do assunto, aliada à expectativa da platéia a interpretação que no momento desenvolve. Portanto, na falta desse precioso incentivo, ele se entrega à vontade da pessoa que lhe dirige as imobilidades e os movimentos, conduz-se automaticamente e de acordo com a prescrita orientação que, por sua vez, se forma a partir das possibilidades fisionômicas sugeridas pelo próprio vulto do intérprete. Na cena do primeiro ou do médio plano, o diretor e o protagonista se estimulam reciprocamente, nenhum sabe, no instante de transpor a porta do estúdio, como se gravará em definitivo pela câmera a figura do ator que, além disso, ignora também qual a modalidade de seu gesto que, embora previsível, se subordinará aos ditames dos refletores e da angulação advinda com a lupa em voluntariosa mobilidade. A conversão da figura em imagem sempre suscita o curioso anelo de ambos os interessados conhecerem imediatamente o efeito dessa conversão mercê da novidade que sempre manifesta o produto da câmera, o resultado da fotografia, em face do que supuseram transformar-se o modelo, toda vez aparecendo diverso do que se imagina. Em virtude, ainda, de não manter contato direto com o público, e como um fato óbvio por se isentar de tão precioso encarecimento, o intérprete da cinematografia, mais que o do teatro, sente muito nítida a separação entre a sua vida real e a que constitui a sua posição de ator, isto é, as tantas vidas quantos são os papéis que profissionalmente encarna. Saído do estúdio, ele, com o cotidiano recuperado, escasso parentesco cênico apresenta no tocante à imagem que acaba de promover com o seu corpo, assumindo, na rua, a equivalência com os demais passeantes, surpreendendo-se todo aquele que, apontando-se-lhe o ator, de súbito estabelece a comparação entre o vulto de agora e o que viu, à véspera, sob a feição de silenciosa e descolorida imagem.

A despeito de secundário quanto ao valor da obra, nunca disputando com o cenarista ou com o diretor a mesma elevada posição na autoria da fatura, o seu nome é o que soa nos comentários da platéia; no próprio cartaz de propaganda ele ocupa o maior e mais atraente espaço, afora os flagrantes de cena que anunciam menos o espetáculo que a presença do ator, este se instituindo na meta de todas as atenções. Mais ainda que o ator de teatro, o do cinema, apesar de seu conspecto reduzir-se à imagem muda, tem exercido tanta fascinação que o fato costuma repercutir na própria fatura, passando os valores componentes do filme a subordinar-se ao intérprete de renome. Este se notabiliza, com a representação de sua representação, vale dizer, depura-se da realidade de seu corpo ao mesmo tempo que se liberta de possíveis entraves à prestigiosa recepção de seu vulto, tais como o lapso na dicção e no gesto, provável no intérprete de teatro, mas de ausência garantida no ator do cinema que

O ATOR DE CINEMA 81

assim somente oferece de si mesmo a fotogenia sem risco de macular-se. Se o protagonista de cinema se priva das reações do público, por outro lado se sente perfeitamente tranqüilo quanto à sua modalidade de aparecer na tela, a qual foi atestada como ótima por todos os responsáveis pela exibição; importa referir que, no caso do cinema, a interpretação empírica, isto é, a que, no estúdio, permite a sua artisticidade através da utilização da câmera, se processa anteriormente ao ato de ela se expor diante dos assistentes, enquanto que no teatro são simultâneos, ou, melhor, são o mesmo o desempenho e a sua apresentação à platéia.

A anterioridade da interpretação e o flexível prazo que ordinariamente entremeia até a data da estréia do filme favorecem o emprego das medidas necessárias ao aperfeiçoamento da confecção, a ponto de os espectadores não terem margem para a menor reserva quanto ao desempenho do ator, o estúdio equivalendo a um laboratório que somente anuncia a sua descoberta após a certeza sobrevinda de muitas experiências. Como platéia de si mesmo, pode o ator verificar, com os próprios olhos, ao comparecer ao salão do cinema, a distância que existe entre a realidade de seu corpo e a representação dele na forma de imagem muda em preto e branco, vindo a conferir, com a coloração e o rumor do modelo, a menos concreta parcialidade de agora; notando, mais do que ninguém, a distinção entre o original, de que se lembra ou está ainda consigo, e a abstração a que tudo de antes se reduz: sobreveio uma entidade nova, assente em peculiares requisitos, e que na memória dele, auto-espectador, se afigurará talvez mais viva, mais íntegra que a alusiva ao seu corpo real.

Pode acontecer que, na contemplação de seu vulto na tela, o protagonista se depare com um instante da história em que, com perfeito travestimento, outro indivíduo lhe fez as vezes, dado que a cena exigia tal destreza que o seu físico não comportava; ninguém mais, exceto ele, o afamado intérprete e os que contribuíram para o êxito da artificialidade, se inteira da substituição havida, recaindo nele os adjetivos que se expressam acerca da personagem na cena difícil, por outrem efetivada. No setor da prática do estúdio, no setor da representação primeira, duas personalidades se inscrevem para a interpretação, mas, no interior do filme, um único ator figura no papel em causa; para todos os efeitos, o renomado participante localiza-se em todas as suas cenas, tanto assim que o arguto espectador não descobre o uso da contrafação. Não fora a nitidez do primeiro plano e de outros também próximos da lente, bem que se poderia utilizar mais freqüentemente a norma da substituição de atores para o mesmo papel, os suplentes obscurecidos na pureza do anonimato, a fim de que prevalecesse apenas o consagrado nome. Porém, a adoção de planos reveladores de minúcias é imprescindível no idioma

82 A IMAGEM AUTÔNOMA

das imagens, de sorte que a substitutividade se reduz, a menos que o flagrante admita a personagem de costa para a câmera, às cenas decorridas em lonjura, onde as faces tendem e alcançam a unificação.

Com a eventualidade de o autor encobrir a existência de mais de um intérprete, surge algo que só pertence ao setor do modelo, do original antes de converter-se em fotografia: a possibilidade de viger a interinidade do protagonista no interior do papel, a de não ser absoluta a vinculação da pessoa ao mister que lhe atribuíra o organizador do elenco. Dentre os concertantes e desconcertantes processos que se aplicam durante a fase de experiências e treinamentos à procura da feição ótima, sobressai-se o de restringir a indispensabilidade do escolhido figurante, o que não se opera no transcorrer do filme, quando o ator é cabal e soberanamente ele mesmo. Tem-se, em conseqüência, que o ator visto pela platéia mantém a sua integridade fisionômica sem embargo de se haver imposto a expensas de outro ou de outros que não ele. Então sucede com a imagem um fenômeno equivalente ao da abstração do conceito que independe da individualidade de seus recheios de menor extensão; analogamente, a personagem presente no curso da obra, sem incutir no espectador a mais leve suspeita quanto à sua unidade física, pode positivar-se com distintos intérpretes por fim dissolvidos na aparição do ator uno e único.

Na sua missão de intérprete, ele se vê favorecido por truques e arranjos cênicos que muitas vezes lhe suprimem a ação pessoal, fazendo com que o quadro em foco seja facilitado em sua execução, mais do que se ele a obtivera mediante o seu trabalho como protagonista. Portanto, este irá conceder a artifícios a tarefa de expor a sua naturalidade de bom desempenhador, acontecendo que ele assim se esvazia a despeito da convicção de que igualmente satisfatória se desincumbiria a sua profissional desenvoltura. Verifica-se que o ator de cinema sói perder enquanto se afeiçoa às necessidades da filmação, ao mesmo passo que vem a avantajar-se quando transposto em fotografia, em imagens de óbvia aceitação, convergindo para ele todos os adjetivos em face de seu desempenho. Os truques e arranjos, inteiramente legítimos na confecção da obra, servem ainda a uma curiosa eventualidade: atenuam bastante a dificuldade em que há de ater-se o diretor, quando o protagonista, devendo figurar no elenco em virtude do unânime aplauso ao seu nome, se mostra incapaz de atuação convincente, o que obriga o responsável a impedir que apareçam os momentos de má interpretação. Para isso o ator se exime um tanto de seu papel transferindo à câmera o poder de remediar a falível conjuntura, poder que consiste em desviar a lente do ângulo que revelaria o falho desempenho; inclusive não focalizando a imagem do ator, procedendo-se de modo que tudo pareça natural, sem

O ATOR DE CINEMA 83

vir à luz a intenção reparadora. Na seleção dos intérpretes para determinado filme, as providências visam mais ao tipo do ator que às suas qualidades histriônicas, isto porque é próprio do cinema ocultar a imagem todavia em apreciação, sendo de sua essência exibir imagens que subentendem outras. Portanto, a imagem do intérprete vale como presença indicadora, e por efeito desse predicado virão a esconder-se da platéia aqueles instantes em que a desprovida figura, se vista diretamente, comprometeria o bom êxito da produção.

Ocorre que certas emocionalidades, inerentes ao papel, se dão melhor quando ocultadas e não quando exibidas, dessarte retirando-se, do grande e afamado protagonista do cinema, oportunidades propícias à sua vocação, em favor do discreto e regular tratamento. Em *Varieté*, a personagem Boss, ao inteirar-se da traição da mulher, surpreendendo na mesa o desenho alusivo, torna-se convulso, mas a lente apanha-o de costa, assim vedando ao público o conhecimento de como se conduzia o seu rosto; em cena estava o mais célebre de todos os trágicos da época, no entanto se evitou, em proveito da ilação cinematográfica, que ele, Emil Jannings, apresentasse gestos que a sua face tão bem sabia promover. A câmera possui, incontrastavelmente, propriedades interpretativas que concorrem com as do mais flexível intérprete, a sua movimentação, a angulação que conduz a explícitas expressividades, são atributos que fazem o ator talvez ainda mais natural, mais concernente com a situação em tela, que os recursos meramente pessoais dele, ator; com o emprego dos truques e dos arranjos que substituem o protagonista, que o tornam magicamente dútil e plasmável, conclui-se que a função do intérprete de cinema, reduzida à perfeita correspondência de seu vulto, de seu tipo, com a personagem que irá encarnar, difere muito da função do ator de teatro que encerra em si mesmo, na individualidade de seu corpo, todos os requisitos necessários à sua participação, sempre cumprindo-lhe dispor dos exigidos atributos, das pessoais qualidades para o exercício de seu mister. O protagonista se faz secundário nesse sentido de o mais valioso de seu desempenho poder efetuar-se por outros meios que não os de sua restrita figura; cabendo àqueles, no próprio domínio da interpretação, uma disponibilidade mais prestimosa, senão mesmo bem mais fecunda cinematograficamente que a apresentada pelo só conspecto do ator.

A aplicação do subentendimento é uma dessas ocasiões em que o intérprete se vê preterido por outro e às vezes esse outro não passa de um objeto inanimado que assim, intercalado no lugar do figurante, se manifesta como produto da exclusiva intenção do cenarizador, como efeito do processo cinematográfico; tanto que ele, o humano ator, tratando-se de seu visível papel, repeti-lo-á, se quiser, para os olhos de alguém à puridade, enquanto que a cena da ilação, do su-

84 A IMAGEM AUTÔNOMA

bentendimento por intermédio de coisa animada ou inanimada, se adstringe à conduta da câmera, ao resultado de uma operação mecânica, simples combinação artificiosa. Durante a fatura de uma obra cinematográfica, ao intérprete será facultado conhecer todos os fios da urdidura de que se compõe o filme, porém nada o impele a assim proceder, bastando-lhe as cenas a que comparece o seu vulto; no entanto, o ator de teatro, mais facilmente sabedor de todos os instantes da peça, se articula ao âmago da mesma, de modo a medir a dose de sua contribuição, sentindo-se como elemento breve ou demorado, mas imprescindível, da geral tessitura. Assenhoreando-se do espírito e da letra, ele se capacita de quanto vale em sua posição de ator, qualquer que seja o tipo de participação, o elenco teatral constituindo-se de pessoas que se entendem entre si, no mundo estético a que concorrem. Diversamente desse ator, o de cinema não se integra tanto ao filme em que aparece, habilitando-se mais à cena, à seqüência, que ao total da obra, ainda sem desfrutar de sólido convívio com os seus pares – no teatro eles se associam em verdadeiro clã – a ponto de suceder que ele, o contratado intérprete, chega ao estúdio à véspera ou ao dia da filmagem, cumpre a sua obrigação ante o fotógrafo e regressa de imediato ao local de onde partira. Ocorre, também, que neste local ele de logo se investe no desempenho que suspendera a fim de efetuar o outro, não se fazendo impossível o seu trânsito de estúdio a estúdio, atendendo a encarnações distintas e todas estanques, isoladas do sentido que têm na história, no enredo.

Uma conjuntura de dificultosa assimilação se perfaz nesses exemplos de o ator se despregar, no tocante à consciência de sua significação, dos demais valores que, aglutinados, consubstanciam o urdume da criação. A representação primeira, a que se concretiza dentro do estúdio, consente que a prática do ator assuma o aspecto de eventual obrigação, a indiferença, quanto à própria obra, a presidir-lhe a conduta, apesar de ele possuir curiosidade suficiente; mas a conjuntura em que trabalha, a contingência de converter-se em imagem pura, de cederem-se a esta as qualificações artísticas, submete-o forçosamente a não ser mais que um autômato naquilo que lhe devera exigir o oposto: a consciência da participação. Com efeito, importa para o bom êxito da interpretação que o ator se cientifique das percussões e repercussões de seu papel no interior da trama, sob pena de comparecer a ela e não de participar da motivação que o liga aos demais momentos da obra. Acresce que a integração consciente favorece a naturalidade da atuação do protagonista, o desempenho vindo a ser melhor desde que movido por unificadora intenção, o que propina ao ator a impressão de que ele se acha verdadeiramente no interior do papel, cobrindo-se com o nome que intitula

O ATOR DE CINEMA 85

o filme. O cinema, proporcionando a eventualidade de o ator abstrair-se do quanto importa o seu trabalho, assemelha-se ao exercício visual da pessoa que, do local de observação, por exemplo, da janela que alcança a perspectiva da rua, descobre pequenos enredos nos indivíduos que passam, os quais ignoram a significação que acabou de adquirir, mas se patenteiam então como legítimos atores, encarnando o sentido que firmaram os olhos da testemunha.

A conversão da realidade física em imagem faculta, portanto, ao intérprete um índice de disponibilidade que mais aumenta se se considera como primordialmente necessária a fotogenia do tipo e não a fotogenia da individualidade: o ator convocado em virtude de representativo de determinada situação humana sói mostrar-se mais legitimamente certo no estúdio cinematográfico do que sobre a rampa da dramaturgia; tradicionalmente, os atores de teatro se refinem em empresas, o que redunda em escassa diversificação de protagonistas, chegando a promover, na mente dos espectadores que acompanharam a exibição de diferentes peças, o devaneio de existir uma relação entre elas todas, tudo por efeito de haverem sido os mesmos os figurantes dos distintos papéis. À presença corporal alia-se a uniformidade de voz que cada um aplica em sua profissional carreira, além de caracteres e cacoetes faciais que vão de uma a outra obra; de maneira que surge, com o advento de tal circunstância, um especulativo interesse em torno dessa ordem de conexão, criada e alimentada pela conjuntura de um só ator participar de mais de uma peça, conservando a mesma aparência de seu vulto.

15. O Desempenho Alegórico

O cinema se manifesta menos caroável a esse gênero de relação, tendo-se em vista que nele os intérpretes convocados se isentam de todos os seus meios expressivos, com exceção da figura que, conseqüentemente, se incumbe de preencher, com as suas peculiaridades, a ausência dos outros poderes de comunicação. Há, sem dúvida, na cinematografia, maiores oportunidades de variação de atores de uma a outra produção, mesmo considerando-se a permanência do regime de empresas, cada qual com o seu corpo de protagonistas. A história do cinema tem indicado a irrepetição do elenco mesmo encarando-se a atividade de um só estúdio, de sorte que o teatro sempre oferecerá os melhores exemplos dessa conexão, externa à fronteira das próprias obras e sentida pelos assistentes ao se depararem com os mesmos figurantes. O ator de teatro é, assim, mais precioso que o do cinema, pois que ele, tendo que possuir, em grau satisfatório, os díspares elementos de sua individualidade humana, a fim de bem juntá-los para síntese do papel, deverá usufruir uma experiência, quer oriunda de outras interpretações, quer apenas de treinamentos escolares, não simples de haver; dessarte, portando requisitos que são dispensáveis para o ator de cinema que, inclusive, poderá ser aliciado a esmo, sem mais exigências que as impostas pelo tipo da personagem.

A correspondência ao tipo constitui o principal na organização do elenco, o diretor a persuadir-se de que o vulto contratado confirmará, de qualquer ângulo em que se situe, o tipo que no cenário se focaliza em muitas situações, em todas conservando a sua coe-

A IMAGEM AUTÔNOMA

rência; a não constranger nunca o espectador com um gesto indevido, ao contrário, dando-lhe, desde as primeiras cenas, o ensejo de prever qual a conduta desse ator na passagem em começo de formação. Sabido que a angulação costuma alterar o aspecto da figura, alteração que também atinge a nominalidade de que ela se reveste, cumprirá ao diretor prevenir-se de ocasionais desvirtuamentos, assimilando, de logo, os conectivos que se estabelecem entre o ator e a qualidade da fotogenia, para que não se venha a verificar, tardiamente, a frustração do intérprete quando bem se saíra nas cenas já filmadas. A câmera muitas vezes surpreende o mais íntimo de seus manipuladores, sendo o cinema talvez a externação artística que mais apresenta, no final da elaboração, aspectos que escaparam à intenção do criador; e no seu caso, do diretor, do próprio fotógrafo, que a tanto fomenta a imagem em sua feição representativa. O ator de cinema encontra-se, portanto, à mercê de fortuidades, de imprevistos, de gratuidades que, não ofendendo a natureza estética do filme, se incorporam à textura deste, passando despercebida do espectador a parte isenta de autoria, a ponto de, elevando-se ela a positivo elemento, valorizando artisticamente a obra, atribuir-se, ao cenário ou à direção, a interessante minúcia ou o belo efeito fotográfico.

Suscetível de tantas eventualidades e contingências, o tipo humano a ser representado pelo ator é anteriormente fixado na imaginação do cenarista que, ao concebê-lo, procede à maneira do romancista, do dramaturgo, ambos detentores exclusivos da verdadeira aparência de cada uma de suas personagens, do tipo que penetra, age e reage nas situações que envolvem o seu comportamento. Enquanto as figuras do romance permanecem, em sua veracidade melhor, no domínio do escritor que jamais confere o seu original com as versões existentes nos leitores, as da dramaturgia, não coincidindo com as criadas pelo dramaturgo, também se submetem aos percalços das modificações; e além de retificarem a encarnação primeira, a da imaginativa do autor, verifica-se a multiplicação de intérpretes do mesmo desempenho, se a peça alcançar o êxito das reexibições, havendo, por conseguinte, tantas retificações quantos têm sido os ocupantes do mesmo papel. Mas, em todas as reedições do vulto, uma norma prevaleceu e obrigou a que elas se aparentassem de algum modo, obedientes que foram às linhas gerais que o criador prescreveu, ao tipo que é uma abstração a cujo preenchimento concorrem símiles figurantes. Ordinariamente, as histórias filmadas, atendendo à simplicidade do público, não vão além do conflito entre o bem e o mal, os principais papéis indicando atores que a platéia consagra, todos correspondendo aos tipos que, em face da repetição, se padronizam, a ponto de os respectivos contratos com o estúdio terem longa duração, as personagens-tipo a satisfazerem a demanda dos uniformes

O DESEMPENHO ALEGÓRICO 89

caracteres. À maneira dos romancistas românticos, que em verdade variaram pouco no tocante a personagens, no cinema, cuja maioria dos enredos se compôs à base moral do proveito e do exemplo, o caso da interpretação sempre se norteou no sentido de contar-se com atores que encarnassem, pelo aspecto físico, a virtude ou a desvirtude personalizadas pelos figurantes descritos no cenário. Aliás, essa descrição, pela forma esquemática, não ia além de dados sugeridores, genéricos, de ordem a oferecerem ao diretor ampla margem de disponibilidade, de iniciativa na escolha do elenco, as histórias encerrando oportunidades para a atuação daqueles atores que eram do patrimônio da companhia: efetuava-se um curioso círculo de relacionamento, com os escritores, adaptadores, cenaristas a prepararem libretos que servissem aos contratados intérpretes, que assim eram, enquanto meros indivíduos à espera de função, os verdadeiros inspiradores da criação cinematográfica, feita com o aliciamento deles próprios.

A prática do cinema se conduzira de molde a salientar a importância do ator, um fenômeno legítimo, se se considerar o plano externo do problema, o qual não impedia o reconhecimento, por parte dos entendidos, de que o cerne da criatividade residia na escritura prévia, no cenário, a despeito das histórias que se teciam sob a motivação dos vultos que haveriam de desempenhá-las. No fundo de todas as circunstâncias que envolviam o setor da interpretação, o que existia eram manifestações de uma entidade de constante presença nas artes da visão: a alegoria. De fato, ora patente e conscientemente produzida, ora efetivada sem dominante propósito, a alegoria, que é sempre a perfeita vinculação do nome à face, a figuração a evidenciar o título com que é nomeada, a alegoria se concretiza ou se insinua, pelo menos aos olhos do seu autor, realmente o assimilador mais autêntico da alegoria que ele confecciona. Dá-se com ela uma valiosa singularidade: a de o vulto em apreço não corresponder à universal aceitação, na forma em que a pôs o artista, a menos que a figura alegórica se acompanhe do rótulo com que foi designada, o que facilita mas não prestigia o conhecimento.

Uma vez sabido o nome da escultura – o campo desta arte é o preferido para as externações alegóricas – a visualização da peça confirma a nominalidade imprimida pelo escultor, geralmente grandes nominalidades como a justiça, a caridade, a piedade, a morte, os seus antônimos, as quais se detêm na corporificação a que se submetem, em franca explicitude, desde que se subscrevem à escultura ou ao grupo escultórico. A contemplação da obra revela um encarecimento especial, conhecendo-se que se trata de alegoria: a perscrutação do espectador, afora a preocupação de verificar os elementos da técnica, os valores em equilíbrio, enfim, os meios com que o artista remove para o trabalho a sua pessoal intuição, afora

90 A IMAGEM AUTÔNOMA

os cuidados de assimilação e de crítica, terá ele, o espectador, que captar o ponderável e imponderável relacionamento entre a face e o nome, atendendo à maior ou menor intensidade deste e à quantidade e qualidade das figuras com que o mesmo se fará explícito. Decerto que o mais firme empenho do artista consiste em impor à sua matéria um tal índice de diafaneidade que o ato de vê-la se ampliaria ao ato de ver também a denominação, e de tal sorte que esta fosse dispensada de aparecer na superfície da obra, em gravadas letras, e sim que o nome surgisse de modo imediato como o nome da cor que surge ao se deparar com a cor.

Todavia, o supremo desejo do autor, a perfeita enquadração da nominalidade à figura, é algo de difícil ou de impossível alcance se o espectador desconhece o título com que foi rotulada a obra; e acontecendo esta se pôr à vista de alguém que longe está de saber que determinado nome se infiltra em seu prospecto, esse alguém sentirá que o artista buscou concretizar um intuito que deverá ser externo quanto à própria obra; informado sobre a natureza da alegoria, dirá que a importância da peça ou do quadro independe das injunções exteriores, à similitude desta em que o prefixado nome indigita como proceder em toda a confecção. Mas ainda sucede que várias obras, hoje consagradas em termos de autonomia absoluta, se produziram com intenção alegórica, houve nomes que pairaram no espírito dos criadores e aos quais eles obedeceram como o guia máximo das faturas; perdidos esses nomes, as obras se tornaram, para o público, livres totalmente deles, contudo adstritas à corporeidade do nascimento, à nominalidade que, para sempre, lhes serviu de modelo. Portanto, há que ponderar acerca dessa conjuntura de, sem embargo de terem sua origem na prevalência de um nome, virem as obras a merecer a classificação de arte pura, ainda com a presença daqueles ressaibos alegóricos, os resquícios do nome a que se aglutinaram e que no entanto se ignoram. Assim, fatores adversos à sobrevivência da composição artística, a exemplo do desgaste que suprime a inscrição, do descuido na conservação da peça, do deszelo do autor que não se muniu de meios mais duradouros, tendo em consideração a integridade de sua obra no tempo, assim os agentes danificadores se convertem em agentes positivos para vantagem da própria obra que, despegada do nome limitador e pertencente a outro domínio, passa então ao prestígio de arte sem proposituras externas.

A cinematografia, por sua condição de arte que se efetua em sucessão, no transcurso do tempo, não se presta a exibir a plenitude alegórica, dessa maneira privando-se de bem expor um predicamento a que não se recusaria a figura, qual seja, o de ela vir depois de programado o nome, ungindo-se deste, segundo concluirá o consciente espectador. A apreciação da alegoria demanda tempo no es-

O DESEMPENHO ALEGÓRICO

pectador em contato com o objeto alegórico: em virtude da brevidade de seu conspecto dentro da temporalidade do filme, não pode a fatura nominada fazer-se suficientemente passiva aos olhos do contemplador, sem o quê se torna difícil o exame concernente ao grau de conúbio entre a face e o nome. Depressa se esvai o instante de, no cinema, apreender-se o justo relacionamento entre as duas entidades; e, se porventura o cenarista, ou o diretor, numa decisão que compete àquele – sendo comuns, na prática da cinematografia, as transgressões do diretor às prescrições do cenário – para efeito de a platéia melhor compreender a alegoria, lhe dá uma duração que permite, em verdade, o seu distinto conhecimento, ocorrerá, sem dúvida, que o delongado flagrante prejudicará a cena mesma, ao propiciar-lhe um tempo que excederá o bastante de que ela necessita para participar da fluente urdidura. Inclusive o tratamento, para o qual resulta imprescindível a perfeita dosagem dos tempos da imagem na cena, da cena na seqüência, da seqüência no filme – a tessitura da obra é, em certo sentido, a tessitura de temporalidades – se vulnerará com o privilégio da demora, concedido à imagem em intencional alegoria.

Modalidade simultânea, espacial, a alegoria, que não é bem algo em si mesmo e sim algo que se perfaz mercê do espectador, requerendo, portanto, o tempo deste, isto é, a duração necessária ao entendimento e homologação da obra exibida, quando exposta no cinema, ela, a alegoria, sói perder um ramo de sua dualidade de ser, aquele que pertence ao espectador, em virtude de o tempo vigorante imprimir-se no ramo que o autor promoveu: a sua obra. O cenarista, ao armar o flagrante alegórico, deve pressentir a ineficácia de sua intromissão, mesmo porque o decurso das cenas, condicionado pela motivação que as coonesta, raramente admite a preocupação especial sobre uma figura que está ali por encerrar, em sua aparência, determinada cota de participação no geral do filme; com efeito, a alegoria importa em preocupação especial, que o tempo da tessitura não favorece, o enredo contendo, em sua malha, muitos pontos de dissolvência de quaisquer intuitos precisamente alegóricos. Um desses pontos consiste no ator cuja figura, pela correspondência com o papel, representa, nos casos em que este resume toda uma significação que se contém no seio da palavra, um conspecto que independe do espectador, nesse sentido de que ninguém da platéia poderá reclamar do perfeito ajustamento entre o vulto do ator e o fato nominante em que ele se envolveu.

Os enredos da cinematografia estão repletos de motivações passíveis de serem virtualizadas em um vocábulo apenas: o bem, o mal, a vitória, a audácia, a timidez, a derrota comumente se estampam no físico do ator destinado a cada uma de tais entidades; de maneira que a alegoria, apesar de não se expor em fixidez como na escultura,

A IMAGEM AUTÔNOMA

na pintura, pode insinuar a sua presença na fisionomia que se adapta à modalidade do nome. Em virtude de o seu rosto evidenciar uma nominação, alça-se o ator em importância interpretativa, porquanto, além da encarnação da personagem, ele externa fisionomicamente a entidade em abstração, dentro da qual se inscrevem todos os exemplares equivalentes, que se englobam na mesma significação. O ator se investiu em todas as conjunturas, cumprindo rigorosamente as ações e as omissões que configuram o seu papel, uma linha de coerência une todos os seus passos, nada ele efetua que não condiga com a sua aparência pessoal, de forma que o espectador, ao entrar no salão quando já começara o filme, vendo na tela uma passagem com a presença do representante da virtude, do ator principal cujo nome ele conhecera em outras obras, ficará convicto de que o nobre comportamento reside no vulto em causa; há, na fita, os seres circunstanciais que não chegam ao índice alegórico, mas aqueles que exerciam, na história, os principais misteres se impregnaram deles a tal ponto, que, por exemplo, a propósito de virtuosa bravura, acudia logo, à mente das pessoas em palestra, a figura do herói nos filmes do oeste norte-americano; a acepção alegórica em que era tomado o ator de cinema conduzia o público a apreciá-lo na condição de ídolo, espargindo-lhe um fanático fervor, impossível de receberem os maiores intérpretes do teatro.

A própria organização do enredo, com o triunfo reservado ao bem e o castigo reservado ao mal, o que fatalmente haveria de acontecer, se prestava a consolidar a feição alegórica do desempenho que, em sua uniformidade através de todos os filmes do renomado ator, induzia a platéia à certeza de que, no final, tudo se comporia de acordo com a figurada significação; no setor da cinematografia, com a sucessividade de cenas a impedir que o aspecto rotular se dê para delongada e esclarecida ratificação, a alegoria se executa por processamento, consistindo este em levar-se ao término o desempenho que se sabe, já no começo da urdidura, como irá finalizar. Sendo assim, a padronização do enredo, com a bondade sempre vitoriosa e vencida a maldade, padronização que era tida como vulgar concessão aos assistentes, servia para consubstanciar o fenômeno alegórico, delimitando coerentemente a sua expressiva extensão; com a nominalidade a se fazer explícita diante do convencimento do espectador que se inteirara – pela presença, no filme, do ator cuja fisionomia é consentânea com o triunfo, e também do ator fisicamente adequado à derrota, triunfo e derrota que se efetivam – do perfeito relacionamento entre o ator e o nome por ele encarnado.

16. A Representação no Estúdio

A representação primeira, a que se verifica entre os meios instrumentais, com o testemunho de indivíduos que não são propriamente os espectadores a que a obra se destina, se diferencia da representação segunda, a que se institui por efeito da filmagem, vindo a ser a programada obra: enquanto na fatura conseguida pela câmera corre um sentido desde o flagrante inicial, na que se opera dentro do estúdio ou na improvisação que se arma à guisa de estúdio, o sentido inexiste e em seu lugar se tem algo anfigúrico, cenas que não se aliam como as partes de uma só tessitura; todavia, a desagregação das ocorrências vale por si mesma, independentemente do fim a que se prepara. Um mundo de pessoas, de coisas e de acontecimentos se forma em cada cena disposta para a câmera, feita para ela, mas suscetível de ser considerada autonomamente, à maneira de estranho e surpreendido teatro.

Com a possível conjuntura de os atores ignorarem o sentido do desempenho que cumprem, plasma-se uma feição de filosófico interesse, tal a que emerge desse estado de ser o ator puramente fantoche, quando resulta normal, para a exteriorização de um motivo, que a sua imagem cumpra o mister à revelia dele próprio. Em face de tal contingência, tem-se ainda que a obra se efetua – a obra filmada – sem necessariamente incutir-se no conhecimento de muitos que lidam na confecção dela, nem mesmo do manipulador da lupa, o fotógrafo, que nunca se ausenta dos objetos, das passagens que serão visíveis na tela; salvo o diretor e algum de seus auxiliares, os

94 A IMAGEM AUTÔNOMA

demais dos presentes à primeira representação, ao estúdio, podem desconhecer, sem dano para as suas tarefas, o fio de significação que circula por toda a obra; além disso, o intérprete, em plena ocasião de cumprir o seu desempenho, é passível de desconhecer o próprio significado de sua função, ali, diante da lente que lhe perscruta o corpo, o significado se lhe desvelando no momento em que, na poltrona da platéia, o descobre em virtude da justaposição da cena em que surge à outra cena que talvez nem sequer imaginara.

Dessarte, no âmbito do estúdio, dão-se cometimentos que se convertem em predicados alegóricos: assim, o comportamento do ator cinematográfico reproduz, com a homologação de quem especula dessa forma, o procedimento a que em muitos instantes se vê aderida a pessoa real: qual seja, o de esta se ater com freqüentes obliterações acerca do significado que no momento inspira à recepção do observador; insciência que se amplia até a ignorância do verdadeiro papel que exerce o indivíduo no seio de uma urdidura mais larga, mais extensa, acaso metafísica. O recém-vindo, não inteirado do enredo que o cenarista esquematizou, ao deparar-se-lhe, no estúdio, a cena em representação, se nivelará ao ator ou atores, no que tange ao desconhecimento da tessitura e da respectiva história, tal o ente humano que não percebe que as suas atitudes em contato com as de alguém ou de muitos, vistas de certo ângulo, se ordenam em teia maior, e à revelia dele, o ocasional protagonista. Entretanto, se a fortuidade preside ao tecimento dessa grande malha, na vez do estúdio, a consciência da coordenação e do sentido que a fundamenta compete ao diretor do filme, personalidade que, inferior ao cenarista no tocante à criatividade, no entanto obtém o mais consagrador prestígio, como se fosse muito mais que o agente de tarefas programadas com sensível antecedência; mas, a despeito das restrições ao mérito de seu trabalho, o diretor cumpre, no domínio da representação primeira, uma importância que é também alegórica, mesmo tendo-se em conta que a sua função é externa ao filme que ele dirige: em tese – essas e outras considerações firmam-se em tese e não em excepcionalidades – o diretor assemelha-se a um subdemiurgo de ação imediata, consistindo os seus afazeres em pronta execução, abrindo e encerrando, em busca de uma composição unitária, as cenas em seu sentido intermédio: o de prestar-se à representação segunda, à obra finalmente fotografada; cenas que podem estar alheias ao entendimento dos atores e dos comparecentes ao estúdio, mas que a ele nenhum mistério deverão ocultar, ele, o senhor e o acionador de tudo quanto se desenrola, ao olhar da câmera.

O superior demiurgo é o cenarista, com todas as determinações de como atender-se ao cenário de sua autoria, prescrições encaminhadas ao diretor e ao fotógrafo, ou, antes, ao diretor apenas, por-

A REPRESENTAÇÃO NO ESTÚDIO 95

quanto o fotógrafo se desincumbirá sob a orientação deste. Na missão de obedecer à inventiva de outrem, o diretor pratica o sortilégio de levar aos olhos do público uma série de situações que existiam em grau de pensamento, assumindo, portanto, a responsabilidade de fazer artístico algo que não lhe pertence. De sua vontade derivam as condutas fisionômicas dos atores e as maneiras de aparecimento de quaisquer vultos inanimados, cingindo-se ele, todavia, à página que estudou à véspera, ou mesmo que tenha em mãos, avocando a si o trabalho que bem caberia ao próprio cenarizador; sempre se considerou ideal a acumulação dos dois misteres numa só pessoa, mas a história do cinema de raro aponta o cenarista que também foi diretor, sobressaindo-se no caso o nome de Charles Chaplin, indiscutivelmente o mais importante da cinematografia. O comum, entretanto, consiste na divisão dos trabalhos, o que esperadamente gera, em maior ou menor escala, desajustes entre o texto indicador e o processo de executá-lo, ao extremo de ficar indefinido qual o autor de certas passagens, quando, fazendo as vezes do cenarista, o diretor se afasta das prescrições dele, disputando-lhe a autoria. A empresa produtora não se interessa em divulgar o que rigorosamente fora de um e de outro, nem curioso algum se intromete a comparar o que os seus olhos leram e o que os seus olhos viram; de modo que o julgamento crítico acerca de obras do cinema de ordinário enfrenta uma dúvida de difícil esclarecimento, restando sem resolver-se um problema que, por conseguinte, leva à admissão de que a fatura cinematográfica se forma através de equipe.

Realmente, desde o início desta arte, se tem posto em saliência a natureza coletiva da fatura, tal como se observa nos cartazes e no começo ou no término da própria obra, assim proporcionando-se publicidade niveladora entre profissionais de distintos merecimentos, o que não se verifica em relação ao livro impresso, onde não se gravam o nome do tipógrafo, o do revisor etc., elementos que se equiparam a muitos do cinema que se incluem na homenagem do letreiro. A idéia de equipe ressalta naturalmente, e a complexidade mecânica e humana com que se esteia a representação no estúdio de si mesma sugere a contribuição de copioso pessoal; e, prevalecendo a hierarquia da nomenclatura, com o nome do diretor vindo a ocupar uma tomada privativa, expondo-se em mais graúdos caracteres, entende-se que o chefe da equipe é ele, o concretizador, em imagens, de quanto concebera o cenarista, chegando a assumir a maior responsabilidade pela representação primeira. Mas ocorre que a organização de equipes, perfeitamente normal quando se visa ao manuseio da matéria, à elaboração dos valores constitutivos e ponderáveis à óptica, em nada impede o reconhecimento de que existe uma personalidade originadora daquilo a que tendem as aplicações

96 A IMAGEM AUTÔNOMA

materiais: a concepção fomentadora. Decerto que ela estimula no diretor iniciativas aparentemente pessoais, contudo, não vão além de formais extensões que o cenarizador não previra de maneira literal, todas as novidades do diretor, da equipe sob seu governo, a serem meros acidentes da substância contida no cenário.

A representação que se efetiva no estúdio está geralmente longe da vista do verdadeiro autor, que se impossibilita de aprovar ou desaprovar as coisas cometidas na confecção de sua obra, razão por que a missão do diretor se acompanha de séria responsabilidade: ela significa, em tese, o leal cumprimento ao que recebeu, por escrito, o encarregado de convertê-lo à segunda representação, à finalmente obtida por meio do fotógrafo. A incumbência do diretor, portanto, obriga a que ele se integre, por assimilação do texto, no tratamento adotado para o proposto filme, sendo o tratamento a feição estilística, o resultado da aplicação dos meios utilizados em convergência para esse fim, espécie de modenatura alcançada com o medido emprego de todos os recursos à disposição dele, o diretor. É a parte mais melindrosa de seu trabalho esta de corresponder à modalidade que imaginou o cenarista, confirmando-lhe em cenas vivas a natureza da fluência com que se desenvolverá a história, num estilo para o qual não foram ausentes, ao contrário, decisivas para a translucidez dessa aura formal, as medidas de duração das cenas na seqüência, e das seqüências no filme. Há necessidade de o diretor ser caroável ao tipo de leitura que o cenário requer: depois de uma cena, a pausa se impõe, a fim de que o leitor, que dirigirá a obra, exercite a imaginação na tarefa de pré-visualizar o cometimento da câmera, indo desde as particularidades da cena à plenitude de seus valores reunidos, a imaginação prévia do diretor a proceder à semelhança da futura lente. O cenário escrito de forma esquemática, sem os adjetivos, circunlóquios e digressões da literatura, apresenta-se como um ponto de partida para o devaneio do diretor, leitor único, para quem foi elaborado o documento; a ninguém mais interessa senão a esse leitor exclusivo, que dessarte recebe, do próprio autor, a preexistência de vultos, de paisagens, de relações humanas, de conexões entre coisas, enfim, um mundo em estado de ideação; mas, contendo tal firmeza na individualização de cada esboçado elemento, que ao diretor cumprirá, tão só, no domínio da existencialidade proposta, procurar no fichário de atores, ou em outros meios de possível descoberta, as figuras reais que hão de corresponder aos indigitados ideamentos, encerrando, com a filmagem deles, a criação ordenada pelo cenarista. O diretor é, conseqüentemente, um encarnador de virtualidades, operando segundo o conhecimento que possui, a propósito da legitimidade do elenco; ao mesmo tempo que busca identificar o seu gosto, o seu sentido de seleção, com o organizador do cenário, assim ten-

A REPRESENTAÇÃO NO ESTÚDIO   97

tando confrontar, em índice de estojo, as representações disponíveis e a invenção meticulosa do cenarizador.

Submisso a outrem, porém positivando-se nesse estado, encontrando estímulo no fato de depender desse outrem, o diretor de cena pratica o mister de preparar, para o exclusivo recolhimento da câmera, em outras palavras, para os olhos dos espectadores – a câmera é sempre o olhar do espectador – o que ditara outro que não ele, sendo, portanto, o intermediário entre abstrações e a lupa que em si porta as visões de todas as platéias. O autor do cenário delega ao diretor a prerrogativa do direto contato com a câmera, esta não incidindo sobre o claro pensamento, mas sobre as figuras que a ele correspondem, as quais traduzem o grau de assimilação do diretor quanto à escritura que teve em mãos. Se este é obrigado a conhecer, um a um, os momentos do cenário, deve também conhecer as possibilidades da câmera, o que ela pode apreender tanto parada como em movimento, exigindo-se-lhe portanto que ele se outorgue da platéia, pondo o olhar da lente em seu olhar, de forma que ele, o diretor, se capacita a resolver, graças à vocação e ao engenho, a dualidade entre a visão do espectador e a cena colocada diante deste. Inteirado do gosto do público, ciente dos índices de receptividade, portador das intenções do cenarista, ele trabalha indo de si a si mesmo, comportando-se como o superior enlace entre o objeto estético e o sujeito da contemplação.

Conclui-se que o ideal seria a junção, na mesma pessoa, da atividade do cenarista e da atividade do diretor de cena, o que impediria os eventuais desacertos entre uma e outra; sem dúvida que, na prática profissional, dificilmente o cenarista, após ver o seu empreendimento convertido em imagens na tela, sentirá coincidir a obra de sua imaginação e a obra enfim trasladada aos olhos de todos os assistentes. Se a realidade do pensamento nunca é a mesma objetivada perante a óptica de quem a possuiu, ainda que se tratando de pensamento das coisas mais familiares, o vulto esperado sendo propiciador de surpresa, por mais correta que se afirme a ideação que lhe corresponde, se a imagem pensada não se repete na sua edição real, assim a versão, quer a do estúdio, quer a da câmera, feita por artifícios estranhos ao controle do cenarista, sempre lhe aparecerá um tanto diversa do que visualizara na imaginação, ao tempo de compor o cenário. Essa distinção entre o pensado e o efetivado pode todavia resultar vantajosamente para o cenarizador, se bem que é de presumir uma parte maior de descontentamento, porque as cenas devaneadas se constituem nas da legitimidade da criação e conservam a qualidade de únicas. A obra de arte se concretiza mercê desses perdimentos, desses desencontros somente registráveis, a rigor, por aquele que mantém o original primeiro, inclusive nas faturas cum-

98 A IMAGEM AUTÔNOMA

pridas por ele, o próprio dono do pensamento; e no caso da cinematografia, tão cheio de interferências a que está alheia a opinião do criador, reside, com certeza, uma probabilidade maior de insatisfação. Não é sem razão que os instantes mais puros do cinema coincidem com a acumulação das duas atividades num só indivíduo, ou com o estreito relacionamento entre as duas pessoas, segundo tem informado a história da cinematografia; às vezes, como nas fitas de Charles Chaplin na época do silêncio, tem-se a impressão que não houve cenário algum escrito, que o cenarizador saiu a campo com a sua máquina, exercendo, em ato único, ambos os misteres: o do cenarista e o do diretor. O estilo da narrativa, o tratamento, é, de todos os atributos da obra, o que mais se ofende com a discórdia entre cenário e direção, a qual, sendo profunda, como tem acontecido com freqüência, leva ao malogro de não haver tratamento nenhum; enquanto que o bom entendimento entre um e outra conduz à sensação de que a lente, solta por si mesma, procura as imagens que a esperam espontaneamente, sem despertarem no espectador indagação alguma acerca do motivo de sua presença, tudo se passando na medida da naturalidade.

A representação primeira, a que se processa no estúdio, caracteriza-se pelo desconcerto dos vultos humanos e coisas nele comparecentes, uma aglomeração caótica a perturbar a vista de quem penetra nesse âmbito, uma espécie de palco a conter, juntos, o bastidor e a cena em espetáculo; no entanto, sem se confundirem certas aparências, de maneira que a análise do recém-vindo distinguirá os que são da cena e os que são do bastidor. A representação e a realidade nunca se apresentam, no plano da fatura artística, de qualquer gênero que seja, tão próximas quanto no momento em que a filmagem se opera; assim, uma situação original se compõe, valendo por si mesmo o interesse especulativo de quem a contempla, o qual encontra ensejo para versatilizar-se, tendo em conta que se entrecruzam, sem marcações precisas quanto ao solo, eventos que são da realidade e eventos que se inserem na representação. O lugar se converte no chão comum a ambas as contingências, os dois mundos, teoricamente inconciliáveis, a manterem idênticas locações na face do piso, como se pretendessem um modo de unidade, impossível em outro quadrante.

No confuso ajuntamento, que espanta o recém-chegado, a ninguém, com exceção do diretor, é dado esclarecer o exato sentido a que tendem as entidades participantes, ele investindo-se, conseqüentemente, na feição de outro demiurgo: aquele que guarda consigo a interpretação de todos os mistérios, aliás, a única, só ele capacitando-se a solver, de cada um o significado a que se franqueia em relação ao todo; e nessa conjuntura em que os indivíduos e as coisas se preparam e são preparados para um fim que os primeiros não

A REPRESENTAÇÃO NO ESTÚDIO 99

podem prefigurar, tendo da obra completa o mesmo conhecimento que qualquer pessoa estranha ao estúdio, nessa contingência da primeira representação, o quadro surpreendido revela um caráter também alegórico: a circunstância de os homens mal entenderem a significação de sua existência, cada qual certo de que se inclui numa trama de seres equivalentes, mas sem alcançarem o sentido unificador da urdidura, a solução do enigma a não pertencer a nenhum dos figurantes da realidade.

Como executor das determinações do cenarista e como endereçador do olhar do público, as duas funções instituindo-se em uma apenas, porquanto partem da regra do cenarista o aparecimento das imagens e a movimentação da câmera, o diretor de cena, a despeito de fiel obediência aos ditames do cenário, não verá nunca a exata repetição do filme, no caso de um outro estúdio, dispondo do mesmo cenário, vir tempos depois a promover a refilmagem do argumento; o seu trabalho será sempre único, lidando o diretor com instrumentos e materiais que se mostram perecíveis, a exemplo dos atores, e de imponderáveis de impossível restabelecimento numa segunda edição; de modo que a tarefa do diretor, se vulnerada de defeitos, nunca se corrigirá, o que impõe ao responsável pela representação primeira, tendo em vista a representação segunda, a que se desenvolve na tela, um zelo minucioso em quaisquer dos elementos da obra. Injunções externas, à maneira do prazo contratual, do custeio da confecção, compelem o diretor a extremos cuidados, positivando-se a sua fatura como a do exemplar precioso, ao qual a contribuição da crítica, depois de levado à exibição, de nada servirá como incentivo ao autor para desfazer os pontos em desvalia, ou melhorar ainda o que a ela parecera bom. As edições posteriores do livro, as repetições do teatro, os reajustamentos que outras artes permitem não têm equivalência no campo cinematográfico: assim mostra a sua prática em termos de comércio, uma fita exposta na tela é sempre uma obra irrevogável, a que mesmo a companhia produtora se vê impossibilitada de promover emendas, nem as supressivas. A feitura do cinema e a particularidade de sua comunicação com o público suscitam situações que, desligadas da essência artística, no entanto influem sobre a existência da obra; tal a conjuntura do dispêndio e dos compromissos publicitários, limitando ou obstando o diretor na sua prerrogativa de, na qualidade de executor da primeira representação, dispor, como lhe aprouver, da faculdade de submeter a sua criação a reparos que somente depois se fizeram oportunos e urgentes. Contudo, a realização deles tem acontecido, segundo a história das artes e a biografia de autores, apenas enquanto a fatura não se propaga, enquanto espera na oficina a maturidade que exclusivamente ao autor compete dizer; quanto ao diretor de cinema, avulta essa peculiaridade de o seu es-

100   A IMAGEM AUTÔNOMA

forço se parecer com o gesto esportivo que, para efeito de premiação, vale na feição única em que se apresenta, é insuscetível de retificar-se logo que termina a ação atlética.

Se a representação segunda sói significar o inapelável termo, a câmera promovendo-se a implacável perdurador, sendo, a um tempo, desejada e temida, a representação primeira oferece ao diretor a propriedade de este se estatuir como o seu mais consentâneo espectador, o único, dentre os poucos que se colocam no recinto da filmagem, a exercer a observação associativa, por força de conhecer toda a tessitura do cenário. Mostra-se ele o único autenticamente versado acerca da conexão que liga uma cena a outra cena, e dos recheios de cada uma delas, e em conseqüência, a posição que ele assume no grupo dos comparecentes ao estúdio ou à execução em ambientes exteriores, se perfaz na acepção de espectador propriamente dito e de confeccionador de quanto se plasma em presença da câmera. Tal posição repete a singularidade da representação primeira: a de não se configurar de maneira que os demais elementos do reduto atendam aos reclamos de sua qualidade, a de conduzir-se em estreito cometimento com vultos que, no instante do desempenho, não mantêm com ela a menor relação de significado, valendo tanto como se estivessem em total ausência. O diretor, aquele que mais se avizinha da intimidade da representação, quer por si, quer outorgado na pessoa do fotógrafo, é, assim, e ao mesmo tempo, o espectador em sua realidade e o organizador da representação de todo alheia a essa realidade. Os riscos do contágio, as possíveis perturbações da interferência, são, todavia, compensados pela feição com que se exibe depois a representação segunda, esta a se conservar incólume em sua índole autônoma, sem deixar transparecer as marcas da representação primeira, o seu transcurso parecendo feito de naturalidades, integralmente escondido todo o esforço da elaboração.

Para a conjuntura da representação primeira, os vultos animados e inanimados acedem aos intuitos do diretor, sendo que, em certos flagrantes da objetiva, uns acorrem sem necessidade de este incutir-lhes outra naturalidade que não a própria de sua natureza, a exemplo do *long-shot* de paisagem, quando o panorama se deixa ir, sem alteração nenhuma da representação do estúdio, no caso, transferido a céu aberto, à representação que se exporá aos olhos do público. Essa incolumidade se atesta melhor nos filmes documentais, naqueles em que a realidade em estudo, transmitindo-se através da câmera, se mostra suficiente com a sua conversão em imagem, bastando-se com os elementos visíveis em sua condição de dispensarem a cor. A redução do objeto à pureza de sua imagem, redução obtida fotograficamente, processa-se como se a presença do colorido prejudicasse o exame de essências da forma plástica, esta a única a inte-

A REPRESENTAÇÃO NO ESTÚDIO

ressar o pesquisador que tem a seu serviço a lupa do preto e do branco. Antes do largo emprego da cor, as documentações cinematográficas, desde que incidissem sobre as coisas e acontecimentos em que a cor se revelaria útil, senão mesmo o principal fim da curiosidade, certamente que se ressentiam com a falta de tão importante valor, a realidade em trasladação a operar-se destituída de uma parcela de seu próprio ser. Mas o gênero artístico não se preenche de toda a realidade, parte sempre de fragmentações dela, e ainda submetendo-as à modalidade com que as assimila o autor, resultando lícito que este escolha, dentre os vários aspectos da realidade, aquele ou aqueles que mais se prestam à individual espiritualização.

17. O Cinema e a Literatura

O cinema é uma forma direta de apreensão e exploração de dados reais, a fim de convertê-los em entidades representativas. A sua captação imediata – a câmera imita o olhar humano – confere-lhe extraordinário prestígio dentre as linguagens, se bem que, na estruturação da arte cinematográfica, não seja propriamente a objetivação direta o que mais importa ao artista; a preocupação de subentender, de dar ao retrato das coisas o papel de, mais do que essas coisas mesmas, expor, em termos de ilação, outra coisa ou outras coisas que se acham ausentes; a preocupação de subentender fazendo estender-se ao cinema um atributo que é inerente à arte literária: a feição apenas veiculadora que possuiu a imagem que o espectador e o leitor têm diante dos olhos. Com efeito, o escritor tem mais esse ponto em comum com o cineasta: a substância de maior interesse advém de forma imediata, os olhos se constituindo em instrumento de filtração para que, por último, se instale na mente do leitor, do espectador, a mental figuração que é a meta verdadeiramente buscada. Assim como as letras da palavra, na consideração óptica, se resumem ao seu estado de caracteres, imagens portanto, depois servindo de transmissoras de pensamentos, os painéis cinematográficos se validam pela tarefa de trazer, à mente do espectador, a encenação que ele não vê, mas que impõe o seu mérito primordial, a sua natureza de presença sem conspecto. As imagens que, no cinema, veiculam a imagem que o público diretamente não percebe se equiparam, por conseguinte, às palavras enquanto desenho, ambas as es-

104 A IMAGEM AUTÔNOMA

pécies a se retraírem à condição de meios para algo que, em última instância, é o propósito, a intenção que o autor dirige à recepção dos demais que lêem o livro ou vêem a obra de cinema.

Da literatura o cinema tem várias influências, de logo manifestando-se a da continuidade da novela ou do romance tradicionais, o que descobre a arraigada dependência do filme em relação ao enredo, à história, que de direito pertence à literatura; tal herança viu-se facilitada pelo tipo de apresentação dos dois gêneros artísticos: ambos se processam no tempo, segundo a índole sucessiva das recepções. Toda a crônica da cinematografia revela que, desde os começos, quando ainda na sua primitividade experimental – o cinema sem dúvida nunca ultrapassou completamente a feição experimental – a linguagem nova recaía em conteúdos que eram próprios do folhetim, sendo sintomática a circunstância de, já naquela época, se haverem filmado assuntos da historiografia e da lenda, por demais complexos, compelindo a extensões desproporcionadas com os recursos técnicos de então; convindo lembrar que, até a primeira metade da década de vinte, a máquina se movia muito pouco e geralmente se pretendia, pela cênica monumentalidade, o deslumbramento do público ainda perplexo ante a capacidade expressiva do cinema. Passagens bíblicas, reconstituições históricas, ficções consagradas, conhecidas somente por meio da leitura, se reproduziam em termos cinematográficos, se punham visíveis e em ordenada sucessão, o fio modular a desenvolver-se conforme a feitura da habitual dramaturgia e do costumeiro romance. A fórmula do êxito destinava-se, antes de tudo, a estimular a sofreguidão da platéia, intuito este que também se aplicava e se aplica à elaboração literária; a necessidade intrínseca das imagens e o cortejo de seus atributos, as suas qualidades específicas e suscitadoras de especiais encarecimentos, nada desse teor importava às empresas de comércio, as únicas a enfrentarem os enormes dispêndios.

É raro encontrar-se uma célebre ocorrência, quer do real, quer da inventiva, que não se tenha trasladado à linguagem do cinema, como se este não pudesse abastecer-se em outra fonte que não a emanada do livro, parecendo ser uma forma em permanente disponibilidade, e por isso mesmo desprestigiosa, vulgarizada em empregos desprovidos de seleção. Semelhante contingência também atingira a pintura, secularmente posta a serviço de temas literários, processo ilustrativo único com que se contava até o advento da fotografia. Não obstante o papel nominalmente secundário da pintura, não obstante a dependência que a caracterizava diante do fato histórico ou do produto da imaginação, vale acentuar que obras legitimamente artísticas, e habilitadas a serem vistas de maneira autônoma, como que isentas de seu conteúdo literário, provieram dessa aliança entre a pintura e a literatura. Implicitamente, admite a pintura

O CINEMA E A LITERATURA

que a sua matéria, a cor, se estenda a motivos, a situações que melhor se difundem por intermédio da arte literária; acontecendo que nenhum gênero artístico vem a dispor de motivos e situações que escapem à absorção pela literatura, esta se prestigiando como a forma que pode estar em toda a parte, trazendo a si, na modalidade de descrição, os conspectos e os pensamentos, as intuições, os propósitos que nela se gravam, inclusive as quantidades e as qualidades da aparência. Nenhuma forma se isenta da conversão à literatura, de maneira que o aproveitamento de histórias, de enredos, dando ao trabalho do cenarista um cunho original, qual seja, o de esquematizador das urdiduras que fluentemente se plasmam no romance, na novela, se legitima, com a ressalva, entretanto, de o contingente literário se medir ao módulo que as imagens despertam, que o tratamento cinematográfico exige, assim vigorando – como sucede em todas as artes – o condicionamento da substância discursiva à materialização do aspecto.

Tratando-se de pintura e de artes plásticas, vê-se que a fundamental matéria, o que firma a definição do gênero artístico, impõe, ao criador, restrições de forma que, por sua vez, reduzem a utilização de motivos e enredos literários, além da circunstância de nem todos os assuntos de livro se prestarem à versão cromática ou escultórica, e os que se prestam naturalmente se desnudam de seus complementos digressivos. Assim, nessas artes de relativa disponibilidade, a literatura se intromete de acidental maneira, e, em certos casos, a atenuação de seu papel chega a simplificações pelas quais a coisa em apreço, o objeto estético, se perfaz em termos de essência, dele excluindo-se, por impossibilidade de aplicação, quaisquer investimentos que não sejam os adjetivos acerca de seu conspecto. O retrato, a natureza-morta e outros exemplos de redução literária atestam, mais incisivamente, a condicionalidade do assunto aos meios de que dispõe o gênero artístico, e ao mesmo tempo se manifesta a acidentalidade que é inerente às obras de arte*; os gêneros referidos, menos aproximados da literatura, têm, na circunstância de a matéria se apresentar simultaneamente, a justificação de seu valor mais ou menos enunciativo, pois a tanto se resume a expressão da obra, cuja densidade é a de uma declaração de presença, ainda naqueles casos em que o autor, insatisfeito com a limitação de sua arte, procura, em polípticos, ampliar o campo do discernimento, distribuindo em outras peças, sem grandes êxitos, o conteúdo que uma só não foi capaz de propiciar.

A matéria do cinema – as imagens em sucessão, silenciosas e descoloridas – em comparação com outras matérias, é mais suscetível

---

* Ver o capítulo sobre "A Acidentalidade da Arte" na obra *O Espaço da Arquitetura*, do mesmo autor.

4. Friedrich Murnau (1889-1931).

O CINEMA E A LITERATURA 107

ao contágio da literatura, ambos os gêneros a virem ao espectador na modalidade do tempo, abrindo-se a histórias, a enredos, tantos os simples de narrar, como os de complexa ordenação; para isto, a imagem, com o seu poder de imediato esclarecimento, se adaptava de modo fascinante, não sendo poucos os romancistas que aspiram à filmação de suas obras, a fim de verem de forma direta e estável o que a imaginação lhes oferecia sem igual nitidez e ênfase. O processamento cinematográfico era símile ao do romance, a sensação de expectativa, provocada pela leitura, mantinha-se, senão mesmo se avantajava, ante o desenvolvimento do filme; as partes que compunham o romance, os capítulos, encontravam correspondência nas partes que compunham a fita, as seqüências desta última davam, às vezes com exatidão, para conter as situações e peripécias.

Mas a cinematografia, com a sua faculdade de revelação instantânea, mostrava requisitos que não comportavam bem todas as passagens do romance ou do enredo histórico; formulava exigências de impossível satisfação, a menos que o cineasta se resolvesse a admitir letreiros em vez de imagens, concessão que se tornou freqüente, e que, em verdade, comprometeu, nas ocasiões em que se verificou, a pura essência cinematográfica. O princípio de fidelidade à obra de literatura, o respeito à sua integridade, haveria de receber sérias transgressões, primeiramente em virtude daquela faculdade de revelação direta, do poder de resumo ainda mais requintado pelo emprego do subentendimento. Os requisitos do cinema, quando atendidos, afirmavam a autonomia da nova arte e, à medida que se alimentava da literatura, sacrificava-a segundo as conveniências da sucessão de imagens; tendo havido sempre, apesar das similitudes, um assíduo desajustamento entre o mister do romancista, do contista, do reconstituidor histórico e o do cineasta, que põe em aparência direta as imagens que residiam em seu pensamento.

As afinidades temporais entre literatura e cinema faziam esquecer a necessidade de um conteúdo que se servisse exclusivamente de imagens, o que decerto não se encontraria nos enredos de romance, com a urdidura em demasiado tecida e repleta de momentos que os sós recursos visuais não podem atender; por essa causa, sempre resultou em mutilação o aproveitamento de uma obra de literatura, isto para descontentamento do leitor que desejaria inteira a versão cinematográfica, como se o romance fora em si mesmo um cenário pronto a ir para o estúdio. O cenarista, por conseqüência, investe-se na responsabilidade de promover alterações na obra literária, competindo-lhe manter aquelas coisas que não ofenderão a linguagem do cinema, dessarte praticando uma tarefa que oscila entre a repetição e a originalidade. Com efeito, as ondulações da história, os caracteres das personagens, pertencem ao autor do romance, porém as

108   A IMAGEM AUTÔNOMA

relações estabelecidas entre as figuras e o espectador, vale dizer, o desempenho da câmera em sua tarefa de mostrar, o estilo de narração, alcançado mediante conectivos meramente faciais, se inserem no repositório do cenarista; por mais conhecido que lhe seja o romance, o espectador, ao assistir à correspondente versão cinematográfica, sente a impressão de que está diante de algo novo, o conspecto das imagens ultrapassando, à medida que elas se movem na tela, a atenuada aparência que lhe surgira por meio da leitura, assim reproduzindo-se o fenômeno da realidade: o vulto conhecido vem a ser dois: um, enquanto esperado, e outro, enquanto presente.

A história do cinema registra que o cenarizador, valendo-se da permissão de modificar os enredos escritos há muito, quando os direitos autorais se franqueiam ao domínio público, tem inúmeras vezes deturpado o que outrora merecera todas as defesas, o romancista vigilante na preservação de sua inventiva, senhor de sua autoridade, não consentindo, enquanto viveu, que ninguém ferisse a integridade de sua obra; no entanto, caduco o privilégio de se ter a obra intacta, eis que alguém, sem nenhuma aproximação com o escritor, se permite adulterar-lhe a criação, em nome, ou de uma simplificação para acomodamento cinematográfico, ou de um desvio do próprio enredo, tendo em vista a correspondência ao gosto da atual platéia, comercialmente vantajosa. As mais graves ofensas foram cometidas contra obras literárias, devendo-se salientar que bem poucas advieram em virtude de exigências da linguagem, da natureza peculiar da câmera, o que seria atribuir a ela, a linguagem do cinema, um valor primordial em comparação ao assunto em si mesmo, consideração compreensível dentro do campo estético. As deformações geralmente se verificavam em favor da maior aceitação possível, desajudando o próprio público em sua ascensão cultural, ao extremo de fazê-lo inferior àquele que há um século, ou há mais de um século, acolhera normalmente a história em livro, inclusive com as partes que também àquela época podiam desencantar os leitores.

A literatura romântica e mais o seu apêndice realista em particular se notabilizam por haverem enfrentado os mais ansiosos sentimentos, introduzindo em sua prática a ostentação do feio, comumente representado através da morte de vultos que deveriam viver, de deformidades que atingiam os mais excelsos temperamentos, tudo contrariando a índole do público, sempre inclinado à perfeição completa, esse público passando a assemelhar-se à platéia do cinema que via no belo ator a alegoria da virtude. O gosto das empresas de comércio todavia contemporizava com o dos mais ingênuos espectadores, competindo ao cenarista a incumbência de macular muitas obras que se imortalizaram por sua íntegra contextura, à maneira do romance de Herman Melville, *Moby Dick,* lastimavelmente desfigu-

O CINEMA E A LITERATURA 109

rado. Tendo-se em conta que, à margem da escritura com seus valores literários, se esteiam as imaginadas e imagináveis visualizações, que vem a compor o ordenado enredo, perfazendo-se em caráter artístico e portanto merecendo preservar-se tal como o instituíra o criador, era de esperar, partindo, no mínimo de setores especializados, forte reação ao medíocre desvirtuamento, o que sabidamente não aconteceu.

Infere-se, por conseguinte, que a função do cenarizador melhor se empregaria nos casos em que ele fosse o próprio autor do enredo, de logo inventando e articulando em termos de cinematografia, as situações nascendo esquematizadas e imediatamente próprias para se entenderem com a câmera. De fato, na posse de uma idéia que se amolda a espraiar-se em enredo, o romancista se conduz, mentalmente, de forma diversa da adotada pelo cenarista, divergindo ambos no processo de tratar o desenvolvimento do assunto: o romancista coordena as passagens, deixando-as fluir, as digressões a suplementar os motivos cênicos, a dimensionalidade dos painéis a ser a resultante do livre propósito, a interpenetração de sentido, entre uma nucleação e outra, a se efetivar sem óbices intransponíveis, enfim, dispõe, o autor de romance, de meios mais elásticos e mais simples, tal a faculdade retransmissora das palavras; enquanto o cenarista cuida de justapor cenas e cenas, evidenciando tão só a sua visualidade, nem sequer as vozes emitidas se incluem na exteriorização alcançada pelo espectador, o cineasta nada tem a ver em relação a elas nem a outras coisas estranhas à perceptibilidade da lente; toda a narração a desenrolar-se em figuras cujo sentido se esclarece apenas pelo que oferece a câmera, vários estorvos surgindo à tarefa do cenarizador, todos eles oriundos dessa preocupação de unicamente se valer de imagens. Na transformação do romance em fita de cinema, torna-se claro que o primeiro não sairia incólume, porque nem tudo, que nele se contém, é cinematografável, sendo da conveniência artística a elaboração de enredos especialmente concebidos para o cinema, tendo-se em vista as possibilidades da câmera, sem dividir com nenhum outro instrumento o encargo de descrever a história.

Para a fabulação de seus próprios enredos, o cenarista, recusando os elementos não visuais, exercitaria uma literatura de só figuração, inscrevendo-se no conceito de literatura todo o cortejo das imaginações expostas em vocábulos, exclusivamente estas as aproveitadas pelo autor de cinema, o qual assume a posição de subprodutor daquela arte – a literatura – mais antiga e mais absorvedora. Em vez de incorrer no prejuízo à determinada obra, extraindo-lhe visualizações que não foram feitas para o cinema, que não foram precisadas tendo-se em conta a presença de uns olhos – a câmera – a seguir-lhes os passos, em vez de insistir na usurpação de obras literárias e es-

110 A IMAGEM AUTÔNOMA

critas com essa intenção de se fazer literatura, o cenarista, em sua parcialidade todavia literária, procuraria, em primeiro lugar, abster-se dos longos desenvolvimentos, à guisa dos que se entornam em romances e novelas, mesmo que eles se bem estendessem nos limites suportáveis pelo espectador em sua poltrona.

18. *Leitmotiv* e **Enredo**

Mesmo de autoria do cenarizador, a história, tal como se apresenta no romance tradicional, gera dificuldades à composição do filme, e mais ainda se se considerar que a sua projeção na tela tem que atender à comodidade do assistente, buscando fugir ao monótono e ao confuso, o que as tramas complexas ordinariamente suscitam, havendo o costume, por parte de revistas especializadas, de difundir, em literários resumos, o enredo de fitas à véspera da exibição. Os cenários provenientes da inventiva do cenarizador, nascidos em molde cinematográfico, se imitam o alongamento de romances e novelas, conservarão sempre texturas literárias; salvo exceções, a história do cinema se tem preenchido de obras que são nada mais nada menos que ilustrações de urdiduras e de textos fornecidos por outra arte, a literatura. Esta pode ser concebida na acepção de imenso repositório, onde outras artes vêm colher o alimento para a sua estruturação, alimento que depois será retornado de volta à literatura: assim sucede quando o escritor retrata, em crônica ou em ficção, os momentos dessas outras obras nas quais figura a motivação extraída do acervo literário.

Pretendendo escapar um tanto da literatura, pelo menos da modalidade até então em voga, caberia ao cenarizador e ao escritor de cinema, isto é, àquele que provisiona a empresa com idéias, argumentos que vão ao cenarizador a fim de que este os esquematize para uso da câmera; caberia aos criadores do cinema, em vez de explorar uma extensiva tessitura, com as habituais etapas de desenvolvimento, em processo de caminhada ao desfecho, explorar, atra-

A IMAGEM AUTÔNOMA

vés de composições seqüenciadas, um tema que seria o inspirador e ordenador de situações externáveis cinematograficamente, sem ajuda de ruídos nem de cores. Ainda na literatura existiria o modelo de tal modalidade, que, sem dúvida, se evidenciaria mais consentânea com a economia artística do cinema, entendendo-se por esta a possibilidade de mais estreita centralização dos requisitos cinematográficos, muito dispersos nas ondulações de enredos, de histórias. A câmera não divagaria tanto, o vulgar intuito de proporcionar sensações ao espectador acharia ocasião de atenuar-se ou de desaparecer, o subentendimento se preservaria, a mobilidade e a imobilidade da lupa se coordenariam de maneira mais pensada, a angulação condiria mais significativamente com o sentido cênico assim espesso em cada situação, em cada seqüência.

A obra literária que talvez melhor corresponda a esse processo cinematográfico é o Dom Quixote de la Mancha com os seus capítulos que se assemelham a seqüências de cenário, capítulos que se incorporam a um tema genérico, o do indivíduo que enfrenta obstáculos, inclusive engendrando-os, havendo uma sinonímia básica a nivelá-los no mesmo plano de interesse; e cuja conseqüência prática, no sentido de assimilar-se a ideação do livro, está em o leitor não necessitar, para imbuir-se da natureza do tema, de ler todas as páginas, algumas sendo bastantes para esse efeito. No entanto, o rápido conhecimento da motivação não impede que se vá ao fim do volume, antes, capacita o leitor a sentir algo de prodigioso nesse tipo de literatura: a variedade de formas que se empregam para elucidar a mesma coisa, uma só coisa. Esta significação passa a envolver todos os entes que o escritor fez convocar a fim de expô-la por intermédio deles, todos se deixam infiltrar pela nominação presente, dessarte fundamentalmente aparentando-se, a despeito de suas diversidades, quantos se situam sob a aura do nome, do tema vivificador e catalisador. Os intuitos do cenarista e os atendimentos do diretor se adensariam em convergência ao núcleo de motivação, os próprios intérpretes melhor controlariam os seus desempenhos, por estarem, a todo instante, no interior da significação deles, avantajando-se aos comportamentos no decorrer de histórias, quando, não existindo uma só nominação do início ao fim da obra, os atores dispersam as suas atitudes faciais, mantendo-se apenas em consonância com a oportunidade do momento. Acontecendo haver a nominação geral e ubíqua no tocante aos elementos que figuram no painel, além do ensejo em cumprir os ocasionais investimentos, em exercer o papel em sua imediata externação, os protagonistas, cientes ou não do dúplice mister, corresponderiam, simultaneamente, à externação mediata, e exigente em seus ditames de tudo converter à coerência genérica e ditada pelo nome. O indivíduo que tropeça e cai provoca o riso nas

LEITMOTIV E ENREDO

pessoas presentes, não indo a mais a importância do sucesso; mas, quando Carlito, a personagem chapliniana, sofre o acidente, afora a provocação do riso, encerra o significado de que ele, em oposição a Dom Quixote, estabelece com o mundo relações de vencido, esta sendo a mediata externação que se mostra mais além da externação imediata, a da simples e inopinada queda.

Com exceção da obra de Charles Chaplin, na década de vinte, nenhuma outra veio até o final do cinema silencioso, e com as mesmas proporções – alguns filmes, porém de curta metragem, podem incluir-se nesse cinema de temática e não de enredo – a concentrar-se em um nome único; nesse particular, a cinematografia imitava mais uma vez a literatura, que também tem sido escassa na adoção do método que Cervantes aplicou em seu grande livro. Tratando de um processo de linguagem, e não de escolha quanto à índole do assunto, a crítica a incidir sobre ele se restringiria ao plano formal, surgindo à consideração aqueles valores que coonestam a autonomia do cinema, agora de mais acessível apreensão, em virtude de se encontrar bem próximo deles a motivação que circulará em seus interstícios. A observação crítica se aprofundará sem perder-se em digressões, eventualidade comum nas peças à base de história, quando o pensamento, movido por atrações de várias ordens, se ramifica, se envereda analiticamente; ao passo que, firmando-se na estabilidade de um título envolvedor, da nominalidade que é o ponto de referência em todo o exercício da compreensão, a crítica cinematográfica se veria desenvolta, encontrando vizinhos de sua argúcia os dados homologadores de suas conclusões. Enfim, a presença do *leitmotiv* estruturaria melhor a composição da fatura e a crítica a ela atinente, facilitando a prática do julgamento estético por parte do público mesmo, desde que sabedor da intenção do cineasta. Para este efeito, contribuiria o rótulo que intitula o filme, condensando-se nele o propósito do cineasta e o implícito esclarecimento aos espectadores; resultando ser a projeção na tela a forma ratificadoramente pessoal com que o criador apresenta a sua nominação ante as receptivas dos assistentes, todos com a vaga intuição de como se configuraria em imagens a ideação restrita, as imagens sob a acepção que lhes inocula o enunciador letreiro.

A indicação, pelo próprio autor, do significado de sua obra, tornando incontestável a consciência que a presidiu em toda a confecção, embora confine a apreciação e o juízo estético aos marcos previamente estabelecidos por ele, fechando-a a descobrimentos partidos de outrem, em compensação positivaria, sem dubiedades, a concepção íntima do criador, a sua individualidade como cineasta.

19. O Método Alegórico

A produção cinematográfica, obtida através de meios onerosos e de complicadas operações, necessitando mobilizar grande número de confeccionadores, não facilita a plena trasladação, nela, da individualidade artística do autor do cenário, o único, dentre tantos concorrentes ao louvor, a merecer a qualificação de artista. Entende-se por este o portador de um sentido pessoal acerca das coisas e pessoas que existem em sua contemporaneidade, o portador de uma visão própria no tocante ao mundo, quer em sua universalidade, quer em parcelas que a representam. A classificação do cinema no campo artístico está, inclusive, a depender de uma prática mais ou menos contínua, de utilizações da forma cinematográfica para efeito de se realizarem os seus autores como individualidades artísticas, detentores de concepções que somente se evidenciam mediante a vocação deles para os misteres da câmera. O artista é, portanto, aquele que tem uma intuição peculiar do universo, à condição de possuir também a matéria para externá-la, mantendo com uma e outra relações do mesmo nível de consangüinidade; na pintura, o que há de ser dito se encontra originalmente impregnado de cores, na escultura, o sentimento íntimo e que se entorna além do escultor, encontra-se impregnado de volumes postos à claridade; e assim, quanto ao cinema, o mundo do cenarizador ver-se-ia, de sua gênese, em fusão com imagens silenciosas, paradas ou em movimento, e em preto e branco.

É possível que algumas pessoas, sem condições de desfrutar dos recursos técnicos da cinematografia, e no entanto, senhoras de sen-

116 A IMAGEM AUTÔNOMA

timentos particulares no tocante a si mesmas, e aos outros que participam de sua existência, os quais sentimentos, segundo o respectivo dono, não se prestariam à inoculação em outras matérias, como a cor, o volume, o som etc., é possível que essas pessoas não se tenham realizado pelo inacessível com que se lhes apresentou o estúdio. O cinema talvez seja a forma que mais avaramente responde à vontade artística, supondo-se que deve haver, à margem dos completos criadores, dos que levam à câmera os seus intentos programados, os que não foram mais que idealizadores, mal concedendo à escritura a missão de substituir os poderes da lente fotográfica. Acresce que a obrigação, cometida às empresas comerciais, de satisfazer o aspecto de divertimento que urge à platéia, representa um desestimulador a quem, provido de ingresso ao estúdio, teria, finalmente, condições de efetivar a sua obra artística. Em verdade, só um exemplo de realização completa registra a história do cinema; o de Chaplin, o único a se configurar de maneira definidamente artística. Tal ocorreu justamente porque ele, revelando parco interesse por motivos alongados em seqüências, enredos, histórias, quer de outrem, quer de sua autoria, cuidou de situações que se bastavam a si mesmas, de nominalidades discerníveis, de entrechos, de episódios que continham, em seus marcos, o princípio e o fim de sua significação, um tema geral a impor o seu sentido em tudo quanto aparecia e se verificava em cena.

A filmagem de *Os Irmãos Karamazov* poderá traduzir, porém de maneira falha, a intuição de Dostoiévski, e não a do cenarista que esquematizou o romance. Quando muito, caberá falar se o caráter mercantil dos empreendimentos o permitisse de duas intuições contíguas, uma encontrando, na eventualidade surgida no estúdio, a oportunidade de fazer-se um tanto exposta à sombra da outra, a conhecida e consagrada. Na hipótese de o estendido assunto pertencer à autoria do cenarizador, dar-se-ia que a história, em seu desenvolvimento, sempre arrasta consigo nominações e painéis que são alheios à vigente intuição, que se recusam a vincular-se a ela, por mais esforços que a crítica despenda a respeito de uma legitimação básica. A desenvoltura de qualquer história implica, por conseguinte, franquear a intuição, porventura existente, a constantes desajustes, fazendo-se, em nome da composição geral, irresistíveis desconveniências, a ponto de o desavisado leitor sentir dificuldades na descoberta daquilo que traduz o grande sentimento do romancista. A fronteira estética, a impedir que o autor se enderece ao público, informando-lhe, no próprio corpo da tessitura, que a sua concepção fundamental se localiza em tal página da obra, a fronteira estética se mostra não muito caroável à indigitação ou insinuação daquilo que é mais caro e que às vezes se reduz a dimensões inferiores às

O MÉTODO ALEGÓRICO 117

de um capítulo, resumindo-se a uma página dentre as centenas que formam o volume, tal a passagem de Marcel Proust sobre o falecimento de seu personagem Bergotte, por sinal uma figura de segundo plano. A crítica assume, portanto, o desígnio de encontrar, a despeito da esquivança do romancista, quando há, em verdade, a cosmologia do sentimento, a parte que de modo explícito ou virtual encerra a intuição do fabulador do enredo; transposto o romance à linguagem do cinema, resta ainda a possibilidade de o cenarizador não possuir bastante acuidade para distinguir e prender esse aspecto fundamental da obra, vindo a suprimir do cenário o que, entretanto, deveria ser, se não o permanente *leitmotiv*, ao menos a motivação mais límpida e atrativamente posta em imagens.

Pode acontecer que o cenarizador, com sensibilidade suficiente para captar do romance o nódulo de profunda perspectiva, se incapacite de proceder à conversão cinematográfica, em virtude de não conciliar as exigências expositivas da intuição com os meios que a câmera oferece, inabilitado o cinema a substituir a escritura no ponto de maior necessidade; concluirá, então, que há sentimentos que não são externáveis, com a mesma eficiência, por todas as matérias artísticas, parecendo mais comum o predicamento de uns afetos se identificarem melhor com determinada arte, não convindo a insistência em reproduzir com a imagem o que ela não comporta; ainda, no pressuposto de que o enredo insira uma acepção de densa e envolvedora sentimentalidade, um momento de nuclear entorno, uma situação sobre a qual venham a confluir, em significativa posterioridade, os restantes entrechos da história, há que admitir, no trabalho do cenarizador, o inevitável correlacionamento, em termos de imagem, entre a cena ungida da intuição e as que a antecedem e, no caso de não se tratar de cena última, as que lhe chegam depois; nesse correlacionamento, ocorreriam satisfações às exigências cinematográficas, exigências que não seriam, de todo, correspondidas pela capacidade da câmera, pois que o autor da sutil intuição, ao expô-la em forma de escritura, *o fizera acertadamente na melhor das formas possíveis,* a arte possuindo esse teor: a individualidade do artista, compreendendo-se nela a intuição de que ele é o portador único, e a matéria com que ele afeiçoou esse seu sentimento, se constitui num ser infragmentável, cuja vida só depende de se manterem indissoluvelmente unidas a matéria e a intuição.

Por tantas razões, não deveriam ser a história, os longos enredos, as novelas, embora da autoria do cenarizador, os mais aconselháveis conteúdos para o cinema artístico, porque neles se encontram os agentes de constantes ilegitimidades, e talvez resida nessa conjuntura o fato de nunca haver existido uma obra a que se pudesse chamar de perfeita. É do crítico cinematográfico e romancista brasileiro, Octávio de Faria, a observação de que os instantes maiores do cinema são constituídos por trechos de diferentes obras; estes, convirá acrescentar, não são muito numerosos, restando, ainda, indagar se, ao promover algum, o autor se teria imbuído de tal superioridade, não propriamente no tocante a faturas de outros, mas em relação às demais cenas ou seqüências de seu filme pessoal. Como todas as manifestações artísticas, a do cinema conta, em seu acervo, com muitas passagens que foram meras resultantes, isto querendo dizer que não houve um preparo consciente tendo-se em vista o episódio depois considerado prodigioso; o acaso participa da elaboração da obra, e no cinema, dada a intromissão de muitos, mais se possibilita o papel da fortuidade, o qual, inclusive, derivaria da simples operação de corte que, no término da filmação, freqüentemente se tornava imprescindível. Dessarte, múltiplos pretextos apontam as histórias, as novelas, como inadequadas a propinar, quando postas em cinematografia, a presença, nelas, da intuição do criador, da sua individualidade artística; entidade esta que, por sua natureza, melhor se perfaria, se em vez dos percalços de extensa urdidura, incidisse, a exemplo da conformação alegórica, em alguma nominalidade de fecundo aproveitamento.

A nominalidade consiste em um tema genérico e explorável por meio de subtemas, à feição de Charles Chaplin que em sua comédia instituiu a fuga na acepção mais ampla; e a renúncia, o sonho às escondidas, a desproporção entre o corpo de Carlito e o da personagem que, na hora, representa o mundo hostilizador, e outras motivações externáveis cinematograficamente, surgem como subnominações daquela nominação maior, tudo, enfim, a integrar-se no cometimento da fuga. Uma teia de ordem singular, bem diversa da que se fabula no decorrer da história, da narrativa novelesca, se tece na vigência do nome envolvedor, a trama a revelar a nítida unificação de seus fios, unificação impossível de obter-se no jogo de nominalidades dispersas, que surgem ao longo dos enredos, mais consentâneos na arte literária; sem dúvida que no método alegórico – a fruição da nominalidade, em termos de cinema, pode ser considerada como alegoria na sucessão, no tempo – tornam-se claramente perceptíveis as conexões dos assuntos entre si, e as de cada um pertinentemente ao assunto de maior extensão, ao tema genérico; de maneira que alguma cena, destituída de consangüinidade com a significação que se inocula em todos os elementos do painel ou da seqüência, logo ressalta em sua posição intrusa, infringindo a naturalidade com que se exibiam os portadores da ubíqua ideação.

No exercício desse método, faz-se digna de nota a simplicidade com que as coisas se arrumam na plena absorção do nome; ao lado da singeleza que sempre acompanha o conspecto da imagem cine-

O MÉTODO ALEGÓRICO 119

matográfica, há a revelação incontinenti do sentido por efeito da incorporação da imagem ao nome, a compreensão desse ato a independer de demoradas reflexões, a coerência ajustando à nominalidade cada um dos componentes da concentrada situação. Confinadas na motivação genérica, as imagens se põem, em diferentes compassos, a promover a diversificação do tema, indicando, em explicitudes, como ele é fecundantemente rico, pois nenhum dos nomes configuráveis sob o método alegórico se consome por intermédio de uma ou algumas imagens; aparentemente, por mais escasso que pareça o nome, ele poderá, segundo a inteligência do cenarista, prodigalizar-se de inúmeras maneiras, sendo inesgotável o repertório da imagética, de modo a não se mostrarem repetidas as cenas, na mesma obra e de uma a outra obra, apesar de a mesma nominação ungir-lhes as mobilidades e imobilidades. Decerto é curioso salientar que os melhores filmes têm sido aqueles que, embora firmados em urdiduras de romance, se valeram de argumentos simples, às vezes um quase nada de história a exemplo de *A Turba* de King Vidor, inegavelmente a obra mais importante, afora os grandes filmes de Chaplin, da década de vinte. Era, de quantos filmes realizados na forma de romances, com o assunto fluindo temporalmente em história cursiva, o que mais se aproximava da concepção alegórica, resumindo-se o seu conteúdo aos acontecimentos originários do desemprego em que se via determinado homem, aos acidentes animados por essa nominação, de si mesma fomentadora de versatilidades no âmbito doméstico; a série de situações presas ao mesmo título, o tênue enredo, se compusera destinadamente à câmera, o cenário se fizera à base de entrechos que já eram de cunho cinematográfico. Apenas, o intuito de estender-se a motivação horizontalmente ocasionou dispersões que descentralizaram o núcleo nominativo, sem haver, para a manutenção e a atualização desse módulo, a presença de um *leitmotiv* aprioristicamente dado; a sucessão de cenas, sem o controle nominal, contribuiu para aquelas dispersões, tanto assim que as cenas e seqüências, à medida que passavam, incutiam a impressão de que estavam ali para desenvolver um assunto iniciado e não para a homologação do tema intitulador. Essa distinção procede quando se tem visto *Em Busca de Ouro* ou *Luzes da Cidade* e qualquer filme narrador de história, de conto, com as suas fases ondulatórias e sempre armadas por concessão ao gosto da platéia, verificando-se a existência de dois métodos, dos quais o primeiro, com a sua concentração de tipo alegórico, é menos explorado literariamente que o segundo, este – o método cursivo – presente na grande maioria dos romances e contos tradicionais.

Outro aspecto, que em *A Turba* se distanciava do método alegórico, consistia na preocupação de King Vidor em frisar os mo-

120 A IMAGEM AUTÔNOMA

mentos de psicológica dramaticidade, tais como o do acidente com a criança, o da intenção de suicídio por parte de John Sims, a personagem principal. O processo com que o cenarista e diretor – King Vidor acumulava as duas funções, tendo dividido com Elizabeth Hill o encargo de esquematizador, de cenarista da história – salientava os referidos momentos se expunha nitidamente cinematográfico, nem há notícia de a câmera se ter comportado, antes e depois, com tão impressionante e exata desenvoltura. As imagens eram as do ambiente e as da ocasião, e o autor, com o seu estilo direto, não precisou de metáforas nem de símbolos, apenas, com a lupa a se mover e a se versatilizar em ângulos, King Vidor alcançou uns instantes do mais perfeito cinema. Entretanto, esses episódios, se mutilados do conjunto do filme, embora conservando a sua física inteireza, perderiam o cerne da compreensibilidade, se desnutririam da significação em curso; então, a desvitalidade de tais cenas proviria da separação delas, de sua não-participação na fluência da história que, sem embargo de muito simples, era, no entanto, a fonte animadora de todas as passagens de A Turba, escapando assim à vigência do método alegórico.

O que sucedeu em relação à obra-prima de King Vidor também se registrou no tocante a vários filmes que, feitos à base de história, todavia apresentaram entrechos de magnífico cinema; no íntimo, as cenas se enraizavam à corrente de sentido que, distendida, se tornava história, sem haver uma nominalidade estaticamente dominante, imóvel em seu prevalecimento, enquanto dentro dela pulsassem os subtemas, as variações de forma, sempre ratificadoras do tema genérico. Contudo, a dependência da imagem à história não impossibilitava o aparecimento de boa linguagem, e com ela as vocações especialmente voltadas para a cinematografia, a atividade, requerida pela câmera, pelo estúdio, a importar na tarefa de uma criatividade específica: a do cinema na sua condição de arte, para isso já dispondo da indispensável matéria e de recursos bastantes para extrair-lhe o necessário aprovisionamento. Para que o cinema se nivelasse aos gêneros artísticos maiores, urgia que a nova matéria – a imagem em preto e branco, muda, em mobilidade e em imobilidade – fosse suficientemente maleável, porosa, translúcida, a fim de bem conter, de bem externar, de bem substituir a intuição das coisas existentes que porta o cineasta verdadeiramente artista, em outras palavras, era exigível do cinema que ele se fizesse caroável à projeção da individualidade do criador, nesse campo respectivo.

Foi, certamente, uma conjuntura rara a que presenciou o início deste século: o advento de um gênero artístico. A história da cultura humana não consegue fixar o nascimento de nenhuma das artes conhecidas, perde-se no tempo a origem de todas elas, tendo cabido,

O MÉTODO ALEGÓRICO

portanto, àquela época, a prerrogativa de haver testemunhado o prodigioso surgimento; as possibilidades expressionais logo se fizeram sentir: além do conteúdo documental, didático, a nova matéria servia para expor os mais dúteis cometimentos da narração, a sua clarividência imediata consistindo em fenômeno inédito entre as artes representativas; iria disputar com algumas o mais elevado posto no que tocava à emoção do assistente, enfim, a humanidade via nascer, como nunca se informara antes, um outro gênero artístico; o seu estudo a capitular-se no domínio estético das artes maiores, inclusive – e sobretudo – correspondia, como atividade espiritual, ao princípio da autonomia da arte e, mais próxima de sua intrínseca natureza, correspondia também ao princípio da autonomia do gênero artístico. Firmava-se de tal forma na posição de gênero autônomo que seus poderes eram, não apenas enaltecidos, e sim apontados para substituírem os de outras espécies do gênero literário: o romance, o conto e o teatro. Aquela parte da literatura que transcende à linguagem, a parte de fabulação, obtinha com o cinema a sua mais deslumbrante exibitoriedade, a mais sedutora manifestação de presença; o imediatismo da assimilação a oferecer um tal sentido de proximidade, de vizinhança prospectiva entre a cena e o espectador, que as técnicas até o momento usadas para convencer o assistente quanto à verdade estética da obra pareciam, em comparação com as da nova arte, pobres de ênfase e demasiado omissas.

20. O Cinema e o Teatro

Dentre as manifestações artísticas com as quais concorreria o cinema, avulta o teatro, e as semelhanças entre os dois eram meramente externas: positivavam-se mediante a participação de atores, possuíam o caráter cênico e se deixavam conhecer em forma de espetáculo. Aparentemente, a cinematografia e o teatro deveriam pertencer ao mesmo gênero, inclusive, a maior parte dos promotores de filme, durante o início e o apogeu do cinema, se originara do teatro em suas diversas feições, a experiência do palco a se fazer útil à confecção cinematográfica. No entanto, de todas as espécies que procediam da literatura, o teatro se constituía fundamentalmente na modalidade mais distante do cinema, senão ainda a mais adversa. Isso porque, na conceituação do cinema, se abstraía a sonoridade, quer o ruído das coisas, quer a voz humana; negava-se-lhe a presença expressional, retiravam-se da cena os pretextos que induzissem à necessidade de sons esclarecedores, ou simplesmente ornamentais, assim reservando-se à outra espécie artística – o teatro – o privilégio de ater-se com dialogações e monologações, em plena vocalidade.

Ao conceder à imagem o atributo de só exibir-se mudamente, a cinematografia mostrava-se antagônica ao teatro, este sendo mais de vozes que de gestos, mais para ser escutado que para ser visto, entendendo-se que a assimilação da peça provinha mais da oralidade que do prospecto e do arranjo visíveis. Dessarte, uma cota da composição teatral se incluía também no cinema: a de figuras animadas e inanimadas. Entretanto, o uso comum desse mesmo elemento – a

A IMAGEM AUTÔNOMA

124

parte recebida pelos olhos – se perfazia entre o teatro e a representação primeira que há na elaboração do filme, aquela que se arma no interior do estúdio e que serve de modelo ao exercício da câmera. Nesse ponto a similitude de linguagem, de mímica, é efetivamente estreita, o que decorre no palco e o que decorre no estúdio, assemelham-se como veracidade cênica; mas, depois que a câmera avoca a si a fatura da obra, trazendo aos seus termos o que antes era a representação-preparo, a representação primeira, durante a qual se escutam vozes e ruídos, e se vêem coloridos os objetos, assim aproveitados os elementos e aspectos da realidade empírica, depois de toda essa fase e sob o advento da lupa, se distanciam os dois gêneros. Enquanto representação segunda, não mais a representação do estúdio e sim a que se expõe aos espectadores quando projetada na tela, o cinema é o resultado da atuação da câmera, e como tal se abstém de oferecer aqueles dados que já se inscrevem em outros gêneros artísticos, recolhendo ao seu teor apenas as imagens em preto e branco; e sob um tratamento e jogo de tessitura que a realidade não apresenta, consistindo em habilidade da própria câmera que, se registra as coisas que apanha, ao mesmo tempo lhes imprime, em fecunda artificialidade, o estilo de serem cinematograficamente. O filme depois de pronto difere tanto da representação primeira em que se apoiou que mal significaria, como lembrança da obra ultimada, ter-se à mão qualquer coisa que servira na parte do estúdio, tão distantes se patenteiam as coisas em si e essas quando convertidas em imagens, por intermédio da câmera.

A peça teatral é algo que se produz independentemente da platéia a que se destina, é algo estanque em seu reduto – o palco – enquanto que o filme cinematográfico é uma elaboração da câmera e a câmera são os olhos do espectador, dessa maneira expandindo-se, do estúdio para a platéia, um valor da própria objetividade cênica: o comportamento que a lupa determina e a que obedecem, desfigurando-se de sua conduta real, os seres que ela, a câmera, apreende em seu bastidor, o estúdio. Com efeito, a continuidade das cenas da primeira representação, com os atores num plano de estada e a objetiva em outro, pode corresponder a uma estranha dramaturgia, às vezes faltando o nexo entre uma e outra passagem, sem vinculação com essas mesmas cenas sob a estilização cinematográfica: o filme é sempre uma viva novidade, ainda em relação à estrutura, ao modelo que lhe foi erguido e sem o qual não teria sido possível a obra de cinema.

O teatro manifesta, na plenitude de sua exibição aos assistentes, todas as entidades com que se identificam os objetos em sua verdade empírica: a naturalidade original, compreendendo as cores, os ruídos e vozes, e até o odor, estão em contato direto com o público, a cena

O CINEMA E O TEATRO

125

vindo a ser suscetível de alterar-se, de danificar-se, em virtude de ação partida da platéia; os atores se expõem indefesos a cometimentos que se verificam além de sua fronteira estética, chegando à contingência de testemunhas desses fatos exteriores; os quais, em menor ou maior índice, interferem no ato da exibição, o estímulo e o desestímulo a procederem, freqüentemente, da qualidade dos espectadores, das reações simultâneas ao desempenho dos intérpretes; cabendo dizer-se que, com exceção da peça que se assimila mediante a leitura, o espetáculo da dramaturgia se ressente de absoluta neutralidade, o que impede, no decorrer da apresentação da obra em datas sucessivas, a repetição exata de seu contexto, como talvez bem desejara o dramaturgo. A obra teatral não se garante desses inconvenientes ao incólume de sua objetividade, ocorrendo que alguns são ansiosamente requeridos, a exemplo das palmas antes do término, quando então os atores já se haveriam descompromissado da função representativa; mas acresce que as palmas ao término do desempenho os obrigam a uma conduta que também infringe a lei do espetáculo: ainda nas vestes da atuação e no interior da ambiência onde ela acontecera, os atores, ao se curvarem em agradecimento ao público, não se isentam do predicamento de atores, ali consentâneo com tudo do recinto, e ao mesmo tempo desavindos da significação deste ao cumpliciarem-se com outra significação, a que resulta completamente alheia ao domínio do estético e pertence à mera e rotineira realidade.

Ao inverso da obra de teatro, a obra de cinema – a da representação segunda, a efetivada pela câmera – está congenitamente defendida contra as vulnerações de sua fronteira, os atores tranqüilizam os assistentes com a total certeza de que não se ausentarão de seu papel, os encômios e os apupos que, em face dessa inviolabilidade, se apresentam raríssimos, em nada prejudicam os intérpretes que deles não tomam nenhum conhecimento. As repercussões na platéia, embora as mais desejadas pelo ator, ele, enquanto desempenha, não as perceberá, existindo, portanto, em seu mister, o modelo do ator absoluto, de todo objetivado em sua posição, com um teor de fidelidade à respectiva obra, que não se encontra fora do cinema. A circunstância de a cinematografia derivar do emprego da imagem em preto e branco despida de outras entidades reais, limitando-se a um aspecto somente, de quantos fornece a objetividade empírica, desligando-se, para a sua preservação cênica, de qualquer vínculo com a realidade abastecedora, a circunstância de o cinema conter a matéria mais "abstrata", explica por que ele é sempre estanque em seu marco estético, sem sair do confinamento de sua posição, permanentemente indevassável. Sem dúvida, a cinematografia conta

126 A IMAGEM AUTÔNOMA

com uma conjuntura de que o teatro não dispõe: a do absoluto de sua neutralidade empírica no tocante ao espectador.

A unicidade de apresentação, problema que interessa às artes sucessivas, às artes do tempo, e que se baseiam na interpretação de atores, é uma aspiração das mais sensíveis ao escritor de teatro, inculcando-se nele, ao presenciar uma exibição que lhe pareça de acordo com a de seu ideal, o anelo de que as demais se convertam em completa repetição desta que satisfaz às suas exigências, que houvesse o sortilégio de esta edição se tornar a definitiva; aspiração que, talvez impossível de se concretizar em relação a récitas teatrais, tem no cinema a sua óbvia efetivação, com outra vantagem que vence ao próprio livro: a obra de cinema encerra uma linguagem universal, e assim, para a sua ampla publicidade não necessita de adaptações, de traduções que, a rigor, ferem o texto consoante foi escrito e fabulado pelo autor. Sendo composto exclusivamente de imagens, simplificando-se quanto às entidades que se transformam em matéria no sentido artístico, vindo o cinema a abster-se do uso de sons, de cores, para reduzir-se a um elemento único, a imagem, registra-se que a sua universalidade de compreensão, na dose e no alcance que pretendeu o cenarizador – e uma cota a mais dessa pretensão importaria em dano para a obra tal como desejara o criador – não se atenua, como se esperaria em confronto com a fatura eclética; esta reunindo várias entidades reais, tendo em vista a preocupação de expor o retrato empírico em vez da representação da arte. O cinema, ao perder a privatividade de sua matéria, convertendo-se em teatro indefinidamente flexível, demonstrou que a sua atribuição mais estimada se prendia à tarefa narradora, a influência da novela, do romance, do conto, a compelir o cinema a uma explicitação mais conforme com o objeto da narrativa; prevalecendo essa inclinação do gosto, com repercussão no lucro mercantil, era natural que a tecnologia se desdobrasse no empenho de obter modalidades de expressão que conduzissem o espectador a um apanhado mais extenso, mais completo, do objeto passível de descrição. O vulgo não compreendia que a imagem silenciosa, posto que movimentasse os lábios, pudesse concorrer com a imagem emitindo as vozes de seus lábios, que a flor em preto e branco pudesse avantajar-se à mesma flor com o seu colorido; e mais quisera acerca de outras entidades, a exemplo do odor que, surgido na rampa, viesse ao olfato dos assistentes, enfim, o público aplaudiria qualquer adiantamento técnico que redundasse em aproximação sempre maior com o contexto real em sua totalidade empírica.

O cinema atraía a si, conseqüentemente, os valores próprios do teatro, e com ele renovava-se o incentivo à utilização da literatura, incluindo-se agora a dramaturgia que, antes, na fase de aprimora-

O CINEMA E O TEATRO   127

mento da matéria cinematográfica – no tempo do filme silencioso –
encontrava, em seu aproveitamento, reação desfavorável por quantos
entendiam de cinema, certos de que as duas artes se repeliam porque
uma se escusava ao emprego de sons, e a outra fazia destes o elemento essencial à sua assimilação. Nessa época, a adaptação de uma
peça teatral ao cinema levava o crítico, ao simples anúncio da execução, a negar o acerto estético do empreendimento, indo à previsão,
que se ratificava, dos defeitos e erros que apareceriam na obra, tão
nítidas se indicavam a matéria do cinema e as matérias da dramaturgia; depois se tornaram comuns as fitas provenientes do teatro, a
natureza eclética da nova cinematografia a parecer um campo fecundo, propício, ao consumo do teatro, a ponto de dizer-se, corretamen-
te, que o filme é teatro fotografado. Patentemente, nele figuram aquelas matérias que proporcionam o estreito vínculo com a realidade,
em nome desta aluindo-se a imagem pura, que era distante da realidade empírica, e por isso mesmo bem mais cordata com a idealização estética.
    Outra decorrência do gosto pela reprodução narrativa está na
indistinção entre assuntos cinematográficos e assuntos não cinematográficos, dualidade esta que existia na era do legítimo cinema; com
a composição falada e colorida, nenhum texto, nenhuma história pareceu estranha à novidade da cinematografia, o que se explicava ante
a adoção de várias matérias, principalmente aquela que sempre teve
na dramaturgia o seu terreno predileto: as vozes em monologação
ou em dialogação. Indo, não só ao uso mas ao abuso dessa matéria,
e fazendo-se impraticável que da boca dos figurantes surgissem locuções esclarecedoras de certos momentos e formações, apõem-se,
à margem da obra em fluência e de maneira integralmente externa,
preleções elucidativas, espécie de libreto que não pode ser filmado.
Assim, a preocupação simplesmente artística e limitada a seus justos
recessos degenerou na confecção de espetáculos que se conceituam
melhor no plano do entretenimento.
    Equiparada a feição silenciosa do cinema à feição mímica do
teatro – sendo este o ponto em que se comparam mais interessante-
mente a cinematografia e a dramaturgia – verifica-se que a primeira
não se estorva em sua puridade, enquanto que a segunda com freqüência se entrava em sua desenvoltura, o elemento de uma matéria
não permitindo que o de outra leve a final o sentido que nele se
iniciou; observa-se constantemente que a voz retira da imagem a
ocasião de dizer, tomando a si o mister de complementar o que tivera
começo na figura, e vice-versa, a palavra dando início a uma significação que se ultima com a imagem; sucedendo, ainda, outros relacionamentos entre uma e outra matéria, os quais revelam, como
os primeiros, uma exploração omissiva e acaso negligente quanto às

128 A IMAGEM AUTÔNOMA

possibilidades de cada uma. A mímica teatral se confina ao reduto dos desempenhos, ao palco em suas três dimensões e de restrita elasticidade, adstrita à capacidade arquitetônica, de maneira que o distanciamento entre os gestos e o espectador assume inevitável importância para os efeitos desses mesmos gestos; ao passo que, tratando-se de cinema, a câmera se incumbe, com os seus próprios meios, de promover as aproximações e os afastamentos que o cenarizador teve por necessários. Subordinada a vozes, a dramaturgia apresenta visualizações, atitudes faciais que servem, muitas vezes, a oralidades diferentes, as frases, transmitindo conteúdos que até podem ser antagônicos, emanam do intérprete a corpo inteiro, compelindo a uma uniformidade fisionômica idêntica à que oferece a realidade empírica; escapando ao modelo real, o cinema parcializa a exibição do corpo do intérprete, consoante a ênfase do significado, evidenciando-se que a mímica do cinema é feita mais de passividades da figura, competindo à objetiva procurar o trecho de mais forte e oportuna expressão, e expô-lo, dimensionalmente engrandecido, à platéia que o assimila imediatamente. Dessarte, a câmera movimenta recursos que, circunscrevendo-se à imagem, superiormente cumprem misteres que seriam das vozes, tal como acontece na realidade, e na representação que no palco se ostenta, quando se nota, para fins de discernimento, o perturbador desnível entre a presença da palavra e a presença do gesto. A atenção do assistente se dedica muito mais ao que pronuncia o intérprete, passando a correspondente fisionomia a um plano inferior de interesse, investindo-se na posição de fonte indiscriminadamente geradora; surgindo do vulto, exatamente como propicia a realidade, as vozes e as atitudes que nele se entretecem, um e outro elementos a mutuamente se dependerem, todavia encerrando-se na oralidade o ponto que mais estima o espectador.

A parcialização da figura geral, do corpo inteiro, em pormenores faciais que se operam em grandes *closes-up,* traduz uma espécie de mímica exercitada não pelo ator em foco, e sim pelo cenarizador que, nesse trabalho de justaposição de valores da matéria, no caso valores concernentes à mesma figura, procede a uma função algo dissecadora, praticando-se nos gestos da representação efetivada no estúdio. O cenarizador lida com imagens que ele antevê, ordena-as segundo um fio de significação, concatena a série de tomadas, originando-se dele uma englobadora e especial modelagem, que, depois de cumprida, se assemelha ao jogo de *puzzle,* cujas peças não mais se dispersarão sob pena de aniquilar-se a obra. O aspecto da representação primeira, a de cunho teatral, se efetiva para uma aplicação certa, a de ser atingida pela câmera; mas, enquanto posa para essa finalidade, ela contém em si todos os reais predicamentos, constituindo-se em espetáculo à parte, e por conseguinte recebendo da

O CINEMA E O TEATRO 129

visão da testemunha um tratamento análogo àquele que ela adota no domínio da realidade. As exigências do espectador em frente ao palco, não obstante tratar-se de representação, são as mesmas com que ele apreende a rotina das coisas reais, todas as exigências a se prenderem às matérias que estão em mira, atestando-se assim a conjuntura de o teatro se ater mais com a realidade que o cinema; este a desprovir-se dela, desde que, na representação segunda, a que o público assiste, somente o seu conspecto em abstração – a imagem – se patenteia para a manifestação estética.

Embora abstrata, pois que se isenta de entidades empíricas, a imagem cinematográfica incute, no entendimento da platéia, tão esclarecidas objetividades como se possuíra a complementação de todas as matérias, como se acolhera diretamente os vultos e eventos da realidade e que se prestam a modelo para a primeira representação; melhor fora afirmar que, pela circunstância mesma de sua abstração, por se reduzir a uma única matéria, a imagem, isenta de outras que, no plano real, a acompanham, é que o seu papel intelectivo mais se torna desenvolto, o elemento em causa, desimpedido de outros que lhe são concorrentes e supletivos, se afina no processo de assimilação imediata, concedendo à visão o privilégio de captar sozinha a objetividade da obra.

Nesse aspecto, o cinema se aproxima da pintura, também arte exclusivamente visual, que a si atrai as motivações que têm no colorido a plenitude de existência a que aspira o criador, a forma cromática a se constituir no ponto de maior pureza dentro do setor da pintura; pois que a forma plástica, não obstante fazer-se em superfície plana, e em simultaneidade, insere requisitos que são esculturais, aproximando-a, no íntimo, de outra arte, a escultura que encerra sua autonomia própria. Por conseguinte, a forma plástica é menos pictórica do que a forma cromática, esta rigorosamente autônoma, aquela a exemplificar um fenômeno comum, qual seja, o de um gênero artístico se intrometer no domínio de outro, à maneira, também, do teatro que se imiscuiu no cinema, de modo bem mais extenso e constante que a plástica no campo da pintura. A cinematografia em combinação com o teatro cede a este muitas ocasiões que por natureza lhe pertencem, muitos momentos de imagem a se converterem em momentos de locução, em outras vezes a palavra soa e ressoa a fim de esclarecer o que não era da competência da palavra; de sorte que se observam, freqüentemente, no conúbio da cinematografia com o teatro, a insistência na utilização de novelas, de histórias, de contos, de motivos que são anticinematográficos em essência e em estrutura, e não alcançam vir a ser cinematográficos, por mais que se desdobre o cenarista; aliás todo esforço em ampliar a expressão cênica do cinema-teatro sempre redunda em mais explorar a atuação da voz,

130 A IMAGEM AUTÔNOMA

sobretudo porque é mais fácil a solução com o emprego dessa matéria que com o emprego da imagem, esta mais restrita, mais exigente, posto que de imediata aclaração e de lúcido fascínio.

A presença da voz na cinematografia desvirtua, torna inoperantes muitos princípios que normalizavam a elaboração da obra, deixam de vigorar e se desentendem em virtude da economia processual que se obtém com a locução; incluindo-se nela o pouco e, em certos casos, nenhum trabalho de intelecção, desde que o cinema, na qualidade de forma, se define como um meio intelectual de conhecimento, à vista da circunstância de mais subentender do que retratar. A facilidade de confecção, promovida pela voz, pelo ruído, explica a preferência pelos recursos do teatro, embora o cinema possua os seus, bem mais numerosos e explícitos; nota-se, assiduamente, na análise de uma obra desse tipo, que a câmera, com as suas infindas possibilidades, no entanto se exercita como se fosse escassa de movimentos, paralítica, imobilizando-se a fim de que dialoguem os atores, atingindo, às vezes, medíocres aplicações, tal a cena que demora, não o tempo necessário à sua participação na seqüência, mas o tempo da canção que canta o intérprete.

A questão da temporalidade situa-se, decerto, entre as vulneradas pelo intrometimento do som, por isso que, predominando o influxo do teatro, os elementos da visão se subordinam ao privilégio da voz, imperando a temporalidade desta, sem atenção à da imagem que parece haver servido apenas de pretexto à exteriorização do almejado ruído. Para quem sabe descobrir os poderes da imagem, resulta melancólico assistir à redução deles, ao seu incorreto encaminhamento, e sobretudo à indevida submissão da parte visual à parte da escuta; enfim, a segunda representação, a da tela, vindo a se parecer com os flagrantes da que se verifica no estúdio – a primeira representação – que, por sua vez, é, perante a desavisada testemunha, um teatro especial, um tanto incompreensível nas ligações entre as cenas porventura praticadas na ocasião, mas no qual se apresentam vozes, ruídos das coisas e mais entidades da presença, as quais não atinge a câmera. Dessarte, a nítida distinção entre representação do estúdio e representação da tela se desfaz ante a exposição, na própria tela, daqueles valores que a imagem pura não comporta, que, por definição, não devem estar com ela, e muito menos disputar-lhe a função de dizer o que unicamente compete à fatura do silêncio e da figuração abstrata.

Entretanto, o cinema não significa uma parcialização deformadora, uma representação omissa quanto a muito do que a realidade fornece à criação artística; apenas, ele, com a sua faculdade sugeridora e precisa, substitui a mostração direta desses valores, que concorrem com a imagem, pela mostração dos mesmos em grau de su-

O CINEMA E O TEATRO 131

bentendimento, assim afirmando a evidência de coisas em sua exatidão individual, entre elas a voz, a cor, o odor que, não advindo à receptividade do espectador, com a originalidade de suas incidências, todavia incutem nele a veracidade do seu ausente mas existente conspecto. Portanto, a parcialização que reside no uso da só imagem traduz algo de potencial: encontra-se nela, sob a feição de virtualidade, a habilitação a oferecer as matérias que pertencem à realidade empírica; e o espectador, por mais ávido que seja, concernentemente à apreensão global, ao objeto em sua aparência de origem, contenta-se com o que lhe propina a imagem, tal a persuasão que flora de seu justo emprego. Ao cinema não é vedada a representação de toda a realidade, que interessa na medida em que se amolda, por ilação, à urgente necessidade da lupa, e esse condicionamento basta para se lhe extrair a referência existencial, esta sim, a forma com que a inteira realidade se põe no entendimento do espectador, através da imagem em preto e branco. A idéia da existência da coisa subentendida contém os atributos definidores desta, nenhuma exigência excepcional vindo, no aparecimento súbito apontado pelas cenas anteriores, eliminar, intencionalmente, do conjunto invisível mas determinado, algum ou alguns de seus aspectos congênitos. A representação da realidade oculta, porém subentendida, se inculca de parcializadora; no entanto o cenarista, não cuidando de extinções, faz desse processo uma repetição, em atos figurativos, do engenho mental, sendo este o fenômeno em que a imagem da cinematografia mais se faz abstrata, inclusive levando a poder conceituar-se o cinema como uma operação de conhecimento intelectual, o que refoge do caráter meramente artístico.

A configuração do subentendimento efetuar-se-ia também no teatro, entretanto sem a clareza e a minudência privativas do emprego da câmera, dificultando-se se for tentada somente com o recurso visual, o que obriga a recorrer-se à ajuda de vozes; e sendo a exibição no palco uma circunstância em que se evidenciam todos os aspectos da realidade em apreço, com a inflexibilidade e exigüidade do recinto a desfavorecerem a armação do subentendimento figurativo, tem-se que a semelhança aparencial entre os valores participantes da representação, os atores e coisas na rampa, e os valores da realidade, os atores e coisas postos fora da cena teatral, conduz à conclusão, teoricamente fundamentada, de que o teatro é menos objetivamente artístico do que outras manifestações que se valeram, cada uma, de uma única matéria, assim a parcialização se constituindo em dado essencial à elaboração artística.

Sem dúvida que uma arte não necessita, para a finalidade a que se propõe, de várias matérias, senão de uma exclusiva, conquanto que se faculte ao criador o sortilégio da aglutinação entre o que ele

5. Sergei Eisenstein (1898-1948).

O CINEMA E O TEATRO 133

tem a dizer e a matéria que ele por vocação escolhe; compreenden-do-se por vocação o mister de encontrar essa matéria que se torna, na mão do artista, o elemento que segundo ele, e do mesmo modo que a sua intuição – o que ele tem a dizer – nunca se revela o mesmo fora da obra em que se integrara. A produção artística é sempre uma tarefa do único ao único: o da intuição e o da matéria, ocorrendo que este último importa na exclusividade do meio e na propriedade íntima em ele ser da respectiva intuição. A intuição do pintor é colorida, ele a pensa em cores, e o cineasta, se vier à igual altura, a meditará em imagens em preto e branco, silenciosas; a matéria é uma camada exterior e interior à vez, concorde consigo mesma em todos os pontos ou etapas da obra, parecendo expressar o bastante de sua presença e a imprescindibilidade desse bastante, sob pena de, no caso da cinematografia, se desajustarem, ante a concorrência de outra ou outras matérias, as ondulações do teor tal como concebera em sua criação o autor da fatura. Quando o cineasta, infringindo a norma da matéria bastante, procura reproduzir na tela o máximo possível das entidades reais que se deram nos momentos do estúdio, no decorrer da segunda representação apenas se expõe a filmada dramaturgia, os princípios do teatro a prevalecerem decididamente, quase toda a preocupação do autor, ou autores, cingindo-se à clarividência enfática; esta se ostenta, sobretudo, por intermédio da voz, dessarte nivelando-se à dramaturgia, apenas, enquanto no teatro a dominação da voz se explica pela estabilidade do ambiente, que impede, nele, a visualidade de outro recinto, deficiência que se resolve através de locuções, enquanto assim acontece com o teatro, no cinema a intromissão do som, além da sua desnecessidade para efeito da representação segunda, salienta o seu mais próximo contato com a representação primeira, a câmera perdendo a ocasião de exercitar os seus processos, quase que se reduzindo a neutro testemunho dessa artificial realidade, que a tanto se avizinha a representação no estúdio.

Consentindo que a sonoridade efetue o que, no cinema, caberia à câmera, o responsável pela obra cumpre talvez o mais claro exemplo de transgressão ao princípio de autonomia do gênero, com a característica de adotar o seu mais caro e legítimo instrumento – a câmera – a serviço da inferiorização desse mesmo instrumento, proporcionando à lupa o mister de se fazer secundária, de adulterar, ela própria, o desígnio que mais lhe era condizente: o de criar imagens que, a rigor, se não encontram na natureza. A câmera, para o autêntico cineasta, se mostrava o mesmo que os olhos do espectador, mas os olhos de visão materialmente artística, vendo os objetos em sua parcialização criadora, na abstração das imagens descoloridas; ao passo que a câmera usada pelo ecletizador, o que agrupa as matérias

134 A IMAGEM AUTÔNOMA

a fim de aproximar-se da realidade, mostrando-se analogamente substituta dos olhos do espectador, todavia procede sob a feição de mais inteiro atendimento: colhe, juntamente com as coisas, o colorido que estas apresentam. Captar o máximo de entidades reais, contidas em um corpo, significa um cuidado importante para a ciência, mas perturbador para o campo da arte. Na questão do cinema, esqueceram-se os teóricos da arte-espetáculo de que a óptica do espectador é artisticamente restritiva, como restritiva é toda a receptibilidade no setor estético. Em relação ao modelo real, o objeto artístico é sempre uma das modalidades dele, a qual se impõe em detrimento das demais, estas simplesmente inexistindo, quer na preocupação do criador, quer na preocupação da crítica.

Passando a utilizar os entrechos, as urdiduras próprias do teatro, mais se acentuou a comum convicção de que o trabalho da câmera encerra uma linguagem no mais superficial sentido: o de se aplicar sobre quaisquer conteúdos, o de ser um instrumento para uso indeterminado, sem descobrir-se nele nenhuma preferencial inclinação. A câmera imitou o palco, nessa acepção, de sem nada lhe ferir a integridade física, receber a tudo e a todos que lhe vão ao recesso, as inovações técnicas dirigindo-se ao aprimoramento dessa apreensão total, aumentando-se e refinando-se o apego à representação do estúdio; de maneira que a segunda representação, a da tela finalmente exposta, se exibe como se fora mera transparência do suceder teatral, como a reprodução do que mais importava: a cena com todos os seus requisitos, com todas as suas entidades reais.

Distintamente do teatro, esses elementos – os que, extraídos da realidade, se aproveitam na obra artística – outorgam, a um apenas, a função de exteriorizar, em alusões subentendidas, a existência dos outros; ocorre, portanto, que a tarefa cinematográfica vem corresponder a um distanciamento da realidade passível de contribuir para a materialidade da obra, sendo certo que toda arte possui o seu respectivo distanciamento quanto aos inaproveitados valores. Uma entidade real – na pintura, a cor – solitária se evidencia graças à dispensa das outras; por isso que o cinema atual, como também o teatro, é mais a exposição de entidades reais, a exemplo do som, da cor, do que arte propriamente dita, no centro da qual deve, ainda, incorporar-se a individualidade do autor, consubstanciada em sua maneira de sentir, maneira esta que é única e se conserva única na reveladora matéria. Em verdade, a intenção de externar o cósmico sentimento com o maior número de entidades reais, aparentemente positiva porque promete mais extenso alcance, todavia não se afigura o caminho adequado à verdadeira arte, quando o artista se emprega em explorar, dentro dos termos de sua vocação, a matéria com que se move e comove a sua sensibilidade. No terreno da materialidade da obra,

O CINEMA E O TEATRO

igualmente ao que acontece no setor da sentimental motivação, sempre se faz suspeito o propósito de granjear quantitativos, de obter variações estudadamente inéditas, o qual leva a monumentalidades, apoteoses, enfim, a espetáculos mais vistosos que artísticos. Na história do cinema silencioso, não se sobressaem os filmes que pompearam eloqüentes episódios; as teatralidades da lenda e da crônica eram relativamente escassas da programação das empresas, ao que consta, talvez não existindo algum instante de pureza salientável nas obras havidas, as chamadas superproduções, com ambientes grandiosos e reconstituidores do passado. Com a adoção de outras entidades reais, tornou-se oportuna a confecção de magnificências cenográficas a que o colorido e o alarido emprestavam hipnóptica sedução, mas desprovidas de mais sérios merecimentos, salvo os que tocam à concepção de espetáculo.

Se anteriormente, quando só lidava com as figuras silenciosas, não se detinha a tendência para os alongados romances, as tessituras sensacionais, com maior razão agora que eles se concretizariam mais "reais", mais convincentes e acaso mais belos que tudo quanto se conhecera através da simples imagem. Em conseqüência, ficava-se mais longe de pretender o cinema com as motivações a ele propícias, precisamente aquelas que, seguindo o método alegórico, se modulariam de acordo com as requisições da própria imagem, sem o indevido uso de letreiros em substituição a ela, nos momentos em que o cenarizador não tinha condições para exprimir-se na pura linguagem do cinema. De ordinário, os romances, as novelas, impunham os óbices à desenvoltura da imagem, o que se resolvia com os letreiros; com o advento do som, a crítica artificial apontou as palavras escritas, quer sob a forma de explicações externas, quer sob a de dialogação entre personagens, como recurso menos legítimo que os da sonorização, mas se esquecia de que os letreiros resultavam da conjuntura de não serem cinematografáveis as cenas que dependiam deles, havendo ainda uma verdade mais ampla: o cinema nunca chegou a proporcionar uma obra sem defeitos fundamentais; na qualidade de gênero artístico, estava em começo, já definido quanto à sua matéria, porém não quanto a um conteúdo de especial natureza, tendo-se em conta o seu prestígio de grande arte, pelo menos assim prometia a sua pródiga matéria.

A pureza do cinema recusava a integral adesão aos fornecimentos que propinava a literatura, e a prevalência, nas melhores obras, de curto enredo ou motivação atestava o reconhecimento à especificidade da cinematografia, o que era particularmente notável se se considera o gosto do público e a sua conseqüente satisfação por parte das empresas, ambas favoráveis ao caráter meramente narrador da câmera. Precisamente esse caráter facilitou a geral aceitação acerca

A IMAGEM AUTÔNOMA

do cinema sonoro, a qual também se coonestava na alegação de que os salões exibidores instituíam a prática de manter orquestras, ou apenas um piano, que acompanhavam o filme em todo o seu desenrolar, às vezes produzindo sonoridades que coincidiam exatamente com a pseudo causa que vinha de aparecer na tela; tudo isso, conforme a opinião justificadora, representava o incipiente sincronismo que o desenvolvimento técnico veio depois a aperfeiçoar, não havendo, portanto, de estranhar-se o que, de algum modo, já se delineara. O argumento incidia sobre uma ocorrência externa, que o hábito conservou a ponto de prejudicar-se a atenção à fita quando, de súbito, se interrompia a musicalidade. Bem podiam as obras ser assistidas em completo silêncio, o que sem dúvida mais permitira a uniformidade de receptação, a imagem não cedendo à música a prerrogativa de manter-se o objeto de exclusiva consideração. Com efeito, o cinema-teatro não consente que o espectador aplique simultaneamente, no mesmo grau, a atenção dos olhos e a atenção da escuta, os bons videntes a saírem sem a música e os bons ouvintes sem a qualidade do tratamento a que contribuíram porventura todas as imagens, cenas e seqüências.

21. O Cinema e a Pintura

Um dos grandes predicados do cinema está em que o colorido, os sons, os odores – entidades reais – podem ser subentendidos em termos de imagem, de maneira que a realidade empírica, em todos os seus aspectos, virá a transparecer através do cinema, com seus valores reduzidos quanto à evidência particularizada, mas inteiros no caráter de coisas existentes. Assim, determinado odor, determinado colorido, um verde e não outro verde, fazem-se presentes mercê da ilação cinematográfica, o que também no teatro se alcança quando o ator, por alusão, traz à platéia elementos que não figuram no palco, para isso utilizando-se da voz ou mesmo do jogo mímico. Reportando-se à cor, nota-se que ela escapa à atribuição da cinematografia, porém esta não se recusa a promover-lhe a existência no instante exato em que deve aparecer, em grau de subentendida presença. Mas a individualização obtida por intermédio da cor, que assume então o primordial interesse, expondo-se liminarmente à assimilação com que se identifica o objeto em causa, pertence ao domínio da pintura, é de sua matéria exclusiva, a que lhe concede o prestígio de gênero autônomo. Retirar a cor do pincel manuseado pelo artista e colocá-la a expensas de recursos mecânicos significa desestimar os poderes de que ela se inculca desde que a norteia e galvaniza a criatividade do pintor. Os recursos mecânicos multiplicam os exemplares da mesma obra, inclusive facultam ao observador a oportunidade de ir, em face da cópia, a recessos que valem para o conhecimento da cosmologia do autor; mas eles, os recursos técnicos, não vão ao extremo

138   A IMAGEM AUTÔNOMA

de criar a obra artística, de concorrer, com o autor, na elaboração do original; sem dúvida, a cor é a matéria que mais exige a estada do criador no pleno processo da criação, intimidades entre uma e outro são de tal forma estabelecidas que o separarem-se implica em dano para o artístico acervo. A materialização cromática, de todas as materializações, é talvez a que mais convida a direta e permanente vigilância, convindo lembrar que a nuança, o matiz, é fenômeno que na pintura tem a sua melhor e mais concreta efetividade, e obriga a ações que o autor não delegará a nenhum outro artista, a nenhum instrumento mecânico.

O cinema-teatro, ao avocar a si a cor e os seus predicamentos, atribuiu-se em condições de acrescer a similitude com a realidade, os seus teóricos na ignorância de que tal similitude não é um problema fundamental para o campo da estética; no entanto, a coloração da imagem, sobre ferir a norma da autonomia do gênero artístico, se tem revelado não de todo satisfatória quanto a corresponder à coloração da própria realidade. Aceita-se a ressalva de que, futuramente, o progresso técnico fará da representação o espelho da realidade, o que traduz o esvaziamento do conceito de representação artística; entretanto, compete afirmar-se que, no plano estético, é precisamente a cor em representação e não a cor em realidade o que convém à tarefa do pintor. A laranja em azul é a laranja do artista, a qual somente nesse azul defere a ele, o artista, a procurada significação.

Conseqüentemente, o cinema-teatro alcança o colorido da realidade, e não o do artista, repetindo-se na segunda representação – a da tela – o que, em coloração, aparecera na representação do estúdio. Admite-se mesmo que o propósito do autor se cinja à reprodução da realidade, não lhe cabendo portanto abstrair a cor, esta a não mostrar pretensões mais profundas; mas o significativo repousa na circunstância de que imagem e cor são elementos inajustáveis quando se almeja a definição de cada gênero artístico. A desnecessidade da cor no domínio do cinema está implícita no conceito de imagem, e o artista verdadeiro, o portador de uma concepção pessoal e poética de quanto existe, jamais se dedica à apresentação do supérfluo, ele é sempre o aplicador de sua forma bastante. A imagem em preto e branco, silenciosa, não tem, no setor da realidade, as evidentes comprovações, ratificações literais, modelos que o colorido da arte encontra na experiência óptica e diária com o mundo. O pintor ao lado do escritor descobre, no contato com a natureza, uma tal variedade de correspondências aos seus intuitos artísticos que sente a impressão de que o cabedal de inventivas é bem inferior àquele que recolhe o seu olhar rotineiro, a realidade manifestando-se-lhe mais rica do que a sua pessoal representação. Quando a arte da pintura se orientava, cromaticamente, pelos ditames oferecidos pela na-

O CINEMA E A PINTURA   139

tureza, melhor se registrava a dependência da cor do artista à cor
da realidade, os objetos escolhidos para a representação sempre a
obedecerem, em maior ou menor exatidão, ao colorido de sua originalidade; relativamente recente, veio à pintura a liberdade de promover colorações à revelia de naturais modelos, que não eram puramente cores, mas cores determinadas por objetos que o pintor aproveitaria. Em outras palavras: o uso da cor, na maior parte da história
da pintura, provinha de uma determinação da imagem à qual, ela, a
cor, se incorporara congenitamente. Na idade moderna, verifica-se
também que novas imagens, não extraídas da natureza, não havia
por que se revestirem de cores consagradas por estas, dessarte propiciando ao pintor o ensejo de se tornar igualmente inédito no tocante
ao colorido, por ele empregado em formas ainda não experimentadas.
    A representação cromática se processa, em todos os exemplares
do gênero, quer os inspirados pela natureza, quer os da livre fatura,
à base de uma concreção que a delimita, e essa concreção que se
poderia chamar de desenho é, em análise última, a imagem que o
pintor não compreende sendo colorida. Difere, portanto, da imagem
do cinema que se exibe isenta de cor, e, por conseguinte, mais distante de influências naturais, da fonte da maioria dos pintores: a
realidade com a sua coloração. Assim, enquanto a pintura se vota à
externação de uma entidade real – a cor – o cinema se dedica à
externação de uma entidade semi-real, qual seja, a imagem sem o
colorido com que nascera. O cinema dispõe do objeto na condição
de que ele se desnude de sua coloração, se abstraia de um aspecto
de si mesmo, porventura o mais sedutor e que encerra expressividades inconfundíveis com as de outras matérias.
    Se o objeto pode valer somente pela circunstância da cor, resulta
que o gênero pictórico se dê mais a motivações simples que a tessituras complexas, a enredos, a histórias mais ou menos alongadas.
Às vezes ele tem chegado a ser menos que uma simples motivação,
a ser apenas a pura cor, a imagem, que a circunscreve, reduzindo-se
à linha do contorno; talvez se explique, pela dominância da cor, e
não pela praticabilidade da execução, o fato de as obras de pintura,
mesmo os polípticos e os murais, terem quanto ao assunto um sentido de reclusão, de confluência que mais parece a ocasião propiciada
a fim de que avulte a cor. Por isso que a insistência na forma plástica,
preferida à forma cromática, importa em infringir um tanto o princípio de autonomia do gênero artístico, ou seja, importa em transferir
para a pintura, posto que integrando-se na superfície da tela, a duas
dimensões, um elemento de ressonância escultórica, a exemplo do
que se fez constante nos estilos da herança clássica. Assim, quando,
no confinamento do quadro, a representação não buscava tanto a cor
como buscava a imagem do objeto, a autonomia do gênero se via

140 A IMAGEM AUTÔNOMA

conturbada por uma ingerência interna, ocorrida no próprio seio da obra, por conseqüência mais sutil e enganadora que a operada na cinematografia em relação com a sonoridade.

A aposição da cor à imagem cinematográfica significa, antes de tudo, a utilização de forma artística inerente à outra arte, e como todo o gênero possui a privatividade de sua matéria, conclui-se que a fusão, o aliciamento de uma ou de umas, expressa a hesitação do autor acerca das possibilidades daquela que lhe deveria ser exclusiva; e, ao inverso, com a certeza das possibilidades subentende-se algo de decisivo na personalidade do criador: o aglutinamento do espírito com a matéria de sua vocação, a matéria que, segundo ele e nenhum outro, é a única habilitada a ungir-se de seu sentimento. A cor revela-se apta a corresponder à gama da passionalidade, e ainda acentua no objeto um sentido de presença que é o tom de sua vida; e para que se perscrute a intensidade e o relacionamento íntimo com outros elementos do conspecto, a contemplação necessita de ponderável tempo, e o contemplador a carecer de contato não fortuito, e sim de alguma demora especialmente conduzida ao êxtase da coloração, sem a qual ela não se comunicaria em sua plenitude. Segue-se que o cinema está longe de ser a forma apropriada para a exposição da cor, porquanto a sucessividade das cenas impede que o observador devidamente assimile a qualidade da coloração, que, a fim de bem se evidenciar, compele o artista a adotá-la espacialmente, na tela que franqueia as suas partes simultâneas. A superfície do quadro consente que se alcance da obra a integral apreensão de seus valores, de seus requisitos cromáticos, e ocorrendo que eles se externem por sucessão, tal como é freqüente na atualidade, recebe o espectador a impressão de um processamento trêfego, no transcurso do qual o colorido encanta verdadeiramente, mas não repousa no imediatismo do encanto o interesse mais profundo da arte.

Com o propósito do embelezamento, instala-se mais uma atribuição para a equipe responsável, entretanto o cenarizador, que elabora o seu trabalho em termos de pensamento, que de comum aparece com isenção de cores – as imagens pensadas espontaneamente e as sonhadas têm semelhança aparencial com as do cinema – se surpreenderá ao ver de sua poltrona o que idealizara na escritura, o colorido então apresentado a lhe parecer que recobre a inventiva de outrem e não a dele que o dispensa de sua cogitação; e na hipótese de ele se haver preparado cromaticamente, o impacto da cor em rápida fluência, lhe certifica também, que ela, a rigor, não é de sua lavra, nem compete a ele, ou ao diretor, ou a quem quer da equipe, tratar artisticamente com os recursos da coloração. A superficialidade de seu emprego vem a caracterizar o cinema-pintura: vale-se da ma-

O CINEMA E A PINTURA

téria que à pintura pertence, mas sem conseguir ir além de certo esplendor, aquele que é preciso para o bom êxito do espetáculo.

Na fatura do cenário, a intromissão da voz, do ruído, resulta inegavelmente mais danosa que a intromissão da cor: com efeito, a sonoridade passa a exercer um papel expressional que disputa, com as figurações, o primeiro lugar quanto ao entendimento do filme; enquanto que a cor quase que exclusivamente afeta a imagem, mantendo-se incólumes os conectivos entre uma cena e outra cena, e o mais que firma a continuidade da obra. Se os meios técnicos admitirem, pode-se banhar *A Última Gargalhada* com as cores que convierem e não ficará alterado o seu sistema de correlações nem a tessitura de tomadas e de seqüências. A idéia de que a câmera, na missão de proporcionar o conhecimento das coisas, deve revelar o que elas têm de visível, a concepção portanto de que a lupa é definidamente documental, contribuiu decerto para a quase unânime aceitação do cinema-pintura, inclusive por aqueles que indeferiam a participação da sonoridade. No entanto, o cinema não se alinha entre as formas de mera linguagem – o aglutinamento do espírito do autor com a matéria por ele singularmente usada retira do cinema a feição de exclusiva linguagem – não sendo a documentação a meta de suas possibilidades artísticas. O documentário, na sua verdadeira significação, não encontra no cinema puro o seu campo favorito, salvo naquelas conjunturas em que não importa a realidade inteira, e que se manifestarão com independência da cor. Sem dúvida, para o conhecimento da realidade, dispensam-se aspectos dessa mesma realidade, a menos que a queiramos em grau de totalização; esta, no entanto, afigura-se, pelos processos existentes, incapaz de oferecer-se, de modo que todo documentário se ressente da lacuna de não expor a completa verdade da coisa em consideração. Nesse particular, a cinematografia em cor e com a sonoridade representa, ainda, uma parcialização do vulto a que se aplica, a sua efetivação sem desfazer de todo uma das ressalvas mais comuns ao cinema silencioso e em preto e branco: a de não propiciar a reprodução do mundo empírico.

Inadstrita à aparência total dos seres, a obra de arte se fecunda mercê da matéria que é sempre uma parcialidade, uma entidade que se contém na natureza, e que o artista isola a fim de tê-la maleável ao seu dispor; dentre as entidades reais acessíveis através da visão, a mais esquiva como valor de experiência direta, a mais distante das considerações habituais consiste no incolor e na mudez da figura, precisa em seus contornos, porém abstrata por se destituir dos elementos, das concreções mais enfáticas: a cor e o som. A objetividade real, que fornece matérias para o suprimento artístico, revela-se parcimoniosa ou escassa quanto ao abastecimento da cinematografia

142 A IMAGEM AUTÔNOMA

pura, pois que esta ficaria vinculada somente às coisas que são, por natureza, em preto e branco, quando, na maioria imensa dos casos, há que proceder com visões originalmente integradas em colorido; dessa forma, no ato da representação, isto é, da conversão dos prospectos reais de cor à matéria imagem, o cinema se pratica mediante o uso de um intermediário entre o abastecimento empírico e a obra em grau de exibição: esse intermediário é a câmera que, assim, cria a matéria ao mesmo tempo que promove a arte. Enquanto a pintura repete a aparência de entidade real – a cor – existente e abundante na natureza, o cinema, através do mecanismo fotográfico, da câmera, gera a imagem em preto e branco, fazendo-o à custa de desnudar as coisas de seu colorido; portanto, o puro cinema afirma-se, nesse particular, o gênero antagônico à pintura, desde que, a fim de ele se efetuar, há necessidade de que se ausente a coloração, a figura reduzindo-se a uma essência que é a mesma do desenho antecipador, tal como se verifica na execução de obras de pintura. Compara-se a imagem do cinema às estampas de quadros em livro, que o editor não teve condições de imprimir em cores, deixando-os na tinta com que molhara o texto, embora eles se hajam celebrizado por efeito mesmo da coloração. Conjuntura equivalente se processa com a atividade da câmera, que enfrenta o colorido da representação primeira, contudo não vindo a aproveitá-lo, restando, num caso e no outro, apenas um conspecto em índice de abstração. Desprovido de atraentes ostentações, com que se positiva em aumentada evidência, o vulto, sob a intervenção da câmera, transmuta-se em algo encontradiço no acontecer do sonho, no qual se mostra rara a presença da cor.

À crítica superficial parecerá absurda a providência de se retirar das coisas o seu colorido fundamental, isto quando o filme é o documento de alguma parcela da natureza, e mais ainda lhe parecerá absurda a medida de não se trazerem, para o campo narrativo, símile da realidade, as cores que tanto a prestigiam; mesmo porque a utilização da cor, sobre melhor impressionar a platéia ávida de sensações, nenhum prejuízo ocasiona concernentemente a certos pontos básicos da cinematografia, dentre eles as combinações que levam ao subentendimento, e a mobilidade da câmera que nada obsta quanto à presença daquela entidade real. Sem dúvida que a cor não cerceia o comportamento da máquina fotográfica, os problemas de sucessão mantendo-se imunes ante a presença do colorido; mas ocorre que este, prejudicando-se ao surgir em sucessividade, robustece o argumento de que a sua junção à imagem do cinema traz, particularmente a ele, o dano de não se fazer devidamente contemplar, de não se reconhecer nele a intencionalidade especial do autor. Apurando mais refletidamente o seu contato com o cinema-pintura, equiparando a sua tarefa na oficina individual e a que o laboratório exerce, con-

O CINEMA E A PINTURA

cluirá o pintor que a sua arte não encontra condições de efetuar-se por intermédio da câmera, que o produto mecanizado, não obstante resplandecer à vista do espectador, apresenta mais a habilidade dos recursos técnicos do que uma intuição porventura externável através do colorido. Dessarte, o cinema-pintura persuadirá o estudioso de suas aproximações e de seus distanciamentos de que a cor nele existente é uma inutilidade radiante, que ao mesmo tempo insatisfaz ao conhecedor de pintura e decepciona a quem considera a imagem a forma bastante que se fecunda mercê de sua exclusividade.

Isentando-se da cor, da sonoridade, do odor, incisivo em sua privatividade visual, o cinema se torna a mais abstrata das manifestações artísticas, salientando-se duas maneiras dessa índole abstrata: a imagem, na pureza de sua matéria, e o subentendimento que, de modo paradoxal, leva ao conceito de que ao cinema competiria mais esconder do que retratar. Em verdade o cinema se abastece à medida que dispensa as concreções, as entidades reais que preenchem, em cada objeto, o espaço compreendido dentro de seus contornos, assim perfazendo-se em termos de abstração; resulta, por conseguinte, que determinadas nominações que no teatro acontecem com freqüência, senão mesmo se inculcam imprescindíveis, se ausentam da exposição integral e direta, auferida pela câmera, quando a platéia gostaria de alcançá-las semelhantemente ao que proporciona a dramaturgia. Então, em face de não poder o assistente em sua poltrona, recolher a ruborização que a cena obriga ao ator no palco, segue-se o argumento de que no cinema colorido ela seria testemunhada, portanto o cinema-pintura ultrapassaria, nesse e em casos equivalentes, a própria capacidade expressiva do teatro. Deficiências da pintura e do teatro se solucionariam com a adoção do cinema tal como predomina hoje, em feição materialmente eclética; mas as deficiências que a imagem não supre significam marginalizações naturais a toda matéria, nenhuma avocando a si o predicamento de tudo dizer; havendo, portanto, muitas nominalidades que se não entendem com a cinematografia, precisamente aquelas que tão bem se ajustam às habilitações da frase, quer a da escritura, quer a da oralidade.

No cinema-pintura não se encontra a imagem, e sim a representação transparente de realidades que portam a cor em seu prospecto; assim sendo, a não-imagem da pintura, uma vez exibida na tela do espetáculo, passa a merecer apreciação crítica muito diferente da que se reserva à imagem cinematográfica e ainda diferente daquela com que se tratam e se julgam as obras do gênero cromático, da pintura autônoma. A crítica do cinema de várias matérias, cinema-teatro, cinema-pintura, não descobre, na fatura em causa, os fundamentais atributos com que uma e outra dessas matérias se confirmam em sua definição, resultando fatal a superficialização da crítica, desde que a tela do espetáculo não é a propícia à cromatizada intuição, o gênero pintura a requerer o pouso intemporal; quanto à literatura, a modalidade mais séria de expô-la, inclusive permitindo ao interessado volver ao ponto que necessita de meditada detença, é o livro de tradicional feitura; e acresce que a oralidade indispõe o cenarista – agora mal reunindo as funções de agrupador de cenas com as de literato, ou mesmo pensador, quando, em lugar de histórias, de contos meramente narrativos, ele cuida de emitir mensagens de proveito e exemplo, às quais se subordina o trabalho de cenarização – a bem desgastar o seu pensamento, acaso original, ante o percalço de vozes que não se deixam gravar no assistente, com a volubilidade de sua escuta.

Impossibilitado de conseguir-se com a coloração os mesmos fins que com ela consegue o pintor, isto é, a integração do afeto cósmico do artista com a mencionada matéria, o cinema-pintura sempre fornecerá ao espectador um colorido que bastante se assemelha ao existente no campo da realidade; com efeito, ambos estendem a sua claridade sedutora, ambos se versatilizam de conformidade com o objeto em que recaem, embora a versatilização da luz do sol seja mais rica na sucessão do horário, e os dois ainda têm isto de comum: em si mesmos estão fora do setor artístico, em virtude de não conterem, impregnadamente, uma concepção representativa do universo, um por se constituir na própria realidade, e o outro por não se munir, para tanto, de recursos inerentes à qualidade da respectiva matéria, a cor. Ninguém é dono do colorido da realidade e, igualmente, o colorido do cinema-pintura se mostra de tal maneira impersonalizado que parece ser um único o autor de todos os coloridos, porquanto não se nota, no pouco que se alcança com a sucessividade das cenas, qualquer intenção de feitura especialmente artística em relação ao emprego de determinada cor; nota-se apenas a tentativa de reproduzir, nos objetos fotografados, as cores com que eles na realidade, ou melhor, na representação primeira – entendendo-se por esta não só a exibição do estúdio, mas também a tudo que, fora dele, se apresentou à câmera – ofereciam a sua verdade cromática.

Todo o esforço da técnica fotográfica, no domínio do cinema-pintura, se tem caracterizado pelo aprimoramento no sentido de se chegar à perfeição do retrato absoluto, tendência que escapa à acepção da pintura como gênero artístico; e com essa propensão firma-se o reconhecimento de que a matéria cor, espargida sobre o espetáculo cênico, faz jus à mesma contemplação e ao mesmo interesse objetivo que o espetáculo da natureza, havendo, no íntimo dessa paridade, a confusão entre matéria da natureza e matéria do gênero artístico; esta última, assim como se mostra no cinema colorido, não encerra em si mesma, por motivo de certos impedimentos, a modo da su-

O CINEMA E A PINTURA   145

cessividade que se opera, condições para o advento da personalidade artística do criador, tal na realidade, onde a cor é um puro oferecimento, neutro em face das mãos do artista, dando-se a ele, sem todavia se lhe aproveitar a presença, a sua índole de entidade real. Dir-se-ia que a junção do colorido à imagem, aliás mais antiga do que a do som à imagem, não envolve a pretensão de produzir a arte, o primeiro elemento, a cor, sem concorrer para o surgimento da intuição do artista; dir-se-ia que a coloração empregada visa unicamente a encantar a vista do espectador, fazendo-lhe mais divertidamente concretas as aparições que, por sua vez, externam um sentido da invenção do autor e não da agenda da realidade; que, importando sobretudo a narração em causa, se tornam prescindíveis as exigências que se costumam aplicar em motivações, em significados simples e confinados em sua simplicidade.

Evidentemente que não se pode pretender, no domínio estético, senão mesmo os fatos que a ele se limitam, mas no caso em apreço existe algo emotivador quer em si, quer em coadjuvação ao assunto propriamente dito: esse algo é a matéria da pintura, a qual, onde se apresente, fora da natureza, elaborada pelo ofício humano, suscita a idéia de sua conversibilidade ao plano artístico. Talvez que nenhuma outra matéria, das que asseguram a estabilidade dos gêneros artísticos, se declare tão francamente utilizável no campo estético, tão alentadora de atenções equivalentes às que se destinam à obra de arte, como o colorido que reveste coisas e pessoas do cotidiano. O volume, no papel de entidade real, e de todas a mais numerosa ao olhar das testemunhas, entretanto não lhes acresce, com freqüência igual à da cor, o pensamento de que o corpo visível poderá promover-se à altitude estética. Dificilmente se admitirá a inscrição do colorido, à margem da obra de arte, sem ao mesmo tempo ocorrer no contemplador o pressentimento de sua virtualidade artística; e no caso do cinema-pintura, haverá sempre a sentida observação de que, para a cor, a oportunidade não lhe trouxe os ensejos consentâneos, que mesmo se a câmera se demorasse mais na fixação da colorida cena – ainda que esta consista num quadro de pintor, em primeiro plano – a cor não se ofereceria em sua perscrutável plenitude.

Tratando-se de narração, de enredo, mais se impossibilita a profundeza da cor, que, por natureza, se efetiva em simultaneidade, o que se comprova ao longo de toda a história da pintura, com as motivações a caberem exatamente no quadro em que se ordena cada uma, a natureza-morta, a paisagem, a cena de costume, o arranjo abstrato, a se empreender nas duas dimensões que lhes reserva a plana superfície. Não se habilitando a expor-se em sucessividade, o colorido se afigura reconhecidamente inócuo no tocante à positividade estética, de sorte que o gênero da pintura não abrange o cinema

146 A IMAGEM AUTÔNOMA

em cores, o qual representa um extravio de sua legitimidade. Análogo extravio existe no cinema-teatro, contudo se agrava menos que o praticado no cinema-pintura: no primeiro houve, inegavelmente, quanto ao índice de entendimento com a platéia, uma evolução por parte do cinema sonoro, o teatro comprimido no breve reduto do palco, não tem condições de concorrer com a indefinida flexibilidade que a câmera lhe proporciona; assim, enquanto a cor perde oportunidade de se fazer artística, a palavra ganha em variedades de momento, com possibilidades, portanto, de maior desenvoltura literária. Sem se instituir em gênero de arte, sem se perfazer como atividade autônoma, o teatro se enriquece com a cota de literatura que nele se contém, cabendo afirmar-se que certas conjunturas, passíveis de inspirarem cometimentos artísticos, encontram no teatro o meio que melhor as veicula, de conformidade com o exemplo da dramaturgia grega.

22. A Técnica Suficiente

Dos dois atores, o do teatro e o do cinema, este é o que menos necessita de gestos; isto provém da circunstância de a imagem cinematográfica se expor de maneira especialíssima, com total independência de entidades reais, nenhuma indisposição física a alterar no intérprete o seu definitivo desempenho, a imagem cinematográfica se constituindo num ato de presença que por si só, pelo flagrante de seu conspecto, muitas vezes basta para preencher a sua posição no filme. A mera figura dispensa os gestos que na dramaturgia seriam reclamados pela voz; no cinema, silenciando-se, por inútil, a voz, cessa a obrigatoriedade de seus meios, no caso as atitudes apenas a se modularem consoante essa mesma voz, desde que a imagem ou as imagens seguintes completam o significado que o som emitira, porém não se escutara. Inclusive, o ator de cinema poderá, na representação primeira, pronunciar locuções que não coincidem com o sentido da personagem em cena, porquanto o que interessa é a presença de alguém que fala, nada importando o conteúdo, a literalidade da dicção; todavia, na representação segunda, a da exibição à platéia, não se descobrirá aquele despistamento, parecendo até que foram as presumidas as palavras que verdadeiramente se deram no estúdio. O imprescindível está na oportuna presença, no ponto exato em que o cenarista localizou o vulto, a sucessão a distribuir-se em significados, sem que nem sonoridades nem letreiros esclarecedores venham a coonestar as situações em prospecto. Buscando figuras indispensáveis, cada uma no interior de seu momento, a câmera se faz a cria-

148 A IMAGEM AUTÔNOMA

dora de existências, nisto imitando, ainda, o olhar humano. Ela não se exercita com a finalidade de trazer ao público as minudências com que se entorna a pessoa representativa do intérprete, a personagem que, na dramaturgia, conserva todos os componentes da complexidade real.

A presença da figura cinematográfica se torna, portanto, mais simples de elaborar-se que qualquer outra proporcionada por gênero artístico diverso, não propriamente pela mecanização do recurso adotado, mas devido à ausência das entidades reais que constituem a arte do pintor, a do escultor e a do teatrólogo, economizando-se, por conseqüência, todos os instrumentais que se dirigem à consecução delas. Para a redução da imagem à sua essência, ao preto e branco de seu conspecto, urge apenas que um leve manuseio acione a lupa, no instante em que a claridade permite a desejada apreensão. Usualmente se considera o cinema à base da fotografia, alçando-se o papel do fotógrafo a uma relevância decerto excessiva, se se ponderar que o cinema se alcança com a fotografia, mas, em verdade, ele não é fotografia. Assim, o valor da imagem, o flagrante artisticamente puro, independe de a fotografia ser perfeita, nítida, com a luz e a sombra rigorosamente distribuídas; o melhor filme não tem sido aquele que se aprimorou fotograficamente, que alguma inovação exibiu nesse particular: se se quiser apontar vinte situações do mais legítimo cinema, nenhuma delas se extrai de *Cidadão Kane,* com o seu extraordinário fotógrafo, mas sim de filmes que não demonstraram inéditas intenções e talvez nem se distinguiram sob qualquer dos aspectos fotográficos. Explica-se o fenômeno pelo fato de a imagem ser presença e sobretudo valer como presença, isto é, como existência criada, e nesse tocante ela não precisa de complementações de si própria; em outras palavras, ela não necessita de pormenorizar-se, de exibir ao espectador as minúcias que acentuarão o seu conspecto, minúcias de si mesma, como se o testemunho da presença não se contentasse com os contornos genéricos da figura.

A expressão "contorno genérico" significa o modo suficiente de a imagem promover a sua identidade, a sua dose de participação bastante, o que importa em simplificação técnica; e logo surge, ao focalizar-se o problema, a questão do emprego do *close-up,* que traduz o afastamento do contorno genérico, e, em contrapartida, passa a fixar, não só um ato de existência, mas um comentário sobre ela, um momento de linguagem. Assinala-se que o primeiro plano – denominação que diz o mesmo que *close-up,* com a ressalva de que ele cresce dimensionalmente à medida que mais perto da câmera se situa o objeto, tendo surgido a locução "primeiríssimo plano" – em filme algum se constituiu um ponto de cinema puro considerado no conjunto seqüencial a que pertence. A redução cênica do *close-up*

A TÉCNICA SUFICIENTE   149

não fornece meios para que ele seja apreciado em si mesmo, contudo, desde antes de Griffith, se tem mantido o primeiro plano que, não há dúvida, encerra inestimável interesse para o idioma óptico; e a sua aplicação equivale a promover um flagrante que procura, na saliência da meticulosidade, auferir um relevo, no transcurso da história, que não se obteria de outra maneira, levando-se em conta a qualidade da matéria: a imagem em preto e branco. Esta matéria apresenta a seguinte peculiaridade: enquanto as de outras artes se objetivam como entidades reais, assim a cor, o volume e a palavra que existem na natureza, como tais, precedendo, portanto, a sua correspondência no domínio estético, a imagem do cinema é o produto da atividade da câmera, podendo-se afirmar que, a rigor, a sua correspondência no plano da realidade, quando vem a se descobrir, está longe de equiparar-se àquelas que tocam à pintura, à escultura e à literatura. Posta em sua artificialidade, a matéria do cinema passa a depender das possibilidades da câmera, subordinando-se dessarte ao artifício; a meditação que antecede à feitura da obra, o trabalho ainda subjetivo do cenarizador, a exigir que este possua conhecimentos sobre as referidas possibilidades, restringindo, dessa forma, o campo da prática artística, e também o da especulação filosófica acerca do cinema.

Editando-se a imagem consoante os poderes da lente, cumpre esclarecer que o melhor filme não é necessariamente o que resulta da maior quantidade desses poderes. Fundamentalmente, a boa arte da cinematografia tanto pode achar-se em filme de avançada técnica, a exemplo de *Êxtase* de Machaty, como em filme de modesta confecção, a exemplo de *Pastor de Almas*. A parte essencial da técnica, a cota imprescindível à configuração do novo gênero, já se formara desde os primeiros momentos da cinematografia; o que se adicionou posteriormente repercutiu na clareza e extensão da linguagem, mas os recursos, tidos hoje por incipientes, como os da simples imagem em sucessão, detinham o suficiente para se entender que a recente matéria se prestava à arte. Sentimentos, intuições, visões das coisas, enfim, o substrato da execução artística, se aglutinaria à imagem em preto e branco, exibindo-se em suas modalidades de movimento, oferecendo-se a todos na singeleza de suas aparições, tudo tão diferente das conhecidas artes, quanto à especificidade técnica, que, não havia dúvida, se assistia ao nascer de um gênero artístico. Reforçando a consciência de que a nova matéria expunha condições para uma grande arte, surdiam, em pequenas obras de curta duração, uns episódios que, encadeados coerentemente, manifestavam a insistência de um *leitmotiv*: eram as comédias de Chaplin, não ainda de todo explícitas quanto ao significado que depois se concretizaria em global concepção. Assim sendo, caberia dizer, em comentário à história do cinema, que houve, nos primeiros passos desse gênero artístico,

150　A IMAGEM AUTÔNOMA

a concomitância entre a elaboração da matéria e a formação de correspondente nominalidade. Digno de menção é o fato de que a mesma simplicidade técnica serviria igualmente para as suas obras de longa metragem, comprovando-se o princípio de que a dútil matéria, em qualquer arte, se catalisa, quer ante a presença de leve acepção, quer ante a presença de concepção universalizadora, fecundamente passiva em ambos os casos.

Argumenta-se que o cinema silencioso foi o resultado de incipiência técnica, e se de logo o cinema tivesse aparecido com a sonoridade e a cor, não haveria por que se questionar acerca do assunto; que, desse modo, seria um novo gênero, derivado da fotografia, apenas estruturado sem o aspecto em preto e branco e silencioso; e, ainda assim, ficaria reconhecido como gênero original desde que se definiriam as distinções entre ele e o espetáculo da dramaturgia, afeto ao palco imóvel. Responder-se-ia que a indigência técnica bem pode assegurar um gênero artístico depois de promover-lhe o surgimento, a menor ou maior capacidade instrumental não influindo, basicamente, na substanciação da arte; e que o advento do cinema colorido e sonoro em vez do cinema silencioso e descolorido, apenas implicaria em ser o aglomerado de matérias já prodigamente exploradas por outros gêneros; e quanto à sucessividade, ela não constitui um tipo de matéria, e sim o meio de expor aquela que não se dá de outra forma, à feição da literatura e particularmente do teatro. Desprovida de entidades reais, a imagem do cinema não perde ao ensejo da sucessão, ao contrário, o decurso das cenas se processa em favor da assimilação do fio de significado que corre pelas figuras, o que não se verificaria, se entidades reais – elementos que atraem a atenção – as recobrissem com seus enfáticos misteres. Nada que importe em alongada detença se torna indispensável à compreensão do assunto, os vultos a cenicamente se valorizarem por motivo de seu mero aparecer, e quanto mais breve mais consentâneo com a essência da imagem: o predicamento de ser se desnuda de propriedades complementativas. Quando estas se retraem, o que sobra é a matéria do cinema, parecendo uma sombra que se movimentasse à revelia do corpo que a fez possível, e assim considerando-se a imagem como purificação extrema, redunda obviamente simplificada a técnica de que se necessita para a sua elevação à arte.

Ressalta a história do cinema a parte que se refere à estrutura material, entendendo-se por esta a relação dos elementos que se capacitaram a uma forma bastante, com a qual o cenarista se punha em seu à-vontade criador, a matéria mesma a lhe propiciar inspirações, nascidas em virtude da presença deles, que não se despertariam graças apenas à nominação que nas figuras se infiltra. Esses elementos, que prestigiam a expressão da imagem, são a angulação, o mo-

A TÉCNICA SUFICIENTE 151

vimento, enfim, são os dotes com que se prodigaliza a câmera, esta, sim, a existenciadora da matéria, da imagem em preto e branco e silenciosa. A atividade artística se originou como que de especial contemplação sobre exuberante vulto, cada setor de arte a despi-lo da qualidade, do atributo que atendia ao seu natural reclamo; por último, abastecidos todos os setores, veio a restar a superfície que, até então, se escondera sob a capa dos colhidos atributos, isto é, a imagem que nunca se apresentara diretamente à luz. Entretanto, o corpo, reduzido a sua essência óptica, valer-se-ia dela para afirmar a sua presença, e, mais ainda, para gerar, no espectador de sua carência, o interesse estético de nível equivalente ao que empregava quando via a cor, o volume, e escutava os sons supervenientes. O vulto, que se desgastara ao fornecer os requisitados predicamentos, todavia assegurava-se de um derradeiro e não menor valor: a sua figuração muda e pálida. A câmera a fertilizaria com as variedades de sua presteza, proporcionando-lhe expressividades não pressentidas no despojado corpo, abrindo-lhe extensões que a si avocavam motivos estéticos e filosóficos antes sem correspondência em termos de concreção artística; e segundo as condições técnicas existentes, determinadas histórias, saídas da literatura, obtinham, com o novo gênero, uma explicitude mais convencedora, entre outras razões, porque exibia de imediato muitos eventos que nunca se viram mesmo na própria realidade. O palco, dadas as pequenas dimensões, comportaria alguns desses eventos, mas a grande maioria deles, versatilizando-se no espaço e no tempo, excediam a área da representação, e em conseqüência ou eram evitados ou sobrevinham mediante referências da voz, ou apareciam a meio, através de truques que não satisfaziam de todo. Enquanto isso, a humilde técnica da câmera trazia aos olhos do assistente mares e montanhas, florestas e cachoeiras, redutos da opulência e da modéstia humanas, todos não como objetos de alguma ciência, mas a serviço de um enredo, de uma história, de uma ou de umas personagens, e sob o tratamento que o cineasta lhes impusera, num regime de relacionamento com outras imagens que os mares, montanhas e mais acidentes da geografia se ausentavam de seus nomes próprios, a fim de serem unicamente os intérpretes, em geral secundários, do filme que os levava diretamente à sensação do espectador.

As obras mais notáveis do cinema foram efetuadas com os recursos da câmera simples, sem que ela se desdobrasse em vertiginosas condutas nem em angulações fantásticas. As obras artísticas de maior relevo – as de Charles Chaplin até *Luzes da Cidade* – se produziram sem nenhum arroubo técnico, assim comprovando-se a assertiva de que a arte dista infinitamente do espetáculo, ou, melhor, é o oposto da feitura apoteótica, empreendida para o iluminado espanto, para a monumentalidade hipnótica. Visando precisamente a

152 A IMAGEM AUTÔNOMA

esse objetivo, sem dúvida o mais rendoso, a atenção da crítica – e diga-se de passagem que esta raramente passou de incipiente nível – se voltava para as faturas exuberantes, com esquecimento, decerto, de muitas cenas e seqüências que pertenceram a filmes despretensiosos, e que foram instantes de puro cinema, as quais não reaparecerão nunca a fim de demonstrarem a importância do desfavorecido gênero. É um ponto curioso este de se ter a convicção de que houve e permanecem perdidos inúmeros trechos de excelente feitura, tecidos exclusivamente com imagens, às vezes de autor sem renome algum, trechos a que até assistiu o interessado na crônica do cinema, mas que à época não lhe acudiu a providência de anotá-los na memória ou em caderno, e hoje se dificultam as possibilidades, quando ainda se conservam em arquivo, para a sua volta à plena exposição na tela. A certeza de que se aluíram múltiplos exemplos de autonomia da imagem, unida ao acervo ora lembrado nitidamente, fortalece a conclusão de que a simplicidade técnica, inerente à câmera, não era impedimento para a desenvoltura da recente linguagem, antes lhe imprimia o aspecto de estabilidade que suscita a geral aquiescência. De fato, chegou-se a um nivelamento técnico e aparencial que os cenaristas e diretores, salvo as grandes exceções, caíam na produtividade uniforme, conjuntura esta que implicava em maturação, a linguagem perfazendo-se em incontestada explicitude.

A princípio, a câmera movimentava-se muito pouco, mas esse pouco era suficiente para diferenciar a cena da cena teatral; oportunas motivações jamais deixaram de empreender-se imageticamente por escassez de mobilidade, sentindo-se em *Casamento ou Luxo,* de Chaplin, uma elaboração tão convincente, portanto devidamente efetivada, quanto em filmes posteriores a *Varieté*, quando o movimento, ora correto, ora incorreto, se vulgarizou em rotina de filmagem. Uma inovação técnica suscita logo a sofreguidão de empregá-la, acontecendo com a mobilidade o mesmo que se verificou com a angulação, a fusão, e outros elementos formais: usaram-na de maneira mais imoderada que moderada, inexistindo, contemporaneamente às novidades técnicas, orientações teóricas, de sorte a garantirem, desde o nascedouro, uma espécie de gramática da confecção artística. Na base da segurança técnica está o senso de aplicá-la oportunamente, cada um de seus meios a indicar exigências que tocam à matéria e à nominação em causa, tudo cabendo na jurisdição do cenarizador que, dos componentes da equipe, é o verdadeiro dosador da técnica. Para tanto, urge somar à sua experiência quanto aos poderes da imagem, as que se incluem em outras alçadas, principalmente a do fotógrafo que, em sua tarefa, sói considerar, mais de perto que ninguém, as possibilidades assimiladoras da câmera, no seu duplo comportamento: imóvel ou em movimentação.

6. Cena de *Em Busca de Ouro* de Charles Chaplin (1925).

154 A IMAGEM AUTÔNOMA

À falta de norteamento teórico, entregue ao empirismo de seus exploradores, a câmera se conduzia, depois da ginástica que se observa em *Varieté* – os movimentos apresentados nessa obra se notabilizaram pela justa medida e oportunidade – mais de acordo com a preferência indeterminada do diretor ou mesmo do fotógrafo, que de conformidade com a solicitação íntima do assunto, ou melhor, da imagem imbuída de significação. Passando a corriqueiro o movimento, ele perdeu, nos filmes em que assim se manifestava, a sua força expressiva, parecendo tratar-se do movimento pelo movimento, não há dúvida que agradável de ver-se; porém sem adquirir a feição, com que se deu em fitas consagradas, pelo devido deslocamento da câmera, de um quase intérprete, à vista de sua esclarecedora presença. Com a mobilidade visa-se à analítica exposição de imagens e ao mesmo tempo a percorrida extensão imprime um tratamento igual às figuras que se contêm nela, todas alcançando, com essa modalidade de apresentação, a comunidade de serem vistas em virtude da câmera, com a proximidade, de uma a outra, a manter uma saliência, diante do espectador, que ele não sentiria, caso as enxergasse com os seus próprios olhos em grau de representação primeira. A técnica do cinema significa a ordenação de meios para que a mecanizada lupa se ponha no lugar do assistente, e em concomitância com essa conjuntura o guie aonde o encaminha a vontade do cenarizador que, simultaneamente, se faz o promotor das situações e o disciplinador da visão de quem acompanha, de sua cadeira, o desenrolar do filme. Para os seus misteres de revelador de presenças e de portador do olhar idêntico ao da platéia, a câmera os desempenhara com os requisitos de que a imagem depende, dessarte limitando-se a técnica da câmera, consoante a natureza intrínseca da imagem, em seu cunho reconhecidamente autônomo.

Estando o cinema comprometido com alongamentos e complexidades da literatura, houve a necessidade de, sem ofender a imagem em sua essência, aumentar os processos de condensação, de redução, a fim de que, sem prejuízo da história, da trama do enredo, a estrutura se compusesse em duração razoável para o espectador; abstraindo o uso de letreiros, no entanto muito utilizado na época da cinematografia muda, tinha-se o recurso da fusão de imagens, que, na mesma cena, estabelecia dois conspectos em verdade postos em diferentes recintos; a fusão era legitimamente cinematográfica, mas a sua adoção merecia estudada observância, o que não era cogitado nesse e nos demais pontos de técnica. Antes de tudo, a fusão é a maneira de se trazer a ubiqüidade ao cinema; esta, fazendo-se precisa segundo a imposição da história que se alarga em mais de um ambiente, desde que a sucessividade desaproxima os vultos da imprescindível junção, se efetiva em detrimento dos redutos em que ob-

A TÉCNICA SUFICIENTE 155

viamente se localizam as imagens. Realmente, a essa altura da história, dá-se o nivelamento de importância entre duas ou mais figuras, todas compelindo a câmera a exibi-las na mesma tomada, sem que, no momento, o lugar exerça qualquer influxo determinador, só interessando as imagens em si mesmas, inclusive podendo o lugar ou lugares vir a ser objetos da fusão; de qualquer forma, há sempre uma coisa que se liberta de sua cercania para prevalecer à margem e acima dela, a fusão constituindo-se em artifício, porém válida em seu caráter de representação; e como tal exigindo, a fim de não banalizar-se, que se digam as oportunidades de seu emprego, pois que o processo faculta simplificações que podem ser demasiadas.

Partindo das necessidades de exibir, à vez, mais de uma figura, todas, ou quase todas, independentes de seus respectivos locais, a câmera se franqueia a um arranjo cênico impossível de haver no cotidiano do espectador, oferecendo-se a ela uma disponibilidade semelhante à do desenho, todavia mais hábil em expor a armação da ubiqüidade; tendo origem no crescendo das anteriores passagens, a fusão no cinema se mostra mais arraigada ao assunto, não parecendo o capricho, a invenção imediata do autor, e sim a imperiosa solução para a convergência ao desfecho da urdidura. Assim sendo, o uso da fusão ficaria adstrito à sua oportunidade de concorrer para o encerramento da história, ou de parte da história, conseqüentemente evitando-se o que foi comum quando se procurava manter, em separação e no mesmo índice de curiosidade, situações que ocorriam em lugares diversos. Redundavam em excesso as fusões no curso do filme, se o cenarizador se empenhava em alianças de cena a cena, de paralelos à base de motivações idênticas, e olvidando que o enredo corria para o seu final, obrigando a que toda a obra, construída em termos de narração, se integrasse dentro de um sentido de convergência; este, portanto, a se evidenciar como a fonte de normas, dos sutis e dos concretos procedimentos a cargo da lupa.

A presença da fusão, a despeito do intuito resumidor do cenarista, quase sempre desaponta o espectador que se afeiçoara a ver cada intérprete na linha de sua justa localização; e deixa ainda a impressão de artifício indisfarçado, pois o assistente se afizera a ver o curso representativo das cenas, de acordo com aquele que se oferece na realidade, onde não se entrepenetram em fusão as figuras que se ligam por algum nexo. As angulações, as mobilidades possuem correspondências no seio da realidade empírica, o mesmo não acontecendo com a fusão de imagens, que é apenas um truque de fotografia, revelando de particular o não esconder a sua inatural fatura. Boa parte da confecção cinematográfica se tem produzido a expensas de processos que se encobrem ante a curiosidade do espectador, os truques, as "falsidades" da representação primeira, na

156 A IMAGEM AUTÔNOMA

condição de recursos para a desejada meta, significam bastidores que não interessam para o julgamento da obra, por mais instantes e decisivos que sejam eles. Parecendo agradável ao autor utilizar o mais possível a técnica da fusão – fenômeno similar ao de muitos outros, quando um descobrimento no setor da técnica induz os seus manipuladores a empregá-lo indiscriminadamente, inclusive nos casos em que a metodização do emprego o faria mais prestigioso – veio ela a assumir o papel não de elemento portador de significação, em seu caráter interpretativo, mas o de justapositor de cenas e de seqüências, o de valor de pontuação, querendo indicar a mudança de painéis, às vezes desarmônicos de sentido, o que acentuava a sua índole externa em relação ao teor da história.

Em todas as modalidades, a fusão atesta, sem embargo da inconsciência de práticos e de teóricos da cinematografia, a tentativa de trazer a simultaneidade para um gênero que se concretiza em sucessão; lembra igual cometimento no campo da pintura, apenas invertidas as situações: no exemplo do políptico ao externar os episódios de uma decorrência, há, com efeito, a sugestão da temporalidade, enquanto que na fusão de imagens, mais que sugestão, se tem a efetividade da concomitância, e ainda sem vulnerar o transcurso da sucessidade, dentro do qual se formou a fusão de figuras. Portanto, ela ressalta, dentre os equivalentes técnicos, por motivo de possibilitar, talvez, o que seria, ao plano da arte, a mais evidente aliança entre representação de ordem espacial e representação de ordem temporal. Assim ocorre que simples minúcia técnica se alteia à posição de solucionador, se bem que de reduzidas conseqüências, de um dos caros anseios do espírito: o de se amplificar, no espaço e no tempo, conservando incólume a autonomia do gênero artístico; a individualidade do criador se estenderia cosmologicamente, segundo o almejado, se lhe fosse acessível essa etapa em que, perseverando a sua matéria, a sucessividade e a simultaneidade se dessem em comunhão. Da obra artística então alcançada se atenuaria aquele atributo que sói delimitar todos os gêneros, em certas ocasiões com descontentamento para o próprio autor, que desse modo se insurge contra o que mais ele defende: a sua arte respectiva; o atributo diminuído seria o da acidentalidade, atributo com o qual não se conformam os artistas cujas obras contêm mais densidade que extensão. A insuficiência da matéria, como ressalva que em seu íntimo argüi o criador, dessa forma reconhecendo a aludida acidentalidade, se compensaria caso ela, a matéria, atendesse, embora em graus diversos, aos reclamos do espaço e aos reclamos do tempo.

A necessidade, que sente o artista, de ver ampliados os meios que a sua matéria faculta não se extravasa além dessa própria matéria que ele tem por omissa, mas que não abandona em busca de outra

A TÉCNICA SUFICIENTE 157

mais promitente; em virtude dessa consangüinidade entre o espírito do autor e a matéria utilizada por ele, compete-lhe selecionar os recursos técnicos que ela admite, considerando a legitimidade em apreço e a exigência do instante artístico. Muitas vezes, a falta de oportuna aplicação de elementos da técnica impediu o acerto da linguagem, derivando-se para o letreiro como o esclarecedor de imediata proficiência, quando o cinema já dispunha de condições favoráveis ao só emprego de figuras, com exceção dos momentos em que, sendo acinematográficos, a sua compreensão pela platéia se valeria do diálogo e da nota explicativa, ambos interrompendo o curso da projeção. Houve a técnica meditada preliminarmente, recaindo com exatidão nas imagens que o cenarista concebeu, tudo conforme as prescrições do cenário, e houve também a improvisada técnica, nascendo do impulso ocasional, vulgarizando-se o dito de que o diretor deveria levar a câmera ao ombro, selecionando, na hora, o que filmar e como filmar. Não se podendo estender ao criador de cinema todas as prerrogativas que desfrutam os autores de outras artes, cumpre ao cenarizador resguardar-se daquelas que, mais da câmera que de sua subjetividade, tendem ao fascinante exagero, sabido que as disposições da máquina fotográfica se revelam, em si mesmas, muito atrativas para a curiosidade óptica. As novidades técnicas sempre foram insistentemente exploradas até que o senso de medida pusesse nos devidos ensejos os processos mecânicos, e a par dessa verificação, existia a de alguns cineastas se manterem os virtuoses de determinada forma, e como tal promoviam, no concerto das cenas, situações que justificassem a adoção do preferido elemento; o teor do filme ficava à mercê da simpatia do cineasta quanto à técnica a ser deferida, o que significava uma aparente contrafação, tendo-se em vista a velha norma de que a feição exterior se subordina, necessariamente, à natureza do conteúdo; entretanto, apreciando o cinema no caráter de linguagem, não há por que destituir de importância esses exemplos em que a preocupação formal se fez a dominante; cabendo ainda salientar que os conteúdos do cinema, geralmente mais próprios à execução literária, cederiam, por ausência de predicados inéditos, o primeiro lugar, na valorização teórica, aos cometimentos da imagem, aos meios para luzir a sua presença na tela.

Essa prioridade que o autor manifesta no tocante à parte formal de sua obra não chega todavia a equiparar-se àquela que desponta da inventiva tecnológica da atualidade, quando a própria fronteira estética se dilui a fim de que o espectador se associe à elaboração da arte; assim, em vez da tradicional distinção entre experiência estética e objeto estético, tem-se um ato único e imanente, que recorda o que se efetua dentro do espaço arquitetônico, no qual o comparecente se integra, convertendo-se em valor arquitetural. Mas, no caso

158 A IMAGEM AUTÔNOMA

das originalidades tecnológicas, há que ponderar sobre a presença, que então não acontece, de um requisito essencial à criação artística: o controle que o criador deve exercer sobre a matéria de sua arte. A substituição desse requisito pela fortuidade, pela gratuidade, enfim, pelo absoluto alheamento ao controle do artista, conduz a um gênero de atividade diversional que pede outra denominação, menos a de atividade espiritual, de ordem estética.

A arte do cinema é, sem dúvida, a que mais recorre a processos mecânicos, sendo a máquina fotográfica, materialmente, o exclusivo possibilitador desse gênero artístico, firmando o comportamento de quantas pessoas se envolvem no seu uso, compelindo cada qual a se manter em função desse prodigioso agente. A sua breve história tem demonstrado que a atuação da lupa se exercitou sempre à deriva de um estudo acerca de sua capacidade de, sozinha, cumprir as tarefas da linguagem óptica; e no caso ela unicamente devera expor a explicitude que os objetos portam consigo, desde que assimilados como simples valores de presença. Rara tentativa se formalizou no sentido de fixar-se a mera presença, o ator de ordinário se acompanha de gestos que significam sempre mais que a presença dele, o respectivo detentor; sem se ter em conta o aspecto rítmico, decerto muito evidente, o interesse do espectador recairia sobre imagens em sua figurativa permanência, vindo a registrar-se nos atores humanos a mesma estabilidade de conduta dos atores inanimados. Confeccionar assim uma obra equivaleria a subestimar a contribuição do intérprete, pois que este somente colaboraria com a presença de seu vulto, e a sucessão das cenas se ressentiria de emocionalidade, pelo menos no índice com que a provocam os relacionamentos que conduzem ao gesto, em suas várias intensidades. A filmagem do museu de cera, o documentário das coisas imóveis, se faz o paradigma de um cinema em que à câmera tudo se devera, restando ao cenarista o cômodo mister de justapor, segundo determinada lógica, as imagens adstritas a seu prospecto. No acervo da cinematografia, encontram-se alguns desses momentos em que a imagem se mostra o produto privativo da câmera, e fora do natural cometimento da documentação: ainda em filmes à base de histórias, de novelas, com o ator a revelar as múltiplas feições de seu desempenho, depara-se com cenas e seqüências preenchidas por vultos que não movimentam gestos de interpretação, exibindo o só estado de presença, à semelhança de figuras inanimadas por natureza. Vale acentuar que, no tocante a desempenho de atores na cinematografia, tanto vale um rosto em expressão convulsa como uma cadeira isolada em primeiro plano: no primeiro exemplo a impressão do esgar não seria exclusivamente oriunda do ator, pode – e deve realmente – aparecer pelo arranjo do cenário, surgindo em virtude do aplicado subentendimen-

A TÉCNICA SUFICIENTE

159

to, derivando da câmera como o exemplo segundo que importa por efeito de esta o situar no minuto e na posição que lhe determinara o cenarizador.

A mera presença costuma encerrar, portanto, uma energia significadora para cujo externamento basta uma técnica analogamente simples, conquanto que produza o exato aparecer, e nessa qualidade, o cinema se inclina para a fonte de ónde emanou a sua técnica: a fotografia parada, e em preto e branco. Abstraindo-se a prática dos gestos, os quais, quanto mais eloqüentes mais perto se encontram do teatro, haveria a sucessão de conspectos com pouca diferença da que se alcança no manuseio de fotografias. Dessarte, resulta que a ausência de mobilidade na coisa em foco se faz positiva nas oportunidades em que se procura deter a pura presença, que, apesar de vir com a duração de segundos ou de segundo, imprime, indelevelmente, o seu teor de significado no decurso da trama; mas, na tarefa de integrar-se em intuições ou ideações e sentimentos que estruturam as manifestações artísticas, a imagem se constitui uma presença que se entorna de si mesma, e os gestos, as atitudes do ator passam a ser movimentos dentro do movimento geral do cenário. Conseqüentemente, ao cenarista compete estabelecer que a personagem corra com os seus pés e ao mesmo tempo inclui a corrida no prazo que transcorrerá compativelmente com a duração maior, a do filme.

Conclui-se que os elementos essenciais da cinematografia, a simples presença da imagem, e os dois movimentos a que esta se capacita, um dela própria em sua interpretativa função, e o outro, o que a envolve determinadamente – lembrando o movimento da terra que abrange sempre as mobilidades de quantos lhe tocam a superfície – conclui-se que a substância do cinema pode, com plenitude, efetuar-se pela câmera modesta, conquanto que as imagens se deixem entender mediante os valores de sua legitimidade. A técnica simples, motivada pela carência de outra mais pródiga, não estorvava o êxito daqueles que punham o centro de interesses no aspecto formal de suas obras, parecendo um tanto paradoxal que algum autor, com essa modalidade, preferisse os singelos recursos à exuberância dos meios mecanizados; o sentido da forma bastante levava Charles Chaplin a seguir, em sua derradeira grande obra, *Luzes da Cidade,* o seu primitivo sistema de pouco explorar a câmera, demonstrando que se não entusiasmava com os processos mais recentes, dos quais um se sobressaía como relevante nos trechos de diversificação óptica: a mobilidade indefinida da câmera, a disponibilidade de ir e vir, com ela evidenciando, mais ainda, a sua identificação com o olhar do espectador. Para o essencial da arte, a câmera discreta se fazia suficiente, de sorte que a ginástica da lupa exercitada depois de *Varieté,* às vezes com acerto e muitas vezes sem acerto nenhum, era mais

160 A IMAGEM AUTÔNOMA

uma técnica de modenatura, de nitidez e realce, de aprimoramento sobre coisas que já existiam como valorização básica.

Com esse comportamento da lupa, verificou-se, portanto, um terceiro tipo de mobilidade no decorrer do filme, aquele que mais patenteia a contribuição da técnica; e, por ser o mesmo que o olhar do assistente, a câmera agora se inquieta em busca de pormenores, de analíticas finalidades, perfazendo sucessões dentro da sucessão maior do cenário, assim firmando-se, como peculiar do cinema, uma urdidura de sucessividades. Essa última é a que mais impressiona, induzindo a elos endopáticos entre o espectador e a mobilidade em cena, não fora a câmera, nesses ensejos, os olhares mais agudos do assistente; com efeito, se afigura então o caso de uma endopatia que se efetua por intercessão de instrumento técnico, da câmera que assim torna mais íntimos o objeto estético e a experiência pessoal do espectador. O exercício da mobilidade, suscitando no assistente um modo de participação no filme – os seus olhos e a lente são o mesmo – ele permanecendo todavia em sua poltrona, representa um fenômeno sortílego na prática da arte, e, sobretudo, uma linha de cometimento que não altera a dualidade tradicional: a tela e o público.

Na aplicação da técnica, além do desenvolvimento no sentido de maior expressividade, de mais flexível desenvoltura, têm-se algumas variações que seriam plenamente dispensáveis, desde que nada acrescentam quanto àqueles atributos, não obstante haverem despertado, em seus autores, zelos especiais, como se consistissem em invejáveis descobertas. A esse grupo filiam-se aqueles elementos de pontuação que, salvo a surpresa do que parece um descuido no corte de cenas, não impressionam o espectador habituado ao velho sistema do *fade in* e do *fade out,* bem superior ao entrosamento por intermédio de fusões. Vê-se que, na cinematografia, tal como em qualquer outra arte, ocorrem empenhos em coisas de segunda ordem, geralmente por parte de quem não possui bastante no que toca à densidade artística; e são esses os que mais renome adquirem, tanto seduzem a platéia as novidades de apresentação, quando, em verdade, nenhuma deve promover-se sem a comprovação de sua necessidade ante a urgência de a obra bem se expor na dimensão a que ela faz jus. Se a presença da imagem, com o seu poder de ilação, era suficiente para caracterizar a forma artística do cinema, todas as inventivas de ordem técnica se valorizando à medida que recaíssem em proveito da imagem cinematográfica, não havia por que trazer à fatura os processos que, se inúteis alguns, outros se mostraram claramente negativos em relação ao próprio conceito de arte. Certos recursos feriam a linha de normalidade que estrutura o estilo da obra, à guisa da câmera que atravessa paredes a fim de, sem perder a continuidade do seu movimento, apanhar mais de um recinto; a ve-

A TÉCNICA SUFICIENTE 161

rossimilitude – a menos que o filme seja nomeadamente fantástico – não perde o seu predicamento de fundamentar os sucessos de uma história, compelindo o autor a que ela, a verossimilhança, também atinja a técnica utilizada. A versatilidade a que se poderia submeter a câmera, e em verdade foi submetida a extremas acrobacias, posto que visasse à imagem, redundou em dano para esta que, na sua condição de presença, teria, diluído, o pertinente significado se fosse vista, por exemplo, de outros ângulos além do oportuno; é precisamente nesse aspecto que *A Turba,* de King Vidor, supera o *Aurora,* de Murnau, ou, tendo em consideração este cineasta, é em virtude desse aspecto que *A Última Gargalhada* sobreleva, quanto à imagem em sua pureza e em sua expressão, a *Aurora,* sem embargo de haver, entre os dois filmes, alguns anos de intervalo, e a técnica existente, à época do segundo, ser mais desenvolvida, mais apta a resolver, cinematograficamente, os entraves que se dão em histórias complexas.

A acertada moderação com que King Vidor realizou *A Turba,* ao tempo em que a mobilidade e a angulação deleitavam os entendidos e não entendidos de cinema, raras vezes se repetiu, porque o autor, ou autores, na insistência em ilustrarem histórias antes que se reduzirem a motivações que só pela imagem cinematográfica se efetivam em plenitude, mal usaram a câmera, como que proporcionando ao fotógrafo, e não ao cenarizador, o mister de efetivar a representação segunda, a que está exposta na tela. Durante o período do cinema silencioso, veio a maturidade técnica satisfatória para se caracterizar o gênero artístico, prestando-se o mesmo a toda sorte de desenvolturas, sempre contando com a rigidez dimensional da tela, equivalente a um paradigma, a um tipo métrico, sem desobediência possível a seus ditames. Para essa contingência de todas as coisas, todas as imagens se cingirem à irredutibilidade da tela, a câmera se exercitava ao módulo desse regime quantitativo, mas, como todos os regimes da arte, comumente abertos a inumeráveis positivações, o da cinematografia era a fonte de valores que se formavam em virtude mesmo do rigoroso retângulo. As elasticidades induzidas pela história, sem as quais o enredo se prejudicaria em determinadas expansões, se processavam dentro da tela exígua, de maneira que nunca se objetava contra eventual desatendimento quanto à requerida espacialidade. As tormentas no mar e na montanha, quaisquer monumentalidades inerentes ao assunto do filme, se efetuaram perfeitamente bem no interior da padronizada tela, tendo competido à lente assimilar tamanhos e distâncias que nada perdiam na reclusão dentro do fixado perímetro. Com a imaginação disciplinada pelo campo da tela e pela capacidade registradora da câmera, o cenarista visualizava as situações técnicas decorrentes da superfície em que haveriam de projetar-se as cenas de sua obra; o cenarista compunha o seu cenário

162 A IMAGEM AUTÔNOMA

à semelhança do poeta de feição classicista, condicionando, inclusive as melhores seivas de sua verdade, o trabalho inteiro, na conformidade da prevista composição. O ritmo, de valioso emprego em certas ocasiões, sobretudo o ritmo de primeiros planos, subordinava-se à dimensão da tela, e em conseqüência, a idéia de aumentá-la – o que aconteceu depois quando o puro cinema foi praticamente extinto – importaria em impossibilitar os *closes-up* sucessivos, um de cada vez, que tanta ênfase – a ênfase oportuna – propiciaram, até em fitas de qualidade média.

Nenhuma novidade técnica se faria independentemente da câmera, tudo se inclinaria à privatividade da lente; ela e o cenarista são os dois agentes da criação cinematográfica e o caráter de instrumento, que a lupa reclama, procede em atividades que, sem fugirem do quadro da representação, se envolvem com o setor aquém da tela, o espectador de cujo olhar a câmera se delega na ilimitada movimentação. Ela focaliza os passos do intérprete, mas possui o condão de cadenciar o seu movimento ao movimento desses passos, diminuindo ou acelerando-se se eles diminuem ou se aceleram, como se os olhos do assistente em realidade os vissem, captando-lhes toda a motilidade, concorrendo com eles em igualdade de ritmo. Assim, quer na simplicidade de conduta, simplicidade bastante para o êxito artístico, tal como se operou na obra Chaplin, quer em variado comportamento, à maneira do que surgiu após *Varieté,* a técnica do cinema é a técnica da câmera, esta sendo o mágico protagonista de todas as passagens que abrange. Mesmo não interessariam senão as técnicas que lidassem com a imagem em preto e branco, vale dizer, com a câmera somente, em sua qualidade de origem, sem preocupação de cor e de relevo. O sentido da técnica consistia em oferecer maior acuidade que a discernida pelo olhar humano, indo a redutos e com a destreza não encontradiços neste olhar que, entretanto, se revelava o inspirador de todos os cometimentos levados à tela. Por tantas razões, pode-se afirmar, a propósito do cinema, que ele representou o gênero artístico mais aliado ao fenômeno óptico; merecendo, via de regra, uma consideração especulativa própria, dado que possui fundamentos estéticos que não se acham em outro gênero de arte visual, tal a matéria com a instrumentação que a faz artística. Nos demais gêneros, como a pintura e a escultura, as relações entre o olhar do espectador e o objeto estético, são relações de ordem contemplativa; no caso do cinema, há algo além da contemplação: a ação dos olhos do espectador, apenas sob a modalidade de outorga, incumbindo-se a câmera de observar por eles, tudo dentro dos marcos da representação, da tela estanque em si mesma.

23. Arte da Evidência

Na fase do cinema silencioso não eram freqüentes as motivações cinematográficas, se comparadas com as motivações da literatura; as histórias, que aumentavam até o clímax e caíam depois no sentido do encerramento, não estimulavam a aparição de cenas que fossem entendidas sem a coadjuvação de letreiros, e a tal ponto que, suprimidos, nada se alterasse para efeito da explicitude a que tais cenas se moviam. Tornou-se comum o descaso pela completa utilização de figuras, escapando dos autores, em sua quase totalidade, a consciência de que não faltam, no plano artístico, dificuldades a se vencerem, embora o espectador ou leitor não se aperceba do quanto lhes custou a obra. Apesar de pouco freqüentes as passagens de pura figuração, elas perfazem os melhores instantes da cinematografia, considerada principalmente como linguagem. Sabe-se que cada arte possui um acervo formal cujos elementos podem ser, isoladamente da significação que portam, objeto de apreciação não só especial mas com a finalidade de se lhes extraírem relacionamentos que se inculcarão em normas, em leis, que apenas vigerão naquele setor formal. A toda arte corresponde, em maior ou menor amplitude, uma gramática específica, e das que se conhecem, a do cinema se sobressai, ao lado da gramática da literatura, como a mais extensa em sua composição. A complexidade técnica fomenta variações idiomáticas, e a circunstância de existirem, não obstante a agilidade da câmera, limites à solta expansividade, estabelece, por sua vez, um regime de estabilização que é a própria normalidade de ser, o que também

164 A IMAGEM AUTÔNOMA

ocorre com todos os idiomas por dilatados anos. Essa estabilidade o cinema a desfrutou na década de vinte, de maneira que nenhuma produção realmente valiosa veio a revolucionar as bases da feitura dos filmes; desenvolveram-se certas tendências técnicas, mas, no fundamental, permaneciam, na tela padronizada, os valores bastantes, com os quais se sedimentaria a forma cinematográfica.

Na apreciação da pureza da linguagem, há que distinguir a decorrência natural das figuras e o arranjo seqüencial que se obtém fora da representação do estúdio, da representação primeira; a continuidade das cenas, naquele caso, segue a mobilidade que nele se processa, facilitando-se sobremodo a tarefa do cineasta, ao ajustar a câmera ao teor da cena em modelo; no outro caso, verifica-se uma ordenação artificiosa, qual seja, a de o cenarista ligar as cenas, por sucessivas tomadas, consoante o propósito que lhe é subjetivo; e os intérpretes da representação primeira ficariam na insciência de como se aproveitaria seu trabalho, em que trecho da cenarização estariam os seus vultos. Esta modalidade se revela a tipicamente cinematográfica, no sentido de que se liberta do estrito retrato, convertendo-se em fatura do engenho, de meticulosa reflexão, inteiramente ditada pelo cenarista, não obstante derivar-se da representação do estúdio. Um dos fenômenos da linguagem cinematográfica, o subentendimento, se situa neste caso de não ser exclusivamente do estúdio, e sim de computar-se no próprio mister do cenarista. Não que a primeira representação se isente de ilações figurativas, desde que a realidade as fornece ao arguto e prevenido observador, porém, da mera composição resultam o incisivo e o oportuno desse gênero de externação, qualidades essas de que a realidade se mostra ordinariamente omissa. Em verdade, os subentendimentos artísticos, tendo a proximidade com a platéia e a natureza da angulação determinadas pela câmera, são muito mais acentuados e deleitam mais à percepção que os porventura registrados diariamente, a cada passo, pelo indivíduo em seu comportamento real. Talvez pela infinidade dos cometimentos, pela juntura empiricamente pessoal entre ele e as ilações colhidas por seus olhos, não descortine no fenômeno o atrativo interesse que desperta o seu congênere da representação; confinada na enquadração da tela, a figuração subentendedora aparecendo, quer em primeiro plano, quer em plano recuado, apresenta uma conjuntura imediatamente nítida, a assimilação, pelo espectador, sobrevindo mais rápida do que se verificaria caso não houvesse a ilação e em seu lugar se exibisse o painel, toda a cena então subentendida.

Tanto em sua transcorrência direta e continuada, tanto em sua decorrência interrompida por tomadas em planos diversos, a linguagem do cinema se caracteriza pela evidência instantânea daquilo que ela veicula, residindo, nesse particular, a superioridade de sua pre-

ARTE DA EVIDÊNCIA   165

sença em comparação com a da literatura. O sedimento que a leitura oferece e que se entende com a imaginação do leitor obedece às injunções das palavras intermédias, enquanto que o sedimento que vai ao espectador encontra de permeio umas formas absolutamente translúcidas, rarefeitas, e, como tais, franqueando ao assistente aquilo que, através da leitura, competia à imaginação. Assistir a um filme significa receber diretamente nos olhos o que o livro também faculta, mas por meio de septo filtrador; e considerando-se que a cinematografia é arte de sucessão, tem-se que ela se avantaja em relação a outros gêneros de natureza óptica, principalmente porque o filme contém visualizações complexas, e não simples como as que se integram nas obras de pintura e de escultura. Estas, o mais que suscitam são angulações inerentes ao espectador, porquanto elas se deixam ver em imobilidade irredutível; e quanto ao cinema, operando-se o contrário, isto é, o espectador se dá como o elemento imóvel e a fita como o elemento que encerra as angulações, a linguagem dele não foge de sua índole clarificada; e tudo o que está em sua urdidura, a história e seus momentos de vária densidade, se expõe em imediata evidência, a imagem trazendo consigo ela própria e a significação de que se reveste. Como a significação raramente se isola, à maneira do que sucede na pintura, em uma única motivação, mas se desdobra, se elastece, se ondeia ao longo de seu desenvolvimento, pode-se dizer da cinematografia que ela está mais próxima do acontecer íntimo do espectador, parecendo que a imaginação dele, em vez de localizar-se em seu cérebro, localiza-se fora de seu corpo, bem em frente de seus olhos, na tela da sortílega projeção. O que somente se alcançava através do devaneio – o grande reservatório que a literatura abastece – obtém-se com a cinematografia, cuja matéria, imagem em preto e branco, silenciosa e sucessiva, fecunda, ainda mais, com o onírico de sua textura, a consangüinidade entre os fatos da tela e os fatos da imaginação.

A evidência do cinema tem graus de acentuação, promovidos pela diversidade com que as cenas se atestam perante o espectador, diferentemente do que sucede com o teatro; neste, o contato se produz mercê da exclusiva posição da pessoa que observa, enquanto que na cinematografia, a par da evidência que suscitam as imagens sem exceção, há a que deriva, com realce maior, dos planos tomados para maior aproximação da figura ou figuras com os olhos do assistente. Dessarte, a câmera se torna um acentuador de evidências, cumprindo uma necessidade que toca a qualquer contemplador, não apenas da arte, mas da realidade: é certo que a coisa contemplada apresenta, em sua extensão, um ou mais pontos que a subjetividade do contemplador desejaria que mais se lhe alteassem à contemplação, fazendo-os insulados do conjunto a que pertencem; aspiração que a

166 A IMAGEM AUTÔNOMA

cinematografia satisfaz, nisto consistindo um de seus incomparáveis méritos, com o emprego, ou da câmera que se movimenta em busca do objeto a sobressair, ou do objeto vindo em direção à lente, ou por simples tomadas sucessivas, sem o movimento continuado da lupa.

Em toda arte visual, a significação se aglutina à forma, de maneira que a evidência do fenômeno artístico abrange a simultaneidade entre uma e outra, apesar de a mente do espectador demandar uma duração mais sensível que o ato de ver, em si instantâneo e nele absorvendo a forma com que surge. No cinema inexiste dissonância entre a percepção pelos olhos e a tradução pelo intelecto, ambas se instituindo em ato comum, e assim expondo uma evidência mais pródiga porque tudo se efetiva no mesmo flagrante. Por isso que a imagem do cinema se afigura singularmente indisposta a conter simbologias da espécie que se encontra na pintura e na escultura; e a própria sucessividade atua como valor de dissolvência, impedindo que o espectador desfrute da demora necessária ao esclarecimento do sentido simbólico, porventura introduzido pelo cenarizador. Como evidência enriquecida, a obra de cinema se desenvolve em correlações de imagens, segundo a significação que estrutura a história, o enredo mostrando-se na tela o estritamente oportuno para que se não revelem ambíguas as figurações expostas, havendo portanto, na feitura do filme, a preocupação de promover evidências imediatas. Enquanto na literatura a evidência se divisa sem acentuações, salvo aquelas que se incluem no resíduo destinado à imaginação do leitor, não sendo usual a aplicação de sublinhamentos que enfatizem ocorrentes valores e julgados condignos de relevo pelo escritor respectivo, enquanto assim acontece com o romance, o conto, na cinematografia a evidência possui índices de conspecto, ostentando-se ora maior, ora menor, conforme a intenção do cenarista. Dessa forma, o olhar do espectador é sempre o olhar testemunhante, conhecedor de uma conjuntura que se dá na íntegra, pelo só recurso da face, que, autônoma, não divide com as vozes a clareza de sua verdade. O testemunho propiciado pela visão ressalta mais que qualquer de outra ordem, propina tal vigor de convencimento que sói avolumar-se ao conter em si, não o isolado objeto, mas o objeto e o sujeito, um incorporado ao outro, como a atenderem à identidade.

A arte do cinema se conceitua, portanto, na qualidade de expositora de momentos que o cenarista determinou que se evidenciassem mais; isto com precisão maior que a fomentada na realidade costumeira, quando alguém, pretendendo guardar o flagrante que ora lhe interessa, estimula em si os meios para o advento da lembrança a fim de não perdê-lo; na prática do cotidiano, muitos processos existem para fortalecer a evidência de uma coisa, e no exercício das artes tradicionais também variam os recursos de acentuação da evi-

ARTE DA EVIDÊNCIA 167

dência, para isso valorizando-se a luz, à intercessão da qual submetem os artistas os seus propósitos de tratar o mundo da representação como suscetível de efetivar-se em gradações de evidência. Contudo, a cinematografia, mercê da disponibilidade da câmera, se capacita a mais corretas, oportunas e nítidas evidências, e a par da óbvia iluminação, da ampliação, ela, com os seus movimentos, encaminha ao espectador as minudências da figura; ou as esconde da receptividade dele, sem desaparecer a evidência em causa, revelando-se como se fora uma inteligência viva, que, ao mesmo tempo, afeiçoa a exteriorização do assunto e positiva a correspondência deste com o indivíduo testemunhante. Em sua forma de representação, o filme se avantaja como a que instantaneamente se elucida aos olhos do público, obrigando que eles se não desviem da tela, a própria sucessividade a nutrir a sua externação evidente, desde que toda ambigüidade necessitaria, para melhor prevalecer, de incidir sobre algo estacionário e não sobre eventos em movimentação.

Por tudo isso, a imagem do cinema se basta a si mesma como exibidora da evidência, dispensando entidades reais, a exemplo do som, do odor, do colorido, com que se pretenda revigorar-lhe o cunho de imediato conhecimento, vindo a ser inúteis ou dispersadores da atenção esses elementos que, juntos, levam à representação a maneira de a realidade conduzir-se. A existência de cada gênero artístico se expande em virtude de insistir na matéria de que se alimenta, e lhe é exclusiva, ocorrendo, quanto à imagem cinematográfica, uma singular conjuntura: a evidência que, tanto mais rica de comprovações, mais se fortalece em convencimento, desta vez se reduz à figuração desguarnecida de complementos comunicáveis – os que se vêem na figuração da realidade empírica – um valor de abstração a prestar-se ao mister de cumprir as vezes ordinariamente atribuídas a algo concreto. Mas para cada gênero de arte há um tipo de evidência próprio, consoante a matéria de que ele depende, de sorte que o legítimo espectador só lhe pede, e ele lhe proporciona, aquilo que está na matéria; assim sendo, a evidência que enuncia a imagem é a bastante de seu gênero, e como tal, recai sobre a existência em grau de mera sinalização, o existir na só consideração do existir; em outras palavras, o ato de existência de uma coisa, independente da assimilação de suas qualidades, ela posta exclusivamente em sua feição de valor dirigido ao olhar que a recolhe. Sem o colorido, sem a sonorização, sem o odor, a imagem do cinema decerto se compara ao nome próprio que insuladamente se pronuncia, que veicula a existência de seu portador; a qual se resume à sonoridade desse nome, e o mais, que este recobre, vindo a ser, em sua particularidade, inoperante no momento em que se escuta o substantivo comunicador. A despeito de abstrata, a imagem se presta a desempenhos, que, não

168 A IMAGEM AUTÔNOMA

ultrapassando a sua linha de propriedade, importam em precisões e concreções que, por sua vez, encerram encantamentos que se não achariam, se porventura a figuração se expusesse com todos os requisitos de realidade. Se toda representação assim também se prestigia em face da realidade, a que propina o cinema se sobressai por motivo de sua rarefação, de seu despojamento de entidades reais, nivelando-se ao aspecto visual do pensamento.

Quando submetida à análise, a figura deixa explícitos os seus pormenores, dessarte homologando-se, com eles, a evidência de seu vulto geral; e como, na cinematografia, por força da sucessividade, não há perduração sensível que faculte o ensejo da análise, a evidência da figura se faz adstrita ao flagrante do aparecer, simultânea ao ato de seu surgimento; e nessa instantaneidade já o sentido proveniente do assunto, da motivação, se agrega, quer em continuação a uma fluência com ele iniciada, quer como ponto de partida a uma fluência nova, à imagem imediatamente percebida. A compreensão súbita pode advir de uma figura estática e ainda de figura em movimento, num e noutro caso insinuando-se no espectador, em face de antecedentes sucessos, a sensação de presságio que se efetivou com a imagem assim em grau de virtualização. Saber localizar, no transcurso das cenas, a que encerra a imagem em tão densa e oportuna aparição significa o mais precioso empenho do cenarizador, à feição da imagem de Carlito no fim de *Luzes da Cidade,* com as vestes mais carcomidas do que antes, o que entretanto não desvirtuava o seu sentido de comédia. Um dos modos mais comuns de acentuação da evidência consiste na mobilidade da figura no interior do painel: quando, no recinto em que há vultos estáticos, se vê algum movimento, é para este que se dirige o interesse do assistente, ratificando-se o intuito do cineasta que porventura desejou que a maior saliência coubesse à imagem em movimentação. Ocorre também que muitos figurantes móveis ocupam o espaço da cena, e então dificulta-se para o cineasta, se na feitura do instante existe o propósito de acentuar a evidência de um deles, a tarefa de graduação de presença, de promover, no mesmo apanhado óptico, a superioridade de um elemento sobre os demais do entrecho em visualização. Imitando o espectador da realidade que, procurando distinguir melhor o objeto que se lhe situa a alguns passos, se encaminha a ele, a ponto de tocá-lo, a câmera, tendo que pôr em relevo, motivada pelo assunto, uma coisa colocada à distância, em equivalência aparencial com outras, segue, em movimento, quer lento, quer acelerado, em direção a ela, a fim de, em primeiro plano, evidenciá-la com a pretendida clareza.

A cinematografia, portanto, é a arte mais propícia a estabelecer graus de presença no mesmo painel, para isso dispondo, além da

ARTE DA EVIDÊNCIA   169

angulação e de feixes de luz – igualmente aplicáveis no gênero pictórico – da mobilidade da câmera que, indo ao âmago da cena, como que viola a unidade desta, investindo as figuras, não favorecidas com o *close-up*, em plano de menos incisivo comparecimento. Nas histórias, nas motivações que esquematiza em cenário, o cenarizador lida com enquadrações de presença, e, ao dosá-las, sente que umas têm que esgarçar o seio, para que algo nele contido se eleve, sem sair dele, na consideração que dita ao assistente em sua poltrona. As ambiguidades não encontram no cinema o campo favorito, os processos de acentuação da evidência impedem as dúvidas da visibilidade; sendo assim, torna-se lícito afirmar que o cinema esgota em si mesmo as fontes da comunicabilidade, talvez não deixando a ninguém, fora de sua fronteira estética, a oportunidade de acrescer, aos intentos do cineasta, uma derivação de sentido diferente do que a obra costuma propagar; insistindo nas suas práticas de convencimento, positivando ao espectador a limpeza de seu prospecto, a obra de cinema lhe fecha a possibilidade de outra interpretação que a exposta nas evidentes imagens. A adoção do *close-up*, do plano acentuador da evidência, implica, sem dúvida, em desfazer a unidade de presença, a acepção da cena – como o trecho de larga extensão que o autor delimita e passa a valer plenamente em virtude dessa delimitação – a sofrer infringência em seu tradicional teor; em vez de estável em sua disposição, tal como se conserva na pintura, a imagem em saliência dissocia-se da normal posição, e às vezes, quando muito aproximado da lente se exibe o vulto em foco, nenhum resquício ele traz do painel em que verdadeiramente se localiza. Decerto que uma coisa se evidencia em detrimento daquelas que estão à sua margem, porém, no caso da cinematografia, há a singularidade de, como objeto estético, a figura situar-se, paradoxalmente, na cena e fora da cena, a ostentação da evidência vindo a patentear-se mediante uma temporalidade especial: a do vulto em *close-up*, enquanto que a da cena genérica, a dos entes restantes e, no momento não livres, por pressuposto, daquele sobressaído vulto, se recolhe ao não-ser aparente. Na formação do cenário, verifica-se, freqüentemente, a oportunidade de o decurso da obra dividir-se em prospectos que impõem a evidência de sua visibilidade e prospectos que se ocultam a fim de que os primeiros se exibam; por conseguinte, o cinema, a par das elipses, dos subentendimentos, que integram a sua linguagem, também conta com ofuscações de outra sorte, quais sejam, as supressões que atingem os vultos da vizinhança, inclusive parcelas do lugar, quando vem a preencher toda a tela um dos participantes da cena.

Isolada de suas cercanias, a figura em *close-up* todavia se vincula à significação que pairava na cena do conjunto, ela, a imagem em superior evidência, a dever, ao seu pretérito imediato, o sentido

170 A IMAGEM AUTÔNOMA

de uma existência, ali, na plenitude da obra; entretanto, pode acontecer que, invertendo-se a conduta da câmera, surja o *close-up* antes do grupo a que se incorpora o objeto assim em evidência, assumindo ele o teor de mera expectativa, de algo sem definida motivação, a qual, somente depois, se esclarece; contudo, já em plano de memória, dessarte indicando o filme que toda a sua feitura se processou em função da platéia, nada de pensadamente fortuito advindo do trabalho do cenarizador. A evidência com que se oferece a imagem em *close-up* iniciador tem, em sua breve demora, a acepção simplesmente formal, a de ocasionador de espanto, de surpresa em véspera de elucidar-se; o seu valor de existência, a mais que o de outro participante, a intensificar-se logo que o público reconhecer no geral da cena aquele rosto que se precipitara de seu meio. Sente-se que as correlações, as reciprocidades de sentido, autorizadas pela conjuntura da sucessão, presidem o acerto na aplicação do *close-up* como feição evidenciadora, condição esta nem sempre atendida na prática do cinema, ainda em obras de real mérito, a exemplo de *A Paixão de Joanna d'Arc,* de Dreyer, na qual se fizeram abundantes os *closes-up,* mas estes possuíam frágil fundamento: na maior parte, nasciam da dialogação e agravava-se o demérito por esta haver sido indispensável à compreensão do assunto. Se as outras modalidades técnicas não chegaram, quanto ao emprego, a um nível de correção equivalente ao das técnicas de outras artes, a do *close-up* não se cristalizou em estáveis preceitos, e daí o seu uso indiscriminado, indo-se ao extremo de configurar toda a obra em primeiros planos; mas, então, nada se evidenciaria, salvo a sofisticação da fatura.

Apesar de desfeita a unidade da cena ante o *close-up* de um de seus participantes, ao espectador passa despercebida a alteração que foi opticamente drástica; e as conexões de uma cena à outra, conexões de sentido em andamento, inserem a prerrogativa de suavizar as elaborações insólitas para a comum visualidade. A matéria artística, em equiparação com o processo real que porventura lhe corresponda, à maneira do comportamento da câmera em ir do primeiro plano ao médio ou ao *long-shot,* e vice-versa, em face do comportamento do olhar humano em tentar precariamente as mesmas variações de registro, porquanto a lente se avantaja em todas essas conjunturas, a matéria artística, em seu papel de representação, é sempre caroável a resolver os desajustes de que ela própria se ressente ao proceder à criatividade. A matéria absorve a si os artifícios e os truques que se tornam necessários ao seu aproveitamento artístico, assim, na abrupta sucessividade de um plano a outro, notadamente do *close-up* ao *long-shot,* sem sair de si mesma, a imagem em cena acomoda-se à percepção do público exatamente na forma delineada pelo cenarista que, ao imaginar a seqüência futura, analo-

ARTE DA EVIDÊNCIA 171

gamente não sentira nenhuma descontinuidade danosa entre ambas as tomadas. O fluxo nominativo da cena, o fio do enredo, permanece intato com a mudança de planos acaso ocorrida, tanto que, se a câmera intercalar nela alguma figura que não seja do elenco em atuação, como nas metáforas que transgridem a lei do local, nem por isso a receptividade do assistente se desvia para o teor de diferente assunto; ele, o sentido em apreço, abre-se para normalmente conter a imagem que se lhe introduz, em particular aquela que já se incluiu no interior da cena; podendo operar-se, quanto à mesma figura, uma duplicidade óptica para efeito de se conseguir, com o prospecto do *close-up,* a evidência que a narração obrigara no momento preciso. Verifica-se que o *close-up* resulta do pensamento do cenarista ao ondular a história ou a motivação que pretende levar à tela, constituindo sem dúvida um ponto agradável de sua tarefa esse de retirar do fundo da cena, deixando-a lá, todavia, a imagem que o *close-up* avizinha do espectador. Compete ao cenarista promover as oportunidades de acentuação da evidência, partindo da evidência normal em que todos os objetos da visão se apresentam, para isso modelando o assunto de conformidade com a natureza da câmera, desbastando-o daquelas coisas que são impossíveis de figurar em cinema; enquanto na literatura, a seriação da história se espraia, sem óbices, através dos meios que tal gênero artístico proporciona, mantendo-se intato o cursivo da urdidura, tal como se observa na oralidade, na cinematografia, e para que se conserve incólume a autonomia da imagem, a história submete-se a reduções e aditamentos segundo a necessidade da câmera em seu puro mister de produzir visualidades.

O *close-up* evidenciador é um momento do cenário, produzido em virtude do arbítrio do cenarizador em escolher, durante o desenrolar da narrativa, quais os instantes que devem contê-lo. Como as histórias possuem, naturalmente, ondulações que se afeiçoam segundo a sua própria natureza interna, ondulações assim ditadas pelo desnivelamento das intensidades da tessitura, dá-se, por conseguinte, uma freqüência maior de primeiros planos nos filmes que não são mais do que ilustrações fotográficas de histórias, de enredos que houve ou que se inventaram. Nenhuma história flui inteiramente no mesmo índice de interesse, e ocorrendo que elas se confeccionam no intuito de variar, no leitor, as sensações da leitura, então, mais se obriga o cineasta a entreter, com altos e baixos da emoção, a curiosidade do espectador; os altos se cumprirão, em sua enfática evidência, por meio do *close-up,* sobretudo quando – e assim tem sido na prática de obras à base de enredo – fala o protagonista, e as suas palavras, postas em letreiro, constituem a própria fundamentação do *close-up,* fundamentação sem dúvida ilegítima em se tratando da autenticidade do cinema, de sua autonomia completa. Reside nesse ponto um dos vícios mais comprometedores no emprego do *close-up,* indo ao exagero de surgir quase que exclusivamente nas ocasiões de diálogo, mesmo que este seja de somenos importância. Se não falassem os intérpretes, seria, segundo a praxe comum, prescindível o uso do primeiro plano, de modo a ação do filme mais ainda se assemelhar, formalmente, à ação que se desenvolve no teatro. Mais uma vez, à falta de amadurecida reflexão acerca das possibilidades artísticas dos meios que lhe são autênticos, o cenário se limita e se empobrece, agravando-se a insistência em negar-se à cinematografia o seu caráter independente, mercê de particular matéria. No entanto, a história que alimenta a execução de uma fita é pródiga de instantes em que urge a acentuação de evidências, fora do domínio dialogal, o ensejo proporcionando ao cenarista o mister atraente de dar relevo óptico às figuras que o merecem, de acordo com o estilo de sua pessoal criatividade. Se as histórias favorecem a aplicação mais freqüente do *close-up,* já as motivações de cunho alegórico, em virtude da constante sinonímia das partes em figuração, fazendo-se menos imperiosa a necessidade de relevos, se podem externar sem ondulações ou com ondulações mais débeis, inexistindo ou sendo raras, na tarefa do cenarista, as oportunidades do plano primeiro e aumentador.

24. A Imagem em Virtualização

A maioria das imagens possui, afora a versão imediata e anunciadora da respectiva presença, uma outra versão em que se incorporam qualidades de existência que se deram no passado e que se cristalizam agora, em assentada explicitude. Principalmente as imagens de atores conduzem consigo as assinalações que o espectador assimila no pleno instante em que se depara com o surgir da figura. Carlito, a personagem da obra de Chaplin, presta-se admiravelmente para exemplificar o vulto que se impõe à vista do assistente e que lhe propicia uma série de atributos desvendáveis por seu exclusivo conspecto. A individualidade de tão fecunda aparência deixa-se ler, independentemente dos gestos, na indumentária que encerra todo um acervo de conjunturas em vivência e vividas. Torna-se dispensável a sucessão de cenas para o fim de a figura esclarecer toda a virtualização de que é portadora, porquanto a face exposta é de si mesma a nítida indicação das profundidades que nela se inscreveram, ostentando um vigor de presença que significa a forma de ilação que se obtém com uma só imagem, diferindo, portanto, do subentendimento oriundo da mecânica do cenário, com a utilização de duas ou mais cenas; retirada da obra a que pertence, a imagem, repleta de nominação, valerá como simples fotografia, passando a concorrer com as outras manifestações artísticas da simultaneidade, passível também de se localizar em moldura. Interesse equivalente despertam os álbuns de fotografias que, além da sentimentalidade que os origina, apresentam caracteres dignos de particulares estudos, com base

174 A IMAGEM AUTÔNOMA

em modismos do aspecto; a virtualização inserta nessas fotografias é entretanto mais pobre que a despontada no ator durante o curso do filme, quando a história ou a motivação aviventa os sinais em explicitude, a imagem revigorando-se à medida que o seu aparecimento corresponde ao sentido que, na ocasião, o assunto lhe defere. Em ação, o protagonista alimenta, a cada instante, o prospecto de seu tipo, cada cena vindo a ser a homologação de seu vulto em desempenho, os fatos se lhe acontecendo segundo os limites de saturação que ele, o intérprete, determina com a visualidade de seu corpo.

A personagem Carlito – aliás a única, de toda a cinematografia, a merecer a consideração que se dedica aos maiores seres da ficção literária – representa melhor e mais abundantemente que qualquer outra a fonte de predicados virtualmente postos à observação do espectador, estando a aparência dela, a personagem, em perfeita harmonia com os atributos internos e cometimentos externos que lhe compõem a personalidade. A sua configuração física mantém conexões com a sua compleição espiritual, de forma que os flagrantes em que ela se envolve, as circunstâncias, as peripécias da existência, mais parecem desígnios da fatalidade. À similitude dos eventos da realidade, em que a fisionomia em apreço manifesta, perante o interlocutor, e sem que este lhe emita curiosas perguntas, a natureza de sua posição social, a imagem do ator, e igualmente a de algum objeto inanimado, podem, de acordo com a conveniência que dita o cenarizador, descobrir toda a feição de sua verdade; assim marcando a presença de seu rosto como aquela que se enuncia com os comentários sobre si mesma, presença que se concretiza com o seu cunho de recheio da tela e com a revelação dos bastidores de onde se origina. Na confecção do cenário, há momentos de ligeireza que não precisam de imagens desse porte, mas, cabendo a vez de bastidores que vão na figura do intérprete, é quando melhor se exercita o relacionamento entre o cenarizador e o diretor; com efeito, de posse das indicações fornecidas pelo primeiro, e tendo em consideração a individualidade física do ator para esse fim selecionado, o diretor empreenderá uma tarefa parecida com a da escultura, apenas a matéria é a da configuração humana. Ele, o diretor, acomodará o protagonista na conformidade de seu papel outrora, isto é, sedimentam-se, no aspecto da atualidade, no corpo do intérprete em frente da câmera, os resíduos personalizadores de quanto se dera em sua existência. O ator se mostra acrescido virtualmente, competindo ao diretor o trabalho de deter, no conspecto em causa, o que ele tem sido, evidência esta que, embora reportando-se ao passado, se afirma como a razão de ser de sua atualidade. O vulto, a par da valorização que o cenário lhe suscita, ao firmar-lhe entendimentos com outras ima-

A IMAGEM EM VIRTUALIZAÇÃO

gens, encerra um desempenho recluso à sua inalienável aparência, cumprindo o papel sem fazê-lo dependente de conjunturas à margem dele, o ator; o qual traduz presumidos sucessos, contingências prováveis, urdiduras possíveis, toda uma escala de cometimentos que, postos em virtualizada síntese, perduram insinuadamente gravados na representação que se contém na tela.

Há, por conseguinte, em grau de implicitação, um não pequeno repositório na figura assim tratada pelo diretor que reproduz, em termos de representação, o que a realidade lhe fornece a cada passo; de modo que o vulto deixa a impressão de que não estréia no filme, e sim de que está afeito a análogos eventos, que um filme anterior o tinha em seu elenco, interpretando esse mesmo tipo de convincente maturidade. Entretanto, uma diferença bem nítida separa a figura real da figura da representação: a primeira surge com todas as entidades que tocam os sentidos da testemunha, enquanto que a figura em representação advém desbastada daqueles elementos, como a voz e o colorido, e só visualizada em sua essência, na forma de imagem cinematográfica. Portanto, esta é capacitada, no reduzido de sua feição, a trazer a desempenho o cabedal de pretéritos que o vulto patenteia em sua aparência; tudo a promover-se à base de sugestões, mas tão conforme com o aspecto do protagonista que, pelo conhecimento anterior que adquiriu o público, este não mais se espanta com o que lhe sobrevier do comportamento de tal personagem. Pode, inclusive, o assistente, senhor da índole fisionômica de Carlito, encaminhá-lo, fora da tela onde ele se exibe, ao devaneio de sua imaginação e, formulando enredos ou situações condizentes, conservar na íntegra a personalidade daquele homem, toda ela a se elucidar à simples visão de seu corpo. A personagem de ficção, filosoficamente marcada, tem isso de prodigioso: despega-se da obra a que congenitamente se articula, e se põe em disponibilidade para quantos assimilam a sua natureza, indo a faturas que o verdadeiro autor não programara; contudo, às vezes ela concorre, em correção espiritual, com a legítima criação, conseqüentemente imitando o ser real que também se presta a ir, com a naturalidade que o devaneio proporciona, nos pensamentos de alguém que a fundo conhece a sua índole de participação; o qual o devaneador convoca, sem querer, espontaneamente, ao divagar sobre alguma nominação na qual se investiria, como intérprete mental, esse vulto de suas relações, assim correspondendo ao introvertido papel. Existe em cada pessoa um predicamento que, em geral, não lhe ocorre em suas auto-observações: o de cumprir desempenhos na meditação de outrem, desempenhos da pura inventiva, confeccionados no momento da respectiva meditação. Como personagem filosófica – a de Chaplin foi a única da cinematografia – mais lhe acresce a possibilidade de comparecer a elencos

176 A IMAGEM AUTÔNOMA

dessa ordem, inspirando no aderente espectador o ensejo de elaborar urdiduras e motivações que atendam ao protagonista de tanta virtualidade, fabricando, ao lado das ações autênticas, umas outras em que, não obstante o logro da originalidade, o intérprete se conduz como se fora o da criação verdadeiramente artística.

Há, na aparência de tais figuras, uma capacidade de permanência maior que na daquelas isentas de virtualidade ou que a possuam em grau ínfimo, apenas articuladas a anterioridades muito próximas, as nascidas do próprio enredo; as primeiras revigoram, com os teores presumidos, a impressão, que facultam, de que o filme em causa é tão-somente um dos trechos de longa e variada fabulação, a maioria, talvez, a se compor além da tela, na imaginação dos que absorveram o pródigo sentido da personagem. A obra do cinema adquire, dessarte, a acepção de haver sido a oportunidade de surgimento e divulgação para o vulto que, depois, não se tornará exclusivo de seu autor e sim parecerá de autoria anônima, cada um imitindo-se na posse do versátil e coerente protagonista. Infere-se, portanto, que a fatura artística se franqueia, em certos casos, a adesões, a edições que, embora o original criador não as revise, mesmo porque lhe são indevassáveis as mentes recriadoras, atestam, quanto ao vulto em abstrato aproveitamento, a harmonia de todos os exemplares com o exemplar primeiro, à guisa do que sucede em relação a Dom Quixote ou a Carlito. A possibilidade de permanência, da parte da figura filosófica, se efetiva, em verdade, mediante complementos que comprovam existir uma dimensão que fecunda a receptividade da obra: dimensão além daquela que se firma entre o objeto estético e o espectador no ato de contemplá-lo, e que traduz uma espécie de co-autoria anônima. A obra que proporciona tais complementos ou versões admissíveis sói valorizar-se qualitativamente, excedendo o comum da prática artística, onde as motivações se confinam às fronteiras da restrita e concreta presença, com escassos ou nenhuns transbordos.

Considerando-se que a imagem do cinema se caracteriza por seu papel de clareza instantânea, tem-se que, abastecida de virtualidade, ela transfere para a vista do público, e sob a forma de subentendido passado, o comportamento de bastidores, que, em seu sintético aparecimento, como que insinuam a viabilidade de sua direta adoção como elementos da feitura artística; assinala-se, desse modo, uma aproximação de similitude entre o invisível e o visível, gerando o convencimento de que o autor tanto empregaria as cenas concretizadas, como quaisquer outras, conquanto representativas da significação que engloba a virtualidade e a presença que a encerra. Todavia, o senso de escolha das imagens postas na tela, produto da aliança entre o cenarista e o diretor, recai sobre aquelas de melhor fotogenia,

A IMAGEM EM VIRTUALIZAÇÃO 177

a fim de que o tratamento, o estilo da apresentação, não se prejudique pela intromissão de figuras que, apesar de serem explícitas quanto à genérica nominalidade, se mostrariam menos cativantes ao olhar dos assistentes. Às vezes acontece que as decorrências subentendidas são tais que não se cumprem satisfatoriamente na fisionomia do ator humano, cabendo melhor na fisionomia do ator inanimado; a virtualização não perde a sua clareza ao transpirar de uma superfície da ambiência, de um objeto saído do anonimato em virtude de a câmera incidir, intencionalmente, nas marcas do que se lhe dera antes. As pegadas na neve, o desarranjo dos móveis, indicam situações em índice de virtualidade, à maneira de inúmeras outras; desta vez ainda a se verificar no cotidiano o processamento de que se nutre a cinematografia, havendo na realidade as abundâncias da outorga, a cada passo deparando-se a vista com sucessos em grau de delegação; assim, a figura que está em foco no momento é menos ela mesma que os eventos que, implícitos, constituem o seu teor, de sorte que o olhar do público, dirigido a um flagrante dessa natureza, difere daquele que aplica em ocasiões de mera e adstrita presença. Ressalta do comum das seqüências a imagem que se unge de virtualizações, a receptividade do assistente a aceitar, de súbito, o conectivo entre o atual conspecto e quanto nele se reabre à existência.

Enquanto externadora de algo empiricamente distante, a imagem toma a acepção que lhe dita a conjuntura ausente, e o espectador vem a conferir a explicitude do outorgante no pleno conspecto do outorgado, acolhendo o que não se exibe com literalidade, mas que se alteia em encoberto comparecimento, à maneira do mascarado que, na festa das simulações, não consegue iludir outro alguém que conhece o seu disfarce e alia a este, indissoluvelmente, a personalidade nele escondida. Diferente do que se opera neste exemplo, no da imagem em virtualização nota-se a afinidade entre o gênero de sucessos havidos e a figura em atual revelação; a imagem cinematográfica, na pureza de sua essência, admitindo conjunturas que se verificaram em todos os complementos e implementos percebidos na fase da representação primeira; com as vozes, as cores, os odores de sua veracidade, os acontecimentos outorgantes se reinscrevem, todavia, no acervo da existência, reeditando-se agora em termos de imaginada reconstituição. O preto e branco, o silencioso e o inodoro da efígie outorgada comportam a indicação de entidades reais em sua amplitude, ensejando que o espectador elasteça o campo de sua receptividade, associando-se estreitamente com o autor da obra; pois que ambos se empenham em fazer explorar, no presente, aquilo que do pretérito ressurge com oportunidade, com relação de sentido que impôs, no curso da história ou da motivação, o cenarista que, em mágica sinopse, estabiliza nos sinais da figura a ocorrida e corres-

7. Cena de *O Grande Desfile* de King Vidor (1925).

A IMAGEM EM VIRTUALIZAÇÃO 179

pondente efemeridade. Depura-se em imagem cinematográfica o inteiro contingente da realidade empírica, e, ao assim proceder, o cenarizador perscruta, na escolhida imagem, se ela, deferindo-lhe a apresentação do passado, se conserva, no entanto, caroável simultaneamente à nova conduta, aquela que lhe pertence à margem de qualquer insinuação partida de fora, enfim, aquela que se arma em simples presença. Quando elabora uma cena em que se aglutinam, em imagem única, o passado e o presente, o cenarista exerce uma prática que, em circunstâncias outras, ele resolveria com o emprego de fusões, mas este se condicionaria ao fato de o vulto em apreço dever estar facialmente circunscrito a sua irremovível atualidade, de não dispor, no físico de sua aparência, de um trecho de si próprio que estampe o oculto pretérito. Então sabe o cenarista que, para a assimilação de sua obra, valem as figurações que ele determina e também a experiência pessoal do espectador, a qual há de preencher as aberturas de significação que deixam as imagens em outorga; e o cinema lida com ilações, com subentendimentos de imagens e de uma só imagem – como nesses casos em que as assinalações do corpo indigitam a existência de acontecidos sucessos – evidenciando-se, mais que nas outras artes, o atendimento, por parte do autor, quanto à subjetividade da platéia: à medida que desenvolve a sua fatura, à medida que pousa o interesse em cada ponto do cenário, o cenarista se detém a imaginar a receptação do público, igual atenção despendendo a ambas as entidades, ao espectador e à obra em objetivação; acentua-se essa preocupação do cenarizador se a cena em apreciação envolve uma face que é, a um tempo, ela mesma e o que diretamente não mais se testemunha. De todas as manifestações artísticas, a do cinema se sobressai nesse aspecto um tanto fora da consideração costumeira: em quaisquer de suas modalidades de ilação, compele o espectador a exercícios mentais que concorrem, para efeito do entendimento da feitura, com perceptividades meramente estéticas.

Além da virtualização de algo transcorrido, há a virtualização de algo ainda a transcorrer, a imagem elucidando, com entreaberta presença, a motivação, a cena, a personagem a sobrevir. Ela, a imagem, se investe na condição de pura expectativa, já disposta segundo o cometimento a surgir em seu reduto, externando, assim, o aspecto que se afeiçoa ao pressagiado acontecimento, à maneira do estojo que de si mesmo anuncia a identidade de seu objeto. No desenvolvimento da história, aparecem, freqüentemente, ocasiões em que a cena, antecipando-se alguma coisa ao futuro e respectivo sucesso, diz muito mais que quando vista isoladamente, fora de seu processo sucessivo. Neste último caso, inexiste a complementação ratificadora, a cena, embora sugira certos fatos, desomologa-se nessa posição

180 A IMAGEM AUTÔNOMA

de simples prometimento, e em geral, como se observa na pintura, na escultura, tende a expressar uma indefinida possibilidade de preenchimento. A história do filme projeta-se em muitas modalidades de figuração, mas sempre a fazer incidir a sua persuasão sobre cenas de concreção incisiva, todas confinadas ao próprio teor da história, esta levando a sua desenvoltura a atender aos reclamos nela apontados, a composição do todo a se constituir de esclarecidas precisões; a da imagem que entremostra a vindoura ocorrência alteia-se sobremodo pelo imediatismo da participação do espectador que, em virtude da experiência pessoal, conhece, no instante de ver o trecho promissor, qual a personagem ou o painel que lhe dará o respectivo cumprimento. A realidade fornece um repositório abundantíssimo de elementos que informam acerca de procedimentos *a posteriori*, tendo-se em conta o prospecto iniciador do lógico aliciamento; gerada pelo convívio humano, uma série interminável de atitudes, de gestos cênicos, se executa mercê de basamentos ou convencionados ou estabilizados por natureza: a cadeira vazia encerra a indicação de que será ocupada, a mesa composta indigita a conjuntura do repasto; enfim, em grande número de coisas persiste a feição de estar à véspera, de ser em prontidão para determinado acolhimento: o vulto que, em vestes condizentes, expõe a certeza da chuva que vai ter lá fora, o protagonista cujo pesado indumento desvela o frio que encontrará na rua, desta vez tratando-se de uma entidade que será conhecida, visualmente, pelos efeitos que produz nas imagens sensíveis a ela. Afora os modelos de virtualização que a realidade oferece a cada momento, a cinematografia possui os que ela promove com os valores de si mesma, simplesmente justapondo-se situação à situação, o cenarista preparando a continuidade das seqüências de sorte que, na exata ocasião da virtualidade, o arranjo cênico se mostre bastante para abrir, na figura ocorrente, o seio que vaticina a próxima figuração.

O indivíduo que se apresta a enfrentar o frio representa a estampa anunciadora dele, é, concomitantemente, a personagem inerente à história, à motivação, e a imagem antecipa, em seu aspecto, uma difusa e invisível entidade; esta, ao aparecer depois em sua plenitude, quando o indivíduo assoma ao externo ambiente, vem a corroborar uma série de análogas manifestações do frio, mas sem surpresa para o espectador, porquanto a imagem do aprestamento já o induzira à certeza sobre a temperatura reinante. Igualmente a essa entidade, outras que não se capitulam no campo óptico, no entanto se inscrevem nele, assim praticando-se uma espécie de outorga, no próprio domínio da realidade; de fato, o plano óptico se abastece de muitas existências que são invisíveis em sua essencialidade, mas se projetam nele ao se estenderem a alguma coisa concreta, que, então,

A IMAGEM EM VIRTUALIZAÇÃO 181

se incumbe de evidenciar à visão a realidade que diretamente se entendera com outro sentido. Inspirando-se no processo da realidade, a cinematografia o afeiçoa consoante a natureza da imagem pura, esta proporcionando, com facilidade óbvia, o aparecimento de entidades originalmente indispostas a se oferecerem sem elementos intermédios. Aprimorando o uso de imagens que estejam em virtualização concernentemente a uma entidade invisível, o cenarizador alcançará decerto, no que toca à imediata assimilação em que ela se apresenta, meios de prestigiar o outorgante – o frio, o calor, a brisa – com aparências dignas de grande arte.

Trata-se de submeter o invisível à selecionada forma: a brisa, por exemplo, conta com inúmeras imagens que podem trazê-la à apreensão óptica do espectador; entretanto, o que interessa particularmente ao cenarizador não é a presença de quanto se move por força da brisa, mas sim uma certa imagem cujo sentido está em ser, no preciso instante, o revelador da brisa, esta saindo de sua invisibilidade para o direto comparecimento ante os olhos do público. Sendo a câmera um extraordinário individualizador, tem-se que a folha determinada a cumprir a outorga que a brisa lhe delega assume, pelo fato de vir isoladamente, a importância a que as demais não podem concorrer. A evidência que a câmera lhe propicia, ao trazê-la a plano mais aproximado da platéia, torna desnecessário o prospecto conjunto de todas as folhas, a representação da brisa exercendo-se inteira na folha única; a interpretação desta a avantajar-se à do ator humano que, surgindo em cena, dissesse, com a voz, que era existente a brisa no local. A imagem da folha reproduz, por conseguinte, o comportamento que ela tivera na realidade, e, conforme o flagrante, se o fotógrafo apanhá-la ao vivo, na naturalidade do movimento que a brisa lhe empresta, ocorre haver um só acontecimento, a modo do filme documentário, quando se fundem o visto na tela e o visto na realidade. Portanto, considerada a obra artística, observa-se que a atividade do cenarizador envolve o sentido de preferência quanto à imagem que, em casos semelhantes, deve outorgar-se de algo invisível e no entanto presente através dessa escolhida imagem; longe de ser o mero articulador de cenas, o cenarista sobressai-se, entre outros misteres, por esse de, no puro terreno da representação segunda, a que a tela exibe, dosar a oportunidade e a intensidade da figura convocada à outorga. Às vezes, o senso de seleção do cenarizador encontra dificuldades em apreender o vulto condizente com a virtualização, pois nem sempre esta se efetua com a facilidade da folha a externar a brisa. Sucedendo que a entidade outorgante se localiza fora do ambiente a que comparece a figura outorgada, cresce a preocupação do cenarista em bem promover-se o exercício da delegação, reservando para tal a imagem melhor possível, aquela que,

182 A IMAGEM AUTÔNOMA

sem ferir a naturalidade da cena, possa elucidar, com a sua clara explicitude, a motivação posta distantemente, mas carecedora de virtualizar-se. Vigeria, então, a lei do local, esmerando-se o cenarizador em incutir, em imagem pertencente ao recinto em foco, a significação de que ela traduz o que lá fora se passa ou se passara. Ela se unge da virtualidade que o autor pretendeu, para isso cooperando a presteza na correlação entre a distinguida figura e a motivação que ela informa, havendo casos em que o vulto informador não se origina da entidade outorgante, mas satisfatoriamente pratica o ato da outorga, positivando-se no desempenho em virtude de algum outro conectivo. No decorrer de sua fabulação, o cenarista se depara com supervenientes meios, próprios de sua tarefa, e que lhe facilitam o sortilégio da entrosagem, a figura isentando-se de sua acepção normal e em troca adquirindo a que lhe proporciona ele, o cenarizador.

Em tais implicações, a imagem se conceitua como semelhante aos vocábulos que se prestam a comparecer às páginas mais diferentes; com efeito, o livro deixado na poltrona retrai-se de sua qualificação congênita, a fim de comunicar que determinada pessoa esteve presente à sala. A faculdade virtualizadora se condensará com maior precisão ao patentear, inclusive, que se dera há pouco a estada do indivíduo em apreço, graças àqueles conectivos que ensejam o pronto entendimento do que almeja o criador da obra. Faz-se tão ampla a disponibilidade da figura que, salvo a ausência de vocação para a cinematografia, não haverá invencível dificuldade em obter, no reduto que a câmera focaliza, a imagem representante de outra que, ou por impossibilidade de sua natureza ou por impossibilidade cênica, reside além das fronteiras da enquadração. Se a entidade outorgante se conserva próxima ao lugar em visualização, o emprego da figura virtualizada resulta inegavelmente – desde que não se conseguiu, com a mobilidade da câmera, a elasticidade da cena – da renúncia do cenarista em ordenar a movimentação da lente, de forma a, partindo do ambiente recluso, trazer a própria imagem que, situada externamente, no entanto interfere nele. O movimento da câmera, indo ao extremo de passar por aberturas que não alcança a normalidade da óptica, dispensa a necessidade da delegação, e com ela um dos elementos mais caros do cinema: a fecundidade íntima da imagem. Pela sucessão das cenas, das tomadas, com a câmera adstrita ao ato de ver de sua posição imóvel, é que mais incisivamente se opera a virtualização: nas cenas da cabana, em *Em Busca de Ouro,* com o homenzarrão e Carlito, mostra-se, através da indumentária e do arranjo a que o último procedeu em substituição ao calçado, o frio imperante no exterior e também no espaço da cabana; se esta fosse aquecida de modo a nenhum dos presentes repetir nas feições o que manifestaria na temperatura externa, o fenômeno da outorga

A IMAGEM EM VIRTUALIZAÇÃO

se evidenciaria sobremaneira, tendo-se em vista que a condição para ele está na conjuntura de serem separadas a entidade outorgante e a figura outorgada. Quando, no final da obra, aparece Carlito milionário mas vestido com a roupa da indigência, a virtualização perfeitamente se processa na estrutura do cenário e é atendida a coerência chapliniana.

25. Chaplin e o Método Alegórico

Nas obras mais importantes de sua carreira, *Em Busca de Ouro, O Circo* e *Luzes da Cidade,* Chaplin se atém a meios técnicos equivalentes aos aplicados nos filmes de sua iniciação; a despeito da mobilidade da câmera, em franco uso, e das conexões de imagens, sobrevindas em virtude da elasticidade da cena que a referida mobilidade ocasiona, a sobriedade dos primeiros filmes demonstrava ser bastante para as peripécias de sua personagem. A utilização de histórias, com as variedades de ondulação, de ênfase maior ou menor em direção ao desfecho, apontava a urgência de sair-se da limitação da objetiva imóvel, que se assemelhava à limitação do palco, para um tipo de apresentação que cenicamente correspondesse à intensidade ou não-intensidade do instante. O movimento e a angulação encontravam a sua precisa aplicabilidade, e, assim, raro se mostrava a produção que não os exibisse bem ou mal; todavia, aquele autor não se impressionava com as técnicas atraentes, conservando-se discreto, se porventura aproveitasse uma ou outra inovação. Possivelmente certas circunstâncias em que aparecia a sua personagem se aviventariam melhor sob ângulos mais evidenciadores do tema e subtemas chaplinianos, e determinadas movimentações da lupa se incumbiriam de variar muitas formas de presença; contudo, a técnica que Chaplin sentia suficiente para as suas obras mais relevantes, era positivada, sem dúvida, pela índole de sua criação: o método de que se servia, distintamente do método que preside o decurso de histórias, conduz os componentes da externação a um jogo de sinonímias, de

186 A IMAGEM AUTÔNOMA

equivalências de significado, que o autor se desestimula de ir ao encontro de processos diferenciadores, a exemplo dos adotados nos estendidos enredos, quando há sempre o que deve sobressair-se e o que deve moderar-se. A alongada urdidura, a história, encerra solicitações que têm de satisfazer-se nesse particular de as ondulações de teor exigirem a versatilidade da aparência, o que não se verifica nos casos de aplicação do método alegórico, este correspondendo à unificação temática.

Na composição de Chaplin, cada seqüência como que se basta a si própria, não necessitando de que se aguarde outra seqüência para efeito de complementação de sentido. O cenário de seus filmes se constitui de momentos autônomos, e isto importa, considerando-se a estabilidade do motivo, do repertório que se resume ao tema da fuga e a subtemas com ela consentâneos. A preocupação de ilustrá-los com cenas da possibilidade cotidiana, e abertas ao imediato entendimento, movia o fotógrafo à simplicidade de dispor da câmera à maneira das faturas iniciais, ao tempo em que amadurecia a sua visão criadora, superiormente efetivada naqueles três filmes. Observa-se, no transcurso de sua produtividade, que os mesmos recursos de apresentação se prestam a atender a diferentes graus de cometimento, desde as simples tomadas do aparecer de uma figura, ao flagrante de emotiva densidade. Entretanto, resulta que esse estilo atesta, com a sobriedade de seus meios, uma conjuntura que, por sua vez, aponta a artística personalidade do autor: a sua feição técnica, a despeito da simplicidade, é reveladora de individualidade inconfundível, ainda na época em que se não usavam as angulações e os movimentos. Trata-se, realmente, de uma personalidade ímpar, decerto a que a fundo se integrou na matéria do cinema, expressando-se através da imagem autônoma, assim prestigiando o gênero que não passava de ilustrador de romances, de contos, de peças de teatro.

Os três filmes citados compreendem a técnica primitiva e o aproveitamento de motivações exploradas, nas curtas comédias, que somam a dezenas, a par de nominações novas mas intimamente articuladas ao tema englobante. Ao criador torna-se lícito o autoplágio, os pertences de sua inventiva a serem desfrutados não só pelos espectadores ou leitores nos devaneios da imaginação, mas por ele próprio nas vezes em que, em nova tessitura, sente a oportunidade de fazer presente, de modo concreto, a ideação que assim, facilitadamente, vem a preencher-se com a experimentada contribuição. A de Chaplin era de conteúdo numeroso, a maior parte de seus subtemas – como a desproporcionalidade física entre Carlito e as personagens adversas a ele, a alegria súbita ao ver-se alvo da atenção de alguém de seu enlevo, porém descobrindo de logo o equívoco, pois o olhar se dirigira a outrem e não a ele, a prudência com que se

CHAPLIN E O MÉTODO ALEGÓRICO 187

aproxima de algum vulto socialmente superior, a repentina desenvoltura com que se defende e se previne – constantes de suas derradeiras obras, acha-se nas pequenas fitas da fase liminar; tudo indicando que, na elaboração destas, não havia a consciência do autor acerca da coerência de tais motivações em relação a uma entidade genérica, envolvendo-as com logicidade íntima; as contradições existentes nesses filmes, à semelhança das vitórias alcançadas por Carlito contra temerosos adversários, informam sobre a imaturidade de sua visão do mundo, a qual pouco a pouco ia tomando a feição definitiva, inclusive acontecendo que algumas passagens obtiveram, no curso da formação, uma textura mais elucidativa que nas três obras da maturidade. O melhor exemplo talvez esteja nas últimas cenas de *Pastor de Almas,* uma delas a mostrar Carlito, a correr, com um pé nos Estados Unidos e outro no México, impossibilitado de permanecer num e noutro, guiando-se pelo sulco marcado no terreno e que representava a fronteira. O subtema da inadaptação nem antes nem depois se exprimiu tão nitidamente como nesta fita, aliás bem próxima de suas grandes produções, da mesma fase de *O Garoto* e de *Idílio Campestre,* obras substancialmente mais elevadas que as comédias anteriores a 1918. Em várias destas se descobrem as sementes de sua ideação: a personalidade de Carlito a exceder as de outros comediantes, que eram muitos à época, inclusive com empresas especializadas na provocação do riso; mas este, em Chaplin, não seria algo que visasse apenas ao agrado momentâneo do espectador, mas o ponto de partida e de chegada para uma concepção do universo humano, centralizado na figura do maltrapilho.

Revela-se fundamental, para medir-se a diferença de valor entre a personagem de Chaplin e as que integraram e integram os filmes baseados em história, e que adotaram, conseqüentemente, o método cursivo, a consideração sobre a importância do método alegórico, na aplicação do qual o autor se sente mais disciplinador dos eventos que devem circundar o protagonista significante. Para isto, há um sentido de condensação e de convergência que norteia as situações, e com elas as personagens, a se sucederem de conformidade com o núcleo emissor das motivações, isto é, com o tema geral que a todos atinge através dos subtemas unificadores. A perfectibilidade da composição se efetiva desde que nenhum desses subtemas se desvincule da nominalidade geral e que deve abranger, sem exceção, os componentes da interna urdidura. Elemento algum colidirá com a entidade genérica, sendo da natureza dessa nominação o estar permanentemente ubíqua, alimentando-se com as homologações que expressam os temas de segundo grau, os subtemas que, de maneira imediata ou mediata, se confinam dentro da ideação maior. No cinema de Chaplin, através de cenas e de seqüências, há a estabilidade

188 A IMAGEM AUTÔNOMA

do tema da fuga, constantemente ratificado pelos acidentes em que se envolve a personagem, e quando eles não ocorrem, a própria figura de Carlito, independentemente de seus atos, representa o símbolo da fuga. Em tal vulto acha-se implícita a estampa de seu comportamento, da qualidade de sua vida, dessarte facultando, aos que o contemplam, a facilidade de pô-lo em conjunturas não previstas pelo verdadeiro autor; o ato de vê-lo engloba o de situá-lo em contingências consentâneas com o seu aspecto, o sentido simbólico a impregnar a aparência do protagonista, sentido que o eleva à posição de módulo unificador, cabendo-lhe inspirar e especificar os sucessos de sua participação. Em face dessa posição, Carlito se revela, a um tempo, o núcleo compatível com os próprios e ladeantes acontecimentos, e o possibilitador desses mesmos acontecimentos, o seu papel vindo a conferir-lhe uma completa unidade de ser, entendendo-se por esta a circunstância de fazer-se explícito e de amoldar o exterior à sua explicitude.

Com o gênero cinematográfico, o método alegórico alcança uma clareza extensiva somente comparável à da literatura, via de regra assemelhando-se as seqüências do filme – sendo a seqüência o trecho compreendido entre o *fade in* e o *fade out,* expressões que outrora designavam, respectivamente, a abertura e o fechamento de uma continuidade ótica – e os capítulos do romance tradicional, pois que em ambos os processos vem a se completar, satisfatoriamente, o domínio do tema geral sobre os elementos e situações expostos. Talvez que o exemplo literário mais perfeito quanto à presença do método alegórico esteja no *Dom Quixote de la Mancha,* com o caráter sinonímico de todas as suas partes. A aproximação entre a personagem de Cervantes e a de Chaplin tem sido discernida por vários autores, mas no tocante ao exótico das duas personalidades; o parentesco mais incisivo, entretanto, insere-se no fato de se aterem inerentes, em suas condutas, a um método comum que as norteia segundo o plano cênico dos autores, e propinando inclusive o imediato conhecimento do sentido em causa: uma visão do relacionamento, que se trava, entre o mundo e um indivíduo humano que nele se contém. Devidamente configurados, descendo-se do setor do método para o da experiência vivida, sucede, àquela similitude de método, a dessemelhança de comportamento, ou, melhor, o contraste de comportamento, por força das visões distintas: o de Dom Quixote, definindo-se como luta permanente, um obstáculo existindo e contrapondo-se à ação que pretende vencê-lo, enquanto que o de Carlito, definindo-se como fuga permanente, não domina o óbice que se lhe defronta, evita-o ou escapa de sua presença. Poder-se-ia até concluir, dessa dualidade, que o vulto de Dom Quixote preenche uma concepção de tragédia, ao passo que o vulto de Carlito configura, an-

CHAPLIN E O MÉTODO ALEGÓRICO

tagonicamente ao primeiro, uma concepção de comédia, mas ambos equivalendo-se em face do método que lhes presidiu a criação.

Para quem assistiu a trechos de Chaplin, sem a consciência de que o método alegórico, estabilizador de significação, oferece a unidade íntima da obra, e é, depois, advertido sobre a vigência do método e da significação, sentirá animar-se uma estrutura inteiramente nova, e, revendo o filme, parece-lhe que outra confecção se lhe apresenta, de súbito retificando-se todos aqueles entendimentos que não absorviam a verdadeira acepção. A legitimidade desta possui a magia de avocar, instantaneamente, aqueles valores que até então se faziam passar por dispersos em suas significações, em analogia com aqueles que se distribuem em história, carecentes do pouso no seio de um tema único. Torna-se intelectualmente agradável a conversão, na receptividade do espectador, da extensibilidade de um enredo em concentração em torno de um núcleo que atrai, para si, a convergência de tudo quanto foi prescrito no cenário. Assim, o método alegórico é sempre, uma vez compreendida a sua vigência, o alertador da verdade pessoal do artista, abrindo ao leitor ou ao assistente os horizontes que anteriormente se estreitavam por força de superficial acepção; a desproporção física entre Carlito e o policial, observada do ângulo da história, provocará facilmente o riso, o mérito da cena limitando-se à delgada conjuntura, sem nenhuma densidade que a distinga no tocante à permanência de uma peculiar significação; dita cena jamais se constituiria em passagem autônoma, valendo em si própria, senão em virtude daquele método que economiza a compreensão, propiciando, a um pormenor do filme, a espessura de conter o sentido que está na totalidade da obra. A figura isolada de Carlito, considerada pelo método alegórico, é o exemplar mais explícito dessa potência de ser, inclusa na imagem, e representativa da nominação maior, a que intitula a interpretação do autor acerca de seu íntimo universo.

Dispondo de uma figura altamente virtualizada, qual seja, Carlito com o seu indumento, a obra de Chaplin, apesar de promovida em termos de sucessão, de imaginada em função do decurso do tempo – tempo do cenário – revela a singularidade de deixar transparecer, através de cenas separadas à maneira de diapositivos, a motivação chave que ubiquamente anima toda a fatura. A configuração de Carlito é a estampa de suas virtualidades, anuncia a natureza de quanto se processa nas situações do filme, o que não acontece em vultos sem densidade simbólica; e convém anotar que, nas obras da cinematografia, salvo o caso do herói do *far-west* e um ou outro de persistência do papel em várias produções, não há como bem se discernir, num flagrante fotográfico, a índole das circunstâncias que preenchem o desenrolar da fita. A fluência temporal, implícita no

190 A IMAGEM AUTÔNOMA

conceito de cinema, não se constitui no melhor processo para a utilização do método alegórico; por isso que, refreando-se em seqüências definidas, se mostra menos absorvedora a temporalidade, resultando, por conseguinte, mais estáveis as manifestações alegóricas, ao longo do filme. Fundamentando-se em seqüências, as obras de Chaplin se estruturam em condensações, cada seqüência a participar da sinonímia que a todas articula; havendo, portanto, no pouso do tema geral, o esforço para que não se dilua, no tempo do cenário, a nominação centralizadora que se perfaria, reduzidamente, por meio de matéria própria à simultaneidade e não à sucessão. Com efeito, a obra cinematográfica, que se desenvolve à similitude do romance, tem facilitada a sua decorrência, desde que a continuação se firma como o esteio da fatura, cada imagem a seguir o tempo que no enredo lhe compete; assim sendo, a história, vista desse ângulo de consideração, é a modalidade mais condizente com a natureza cinematográfica, a de ser naturalmente sucessiva. Patenteia-se, em face dessa incidência na temporalidade, que toda seqüência, armada sob o método alegórico, significa uma forma de retração do tempo, todavia consentânea com a autonomia da imagem, cuja pureza não se afeta com a atenuação que sofre a cursiva temporalidade, antes acumula em si novos aspectos, quais sejam, os provenientes da temática estabilização.

A imagem de Carlito, quanto mais reclusa à genérica nominalidade, à fuga aos óbices que se lhe deparam à frente, mais rica em complementações de si mesma, vantajosamente redundante em reafirmar-se através de diferentes situações, mas sempre a se prodigalizar com as variações de sua presença. Se porventura ela se estendesse na fluência de uma história, em que a nominalidade não se detém para fruir-se de sua substância, decerto que perderia de intensidade, vindo a diluir-se em conjunturas que, não instituídas para a centralização em torno dela, acabariam por dissolver-lhe o definitivo de sua individualidade. Descaminhando-se em história, a figura de Carlito, abandonando o alegórico, arriscar-se-ia a contradições, extinguindo-se uma das qualidades mais sérias do vulto chapliniano: a indissolubilidade entre a feição aparencial e o tema de que se unge. O método alegórico, no entanto, o preserva em sua lógica íntima, resguarda-o de cometimentos alheios à sua condição, pondo-o, permanentemente, em termos de fidelidade consigo próprio; de maneira que o espectador, vendo uma seqüência, uma cena, assimila toda a essência da obra, a sucessividade consistindo em positiva e atraente repetição.

Mas a repetição do tema geral, conduzindo-se mediante as diversidades de aspecto, conduz-se também mediante o seu titular retraimento e com a aparição de subnominalidades, subtemas, que à medida que se efetuam, lhe confirmam a virtual permanência, esta

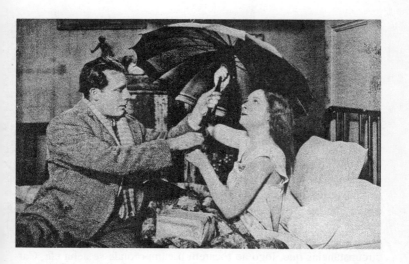

8. Cena de *A Turba* de King Vidor (1928).

192 A IMAGEM AUTÔNOMA

sempre em conexão com eles que no instante mais se acendem em comunicabilidade. Esse retraimento da nominalidade maior, porém ainda em cena mercê das menores que estão em pauta, fomenta a imperecível unidade de todas em relação a ela, que não será de um só teor, e sim de diversos, todos a atuarem à guisa de preenchimentos, como se a entidade genérica, um tanto subtraída à cena, aí gerasse os elementos de sua conservação. Carlito comparece à plenitude da nominação maior e das nominações menores, é o ser para o qual convergem todos os demais; quer na clareza imediata da fuga, quer nas situações suplementares a ela, Carlito ocupa o nódulo das coordenações entre personagens e cenas, cumprindo-lhe a função de se constituir o sujeito e o objeto das adequadas implicações; parecendo que, ao mover-se, o faz em companhia de sua redoma, porque sempre continuam com ele, contíguos ao seu corpo, os entes que coadjuvam a formação alegórica. Também se inculca o aliciador de circunstâncias que, logo ao tocarem o campo onde se acha ele, Carlito, assumem a acepção que a presença deste determina; embora procedam de muito longe, embora se prendam a feições adquiridas sob outros encarecimentos, ao se depararem defronte de Carlito, se convertem à motivação que ao redor deste se estrutura; revela-se então um contágio irresistível, com todos os elementos, animados e inanimados, a promoverem a tessitura que a nominalidade impõe, cada um a oferecer o característico de seu papel, a fim de que, pronta a seqüência, a fuga se exiba em sua diáfana explicitude. De conformidade com o método alegórico, todas as seqüências devem encerrar o princípio e o fim de si mesmas, sem embargo de, vinculando uma à outra, existir comunidade de aspectos cênicos e de figurantes, o que levaria o espectador à conclusão de assim analogamente se tecerem as histórias; mas, além de o enredo, nas obras de Chaplin, ser predominantemente curto e apressado, os alongamentos da urdidura não se dirigem de maneira solta, e sim ao compasso do tema, ou do subtema em via de homologar o tema da fuga.

Em lugar de história propriamente dita, a urdidura chapliniana se ordena em busca da estabilidade do nome de que se impregna, e a transcorrência da obra, fluindo em seqüências, resulta da sucessão, do tempo do cenário com que o cinema se efetiva; trata-se de uma condição essencial – a de ser no tempo – que obriga o autor a estender os propósitos de sua criação, contingência que favorece o espectador, porquanto este, diante de exemplares distintos, e às vezes de muito variada apresentação, melhor sentirá a profundeza e intensidade do tema abrangedor. Se o cineasta se restringisse à efêmera simultaneidade, limitando à cena única, a modo do pintor, a externação de sua nominalidade, de sua intuição filosófica, dificultar-se-ia a exposição dos subtemas, e o comportamento estático somente real-

CHAPLIN E O MÉTODO ALEGÓRICO

çaria o tema genérico, o de maior diâmetro. Necessitando de estabilizar o tema de maior elasticidade, o aplicador do método alegórico haverá de traçar, idealmente, na linha de sucessão, umas fronteiras de contorno ao verificar-se a completa fabulação da nominalidade, arrumando em capítulos os subtemas que a conservam. Inscrevendo na sucessividade um tipo de demarcação nitidamente inspirado no domínio do simultâneo, o cenarizador habilita as seqüências demarcadas a conterem a presença instante, a entidade assim tornada ubíqua. A semelhança de animais que se seccionam para efeito de se reproduzirem, o filme elaborado segundo o método alegórico tem em cada capítulo, ou seja, em cada seqüência, o bastante para indicar à platéia a intuição do criador; a fabulação da obra a se tecer de subtemas fiéis ao tema envolvedor, e dessarte, por força das diversificações de aparência, sobram-lhe as oportunidades de constantes surpresas, a monotonia nunca se manifestando no espectador da nominalidade tautológica.

26. A Intuição Chapliniana

A distinção do grande artista, em qualquer gênero de arte, deriva da circunstância de ele fixar na obra, com a matéria de que dispõe, o sentimento com que vê as coisas diante de si, fazendo-o acidental ou substanciosamente. Portanto não há como nivelar, no mesmo estudo, Cézanne e os comuns e habilidosos expositores de galeria; estes, simplesmente, possuem a matéria mas não alcançam galvanizá-la com entornável e intensa nominação. A propósito do autor de *Luzes da Cidade,* pode-se afirmar o mesmo, tendo-se em conta os inumeráveis confeccionadores de filme, dentre os quais se costumam comparar a ele os promotores e os atores de curtas e alongadas comédias; se todos estes levam ao riso, entretanto o que advém de Chaplin, surge, por sua vez, de origem mais nobre: há uma intuição nominadora, uma base filosófica nas faturas de Chaplin, o que não sucedeu com nenhum outro artista do cinema. A crítica, inclusive a encomiástica, sempre se emprega em equiparações com atores – não foram mais que intérpretes – existentes na década de vinte, em confusão de valores que têm comprometido o mérito de muitos julgamentos. Enquanto a intuição de um filósofo é respeitosamente reverenciada por todos, ascendendo ao mais alto nível de admiração intelectual e espiritual, e a de um artista de gênero tradicional passa, logo que descoberta, a plano também de elevada consagração, a intuição do criador cinematográfico, e particularmente se tratando de comédia, não inspiraria a mesma seriedade de aceitação; talvez pela demasiada explicitude de sua matéria, advindo em conseqüência a

196 A IMAGEM AUTÔNOMA

pouca disponibilidade para a especulação, o que muito prestigia as relações entre o objeto e o projeto mental, a visão do mundo trazida pelo cinema corra despercebida até por seus historiadores. Deve-se ressaltar todavia que a indigência de autores verdadeiramente cultos no trato das coisas do cinema, sem falar da vocação artística para este gênero decerto escassa, não se confundindo com a vocação para os meios técnicos, esta bem maior, deve-se entretanto ressaltar que tais fatos e omissões têm a sua cota de responsabilidade na pequena ou nenhuma importância atribuída ao cinema como arte veiculadora de profundas concepções. A oficina do pintor, a do escultor, o gabinete do filósofo, mereceram e merecem uma ordem de consideração que às vezes assume tocante modalidade, pela excelsitude das preocupações que neles se desenvolveram e se desenvolvem; no entanto, o estúdio da cinematografia se tem ostentado, desde os primeiros anos de seu estabelecimento, como empresa mercantil, ávida de lucros financeiros, naturalmente justificáveis em vista dos dispêndios da produção; de tais redutos dificilmente sairia uma arte em concorrência com as grandes artes, quando muito, permitir-se-iam, o que em verdade ocorreu, leves ensaios, trechos dispersos, uns e outros momentos positivos, excelentes raridades, enfim, promessas, possibilidade de, com a nova matéria, ter-se a catálise de uma visão acerca do mundo existente.

Excetuando-se da regra geral, foi Chaplin o único dos realizadores do cinema a elaborar uma obra dessa natureza, assim associando, à liberdade de produzir, a existência de um pessoal repertório; fora da prática habitual, toda ela exercida na ilustração de histórias, a imagem comportando-se no papel de correspondente, no setor óptico, daquilo que se retirava da literatura, sobreveio a mais completa demonstração de que a nova arte era passível de acolher uma substância do nível de outras que se expuseram em palavras, em colorido, em volumes. A comparação com a individualidade artística de Cervantes é procedente em dois sentidos: no do método aplicado e, por oposição, no da personalidade do protagonista centralizador. Tratava-se de uma exacerbação de tipo romântico, ou mesmo barroco, repleta de flagrantes emocionais, e sobretudo alteando-se como visão genérica das coisas, firmando em cada uma o atendimento ao estilo de ser em função do tema primordial. Agora, em vez do livro, da pintura, da arquitetura, meios tradicionais de expor sentimentalizações desse porte, o processo cinematográfico, mostrando os seus férteis recursos, se fazia o propagador de uma filosofia do comportamento humano; na apresentação da qual se sobressaía o continuado aprimoramento no sentido de nada restar, na composição das cenas, que se insurgisse contra a unidade da fabulação. Ac passo que, na obra de Cervantes, se têm, em atingida maturidade,

A INTUIÇÃO CHAPLINIANA

todos os membros da fatura em seus aspectos definitivos, na de Chaplin, nota-se o progressivo andamento em busca da coerência unitária, exigida em virtude da ubiqüidade do tema. À medida que nova produção se realizava, mais perto ficava o autor da lógica interna de sua concepção, de forma que os filmes significavam o desnudamento do processo criador em ascendência à perfeição, entendendo-se por esta a justa correspondência dos partícipes da obra, de seus componentes materiais, com a nominalidade abrangedora. A carreira artística de Chaplin deixa transparecer, desde as curtas comédias, a cristalização de seus valores básicos, toda ela esteando-se na figura do protagonista, daquele que estava como o fulcro das situações, e esses valores básicos surgiam e alcançavam espessura em face desse mesmo protagonista, a fonte única de todos os eventos. Ainda à maneira de Dom Quixote, Carlito era a constante referenciadora dos cometimentos, armando-se as conjunturas de conformidade com a índole dele; como objetos de metodização alegórica, ambas as personagens se identificam, apenas a de Chaplin revela isto de particular: com ela se expõe o caminho para a sua exata definição.

Sendo, a um tempo, criação e processo de criação, a obra de Chaplin suscita, por isso mesmo, em certos momentos, a impressão de propositada feitura, ressentindo-se da objetiva naturalidade com que ordinariamente se externam as obras artísticas, assim ocultando no máximo os resíduos de sua artificialidade congênita. As feições postiças que, no plano da arte exibida, assumem a legitimidade estética, em muitas produções de Chaplin ostentam, com clareza, o fingimento do arranjo, como se a procura da significação ubíqua fosse tão ansiosa que a representação segunda – a da tela – repetiria algo da representação primeira. Não seria inédito, no domínio da criação, este caso de o artista não se constranger com a exteriorização de contingências que deveriam permanecer no exclusivo terreno dos bastidores, da oficina, do estúdio; registra-se, preferentemente nas obras de exacerbação sentimental – e a de Chaplin figura entre elas – a desenvoltura, a sem-cerimônia de descobrir o processo de confecção, o qual, em si mesmo, é prescindível no julgamento da obra, e um tanto vulnerador de sua integridade. Tal evento se capitula no confessional que comumente existe no próprio seio da fatura, quando a alimentam o afeto e os subafetos irreprimíveis, a exemplo de Chaplin, cuja concepção acerca do mundo como o estrado onde se situa Carlito se engendra à custa de sentimentalidades que vão desde o lirismo ingênuo à encenação patética. Decerto não influi na concreção dessas sentimentalidades a presença de antiquada técnica e de vestígios da primeira representação, o tosco de várias amostras a bastar quanto às intenções do criador, pertencendo ao mesmo grau de interesse, dado o sentido de que se investem, as cenas finais de

198 · A IMAGEM AUTÔNOMA

Pastor de Almas e as mais significativas de *Em Busca de Ouro,* embora aquelas contenham indisfarçáveis artifícios e uma técnica ainda mais rudimentar. A negligência formal – principalmente quando comparada com os filmes posteriores a *Varieté* e se tem em conta que o autor de *Luzes da Cidade* possuía os recursos financeiros para utilizar o que de melhor aparecesse no domínio da técnica – indica o menor apreço ao acabamento de seus filmes, perfazendo-se também nela a óbvia consideração de que mais vale o absorvente conteúdo.

Evidencia-se, na obra de Chaplin, a explícita concordância entre a normalidade de Carlito, o seu comportamento no meio das articuladas situações, e o tema geral que a todas envolve, a presença desta personagem a persuadir o espectador de que, logo em seguida ao seu aparecimento, um episódio sucederá em perfeita adequação a ela; realmente, o vulto de Carlito se estrutura de tal maneira pródigo, a sua aparência é tão reveladora de virtualidades, que inevitavelmente suscita copiosas complementações, os protagonistas secundários e as próprias coisas a se condicionarem à existência daquela figura, que, cumprindo a fatalidade de sua nominação, se exercita em contagiar a tudo e a todos, sob a modalidade de trazê-los à alçada da referida nominação, a sua fuga. A prática do método alegórico, tanto em Cervantes como em Chaplin, externa-se sob a feição de convergências no sentido da centralizadora personagem, a ponto de, deparando-se o indivíduo com algum acontecimento, fora do tomo quanto ao primeiro autor e fora de seus filmes quanto ao segundo, descobrirá, imediatamente, que ele virá contribuir para a animação do tema englobador. O ato de que participaria esse acontecimento seria mais uma ratificação da presença da nominalidade maior, residindo nessa disponibilidade de descoberta, franqueada pelos coadjuvantes em cena, de que nenhum escapa à vigência da significação em foco, a oportunidade de co-autoria do espectador, este cooperando no preenchimento da temática, desde que atenda, com a imaginação, à lógica interna do *leitmotiv*. Mais que na obra do escritor, a do cineasta, pela direta e óptica assimilação, presta-se a devaneios homologadores, e o método alegórico então se caracteriza por esse atributo de ser em aberta aquiescência, as coisas anuindo em se integrarem na nominação atraente e nunca saturada de seus recheios.

A fuga às empresas que ordinariamente animam a pugnacidade humana é, sem dúvida, um tema de inesgotável representação, rico de tonalidades, de subtemas que não entediam a platéia, para isso colaborando a comicidade inerente à atitude de fugir. Registra-se que Chaplin teve assim facilitada a tarefa de conduzir a sua obra a contento absoluto dos espectadores, a sua criatividade a usufruir o privilégio de exercer-se em matéria propícia à natureza do temário e o de esse temário possuir, além da clara explicitude através de

A INTUIÇÃO CHAPLINIANA 199

imagens, a índole infalivelmente cômica. A hilaridade que despertam os seus filmes parte de uma coonestação filosófica, e portanto se distingue por sua interior profundidade, competindo-lhe uma posição de raro obtida na crônica estética. Efetivamente, na obra de Chaplin associam-se, de maneira unitária, a matéria, a temática e a comicidade, propriedades essas que, somadas à circunstância de o autor ser, concomitantemente, o cenarizador, o diretor, o orientador da câmera, o intérprete, asseguram à obra um regime de coordenação e de unificação incomuns. Em tal âmbito, favorece-se o empenho do criador, ele sente, estimulado por seu positivador arbítrio, a naturalidade de sua execução; inclusive, podendo acontecer que toda a decisão sobre o emprego da matéria, tomada pelo criador na rotina da confecção, seja oportuna e substancialmente correta, em outras palavras, concorde com o tema, com a intuição que lhe foi pessoalmente incorporada. Senhor de sua criatividade e de sua técnica, o autor chega a um tal domínio, de quanto lhe advém à manipulação, que parece haver, em todos os acidentes por ele avocados, a predisposição em integrar-se na obra em que finalmente se incluem. Na tarefa do cenarista, principalmente quando se trata do método alegórico, ressalta o predicamento de infiltrar sentido a uma figura com o simples fato de fazê-la contígua à outra, desse modo abrindo-se a oportunidade a que o alheamento de súbito se interrompa, e em seu lugar prevaleça o tema ou o subtema em via de concretização. Sendo assim, a representação primeira – a do estúdio – encerra o momento de promover-se a magia da incorporação em novo significado: a quem penetra no estúdio, não se lhe dá a nominativa alteração, no entanto, ao assistir depois, exposta na tela, a cena em apreço, compreenderá que naquele instante, em que nada surpreendera no tocante ao travestimento de sentido, se operava a permutação do corriqueiro por algo indiscernível entre aparelhos e confeccionadores técnicos. A aplicação do método alegórico é em si mesma – tal como se verifica na obra de Chaplin – o ensejo a que se efetuem cometimentos dessa ordem, os sucessos despindo-se da costumeira significação para adquirirem o que lhes inocula o autor: o comportamento solidário à acepção da fuga.

Ao escorregar no chão polido, a personagem chapliniana se vê em risível situação, repetindo um ato universalmente cômico, mas, no caso em foco, não consiste ele em mera adesão à indiscutível hilaridade; o grotesco dos movimentos, tentando equilibrar-se, e por fim a queda, representam sobretudo o desajustamento de Carlito em relação ao meio social em que se situa ocasionalmente, porquanto, no rotineiro de sua vida, é outra a ambiência que se lhe condiz. Portanto, o episódio se constitui num dos subtemas que abastecem o tema principal, o da fuga, e em função dele determina-se-lhe o

200   A IMAGEM AUTÔNOMA

valor, um sentido mais profundo emanando da cena que, ao desapercebido espectador, será apenas o pretexto do riso, e como tal, se houve em admirável perfeição, a suficiente para notabilitar o autor. A obra de Chaplin tem, contra a suspeita de que uma profunda ideação vem a depreender-se da cena citada, a propriedade de satisfazer a expectativa que conduz o assistente à sala de projeção, a de um tipo de contentamento que sói dispensar a procura de outros. Considerando-se na cena do escorrego o subtema do desajuste entre Carlito e o ambiente, passa-se à conclusão de que o conceito do riso, na sua tradicional fórmula de inserir a transgressão do acidente a um princípio universal, como seja, o de a pessoa equilibrar-se normalmente sobre o solo, não procede de uma superior instância, mas do aspecto em si mesmo, do que está na óptica do espectador; tanto assim que o prevenido e o desprevenido quanto ao tema geral riem com idêntica desenvoltura. Pode-se concluir também que o riso, longe de importar, por si só, em valorizador da comédia, se recolhe em dimensão mais curta, e cede à nominação envolvedora o privilégio de definir a sua intrínseca natureza. Dessarte, o riso afigura-se não a substância para uma categoria estética e sim uma forma de receptividade que não contém, em si, o instrumento para valorativas distinções. A comédia, em Chaplin, não se conceitua pelo riso que provoca, desde que este se origina diante de causas aparencial e cenicamente diversas, mas pelo atendimento à temática da fuga, esta, em virtude da ubiqüidade com que se estabiliza, através dos subtemas, a salientar-se na posição de configuradora da comédia. Com efeito, a cosmologia de Chaplin, consistindo na atitude de sua personagem ao fugir do mundo, é a definidora da comédia, sem embargo de, algumas vezes, nela não se encontrar o riso, porém o oposto ao riso, a exemplo do patético na última seqüência de *Luzes da Cidade*. Em momento algum de sua obra, houve tanto enternecimento como nos painéis do fundilho rasgado e da luva desfeita para que se desse o estalo dos dedos, sinal de desdém pelo inoportuno rapazola. A comédia compreende antes de tudo uma filosofia da existência, segundo a qual o protagonista nem sempre escolhe os meios para fugir da constante hostilidade, o que proporciona infinitas maneiras de gerar o riso; de modo que se dirá dessa conduta perante o universo que ela é nitidamente risível, mas não se recusa ao contato com superações do próprio riso. A cena de *Em Busca de Ouro,* com os recém-vindos a surpreenderem a mesa posta para os ter como convidados, surgidos entretanto com maldoso intento, se inscreve no mesmo capítulo, e, como estas, muitas outras são menos para rir que para enternecer.

Dessa forma, acumulam-se os recheios do subtema da impiedade por diversão, a figura de Carlito revelando-se tão naturalmente des-

A INTUIÇÃO CHAPLINIANA

frutável, tão explícita em seu aspecto, que o comportamento mais assíduo em torno de seu vulto, a par da agressão direta ou indireta, adquire o nome de impiedade, nome que também se deixa abranger por outro mais genérico, o da fuga que preside a esse e aos demais subtemas; acontece, todavia, que o da impiedade por divertimento assume tais delicadezas em sua estrutura que nenhuma outra forma senão a imagem as apresentaria com tanta limpidez, com a implantação do fato coincidindo a imediata assimilação do espectador, no que toca ao significado. A multiformidade com que se exibe cada subnominação comprova a fecundidade de todas elas, dessarte desfazendo maiores preocupações acerca de necessária correspondência entre a estabilidade do título e os recheios que vão alimentá-lo; notando-se, por conseguinte que, na prática do método alegórico, as versatilidades têm a sua ocasião, e a própria decorrência, limitando a temporalidade, bem se acomoda no interior das fronteiras do tema. O perigo iminente e não pressentido pela personagem, eis um subtema hilariante que se filia ao tema da fuga, aumentando-lhe a variabilidade, tendo sido uma vez a cena do urso que segue os passos de Carlito, depois, desviando-se dele como se o não vira, e outra vez o do passeante que se detém à vitrina e junto a seus pés desce o piso adjacente. Muitas situações, acidentes possíveis homologam a linha de coerência com que Carlito cumpre a sua fatalidade de ser, coerência que ultrapassa os efeitos de sua iniciativa, abrangendo os flagrantes que se processam à revelia de seu conhecimento e de conexões com a sua consciente conduta; assim se forma em torno de Carlito uma atmosfera consangüínea a ele, na qual se incluem as ações de sua pessoa e as bagatelas da fortuidade. Os cenários de Chaplin, ainda os da fase primitiva, encerram, em sua lógica íntima e em unidade, por força do tema a que todos concorrem, elementos de propositado cotidiano; competindo à arte esse empenho de converter a contribuição do dia-a-dia, com seu múltiplo repertório, todos os figurantes inspirados em reais equivalências, em algo que se galvanizou por infiltrar-se nele o significado da fuga. Correm, portanto, paralelamente às ações de Carlito, as ações de uma ocasionalidade aderente a ele, todos partícipes da nominalidade genérica.

Há o refúgio do sonho como subtema de implicação poética, o qual se reproduz em vários de seus filmes, sendo igualmente um instante ratificador da fuga e, para maior positivação desta, o devaneio, a que em solidão se entrega a personagem, de logo se interrompe em face do surgimento de algum óbice, a realidade mostrando-se prevenida contra aquele que lhe tenta escapar da dominação. A comicidade do tratamento indica o desapreço reservado ao sonho, a fim de que prevaleça a dura realidade, sendo fatalmente risíveis as ocasiões do doce e fugaz devaneio; preferindo a comicidade, que

202 A IMAGEM AUTÔNOMA

deriva do desatendimento ao sonho, o autor ressalta a evidência da nominalidade maior, da fuga, que não consente em seu bojo a vitória do sonho, evidência tão clara em mais de um ponto de sua última obra – *Luzes da Cidade* – verdadeiramente pura quanto às características do cinema chapliniano. A descaridade manifesta com que muitas vezes o criador encaminha a sua personagem resulta de serem propícias, à emanação do tema, as peripécias do desamor com que mais profusamente se nutre a comicidade de suas obras, não poupando a hilaridade quer para Carlito, quer para os seus perseguidores. São constantes os motivos de hilaridade porque a fuga é essencialmente cômica, em sua oposição à tragédia do combate, e ainda nos momentos em que ela, a fuga, não se mostra em linha direta, como no devaneio em soledade, em que um vasilhame, caído sobre a cabeça do devaneador, oferece o sentido do inútil afastamento dos homens e das coisas, desde que encontra a agressividade em todos os esconderijos.

Por isso mesmo que um dos subtemas de coerente naturalidade está na conjuntura em que Carlito, ante a necessidade de alguém sair da cabana à procura de socorro, durante a perigosa tempestade, e sem aguardar o término do jogo da sorte, faz o gesto de retirar-se, como devendo ser o indicado a correr o risco. Esta cena de *Em Busca de Ouro* revela uma densidade cômica bem maior que a de outras da mesma seqüência, em virtude de atestar a consciência de Carlito quanto à fatalidade de seu papel: o de subjugado por grandes e pequenas forças. Uma das pesquisas mais curiosas seria a deste subtema ao longo de seus trabalhos, e então ver-se-ia a sua coincidência com a progressiva purificação do tema da fuga, purificação que melhor se exprimiu de *Em Busca de Ouro* a *Luzes da Cidade*. Decerto que a consciência de seu destino se marca pela resignação às vezes lúdica, à maneira da cena que encerra *O Circo*, na qual a personagem Carlito, em atitude de colegial, utiliza o papel que restara do barracamento, jogando-o com o pé, e assim desfazendo-se de uma coisa que virtualizava toda a vida que se dera no meio dos saltimbancos. A respeito de virtualização impregnada à cena, existe nessa mesma passagem o círculo que a tenda desenhou no solo, tudo disposto de modo que o movimento de atirar o amarfanhado papel, como se fora uma pelota, acumula em si a comicidade do gesto e a sua acomodação à sabida fatalidade. A elaboração criadora, sobretudo em artistas de sentimentos liberados, nem sempre se opera em equilíbrios perfeitos, em ordenações corretas, acontecendo que alguns se decidem pelas soluções mais fáceis, e há outros que as ocultam por meio de refinado e discernido acabamento; no caso de Chaplin, e atendendo à circunstância de a sua obra ser processualmente aberta, deixando transparecer, inclusive, os artifícios de alguns in-

A INTUIÇÃO CHAPLINIANA

gredientes, as combinações entre o tema geral e os subtemas se expõem sem nenhuma preocupação de harmonizar cometimentos; antes, o que o cenário oferece consiste em desconcertos e surpresas que, em compensação, lembram mais o comportamento da própria vida. De forma que, na verificação dos subtemas, descobre-se que determinada nominação aparece apenas insinuada em um filme, vindo posteriormente a receber em outro a sua integral plenitude; o que, embora resulte da falta de planejamento para a execução da obra – planejamento impossível dadas as peculiaridades das condições do cinema, ou melhor da indústria do cinema – entretanto se positiva como valorização estética; em verdade, os imprevistos, as desordens cênicas, sucedidas em suas produções imaturas, onde muitos eventos contrariavam o tema que depois assumiu o controle da criatividade – o tema da fuga – estenderam reflexos sobre as suas três obras principais; contudo, eles não devem ir à conta de defeitos, e sim de modalidades pessoais do criador. Tais contingências molestariam o espectador de índole clássica, mas o de índole adversa e que, por isso, se assemelhara, em temperamento, ao próprio Chaplin, se contenta com o bastante daqueles tumultos, com a suficiência demonstrada por eles. Pode-se admitir, em relação a Chaplin, criador de exacerbada subjetivação, o mesmo critério coonestador que têm merecido os autores de outras épocas, barrocos e românticos: aquele que apresenta, como afirmativos da arte, o complexo, o obscuro, o caótico. Sem dúvida que as exigências de simplicidade, de clareza, de ordem, incidem em ocasiões adequadas a elas, exatamente as opostas à fundamentação sentimental dos filmes chaplinianos.

Na fatura artística, o processo pessoal de efetivar a obra impõe qualidades à estrutura da própria obra, a ponto de surgirem valores de essência que são originários da mera confecção; e a fortuidade, inclusive, tem a sua parcela de contribuição no acerto com que se articulam as partes do empreendimento. No cinema de Chaplin, nota-se que muita coisa lhe adveio no momento reservado a sua execução, um jeito de improvisação a transparecer de muitas cenas; sente-se que o cineasta não dedicou a suas obras o minucioso cuidado de prever, através de cenário escrito, cena por cena, dosando, também previamente, a temporalidade de cada uma, à semelhança dos comuns cenaristas que entregavam, à ação do diretor, uma urdidura que não permitia transgressões. Explica-se o desinteresse de Chaplin no tocante a cenários rigidamente escritos; ele se mantinha na posse do tema geral, de uma intuição que se expressa e se homologa através de consentâneos subtemas; e acontecendo que essa intuição e seus subtemas preenchedores dispõem, para a externação artística, de matéria simplificada e de súbita assimilação, tal a imagem produzida pela câmera fotográfica, e, acontecendo ainda que os atos da

204 A IMAGEM AUTÔNOMA

fuga e de suas complementações se fazem naturalmente discerníveis por meio de imagens – uma relação de imanência existindo entre a imagem em movimento e o sentido da fuga – nada mais próprio que Chaplin, a um tempo o cenarista, o diretor, o ator central e o orientador da fotografia, compusesse improvisadamente muitos instantes de sua obra. O artista que porta, nessas condições, um tema tão rico de espiritualidades está sempre habilitado a concreções de seu pensamento; e, experimentado nos recursos técnicos de sua empresa, para ele se torna simples a fatura que na hora engendra, isso comprovando-se no fato de ele, Chaplin, haver, nas fitas mais importantes, desdenhado o arrojo técnico então vigente. Na época vulgarizou-se, sobrevinda do cinema soviético, a expressão "o diretor com a câmera ao ombro", querendo dizer que a realidade era propícia a conversões cinematográficas, ao diretor – talvez mais fotógrafo que diretor – competindo recolhê-la, sem ensaios, sem a representação primeira, de acordo com as possibilidades da câmera. De certo modo, a expressão caberia na personalidade de Chaplin, levando-se em conta que inúmeras cenas de seus filmes patenteiam tão singela e espontânea aparência que induzem o espectador à lembrança de documentários, de flagrantes conseguidos com a mera tomada óptica, sem cuidarem que enfrentam a câmera.

Com efeito, o cotidiano da realidade distribui, ao atento observador, freqüentes amostras do tema chapliniano, da fuga e das complementações da fuga, e se algum cineasta, com a sua câmera ao ombro, se decidisse a apanhar, ao longo das ruas, nas praças, os entrechos ilustradores daquela nominação, muito haveria que registrar cinematograficamente; de sorte que, não obstante lidar com atores, dentro, portanto, da artificialização com que se perfaz a obra artística, resulta de tal maneira maleável a matéria, com a sua copiosa correspondência no plano real, que o criador se sente à vontade em aduzir à obra a espontaneidade que encontra nos modelos naturais. As manifestações da fuga se bastam plenamente com as figurações desprovidas dos elementos ativadores de sua identidade, como o som e a cor, enquadrando-se todas elas nas imagens de pura cinematografia, aquelas que, em preto e branco, se apresentam na movimentação do cenário; a fuga demonstra ser, em virtude da variedade de seus aspectos, uma nominalidade passível de fácil representação mercê da imagem do cinema, e à vista das produções de Chaplin, acrescentar-se-ia que ela é de todo fotogênica. Nenhum lance de sua versatilidade se socorre de meios que não os obtidos na fruição das imagens, e a própria feição de Carlito, com os seus trejeitos e indumentária, reveste uma tal condensação de sentido, em seu caráter de imagem, que não há como exigir, não só outras matérias de repre-

A INTUIÇÃO CHAPLINIANA

sentação, mas também circunlóquios e digressões com outras figuras, embora aceitáveis quanto à autonomia do cinema. A direta exibição do sentido de uma cena, através das imagens que o portam, se institui numa das características do estilo de Chaplin, as metáforas, os símbolos estão ausentes de suas obras sérias; convindo notar que o momento de mais incisiva retórica, de que há notícia na crônica de sua carreira, figura no filme *Tempos Modernos,* onde, logo no início, aparece o rebanho de carneiros, usado comparativamente com a multidão de operários. Essa produção assinala-se como o preâmbulo de sua decadência artística, amontoando situações e significados que se excluem essencialmente do temário chapliniano, a par de outros que atendem à nominalidade da fuga. Lastimavelmente, antes de abandonar a personagem Carlito, Chaplin veio a deturpá-la naquele último filme em que ela apareceu, envolvendo-a em atuações descondizentes com o temário da fuga. Intenções desviadoras influíram no próprio tratamento cinematográfico, à semelhança da cena dos carneiros que, na qualidade de metáfora, sobre ser comprometedoramente comum, infringia a lei do local, desde que trazia a foco imagens (os carneiros) que não pertenciam à ambiência onde se estava desenrolando o começo da urdidura. Chaplin havia sido, talvez, o cineasta que mais cuidou em se tornar fiel à sua forma bastante, posto que muito discreta, pouco ou nada influenciável com respeito a invenções e descobrimentos técnicos, alguns dos quais desenvolveram, estruturalmente, a linguagem da cinematografia; e a sua fidelidade se prendia também aos processos nada retóricos, muito pouco intelectualistas em suas intenções.

Dentre os mais belos subtemas chaplinianos, e externado mercê de breve conectivo, sobressai-se, com a melancolia que nele se contém, o de Carlito supor, por um instante, que a figura feminina demora sobre ele o olhar interessado, quando é a outrem que ela o dirige; o que de logo reconhece o iludido vulto sem entretanto se sentir molesto, indicando assim que o evento se integra em seu vivencial repertório. Para a individualidade de Carlito, e coerentemente com a nominalidade da fuga, as ocasiões de prazer resultam efêmeras, visualizando-se o rápido afeto de maneira que o flagrante, por si mesmo, não impunha alteração à normalidade da cena. Chaplin, ao efetuar as conjunturas mais ternas e as mais densas do subtemário, nunca o fez em termos de exceção, e sim no igual nivelamento a que se conduziam todos os ocorrentes pretextos; esse aspecto é digno de ressaltar-se porquanto o rotineiro, na prática da cinematografia, desde que amadureceram os recursos técnicos, consistia em aproveitar um entrecho emocionador para que servisse de ensejo a angulações e a movimentos da máquina. O método alegórico tem a sua parte no primarismo de inúmeras de suas apresentações, no decurso

206   A IMAGEM AUTÔNOMA

das quais nenhum sentido de distinção vem a promover hierarquias formais, antes imerge todos os protagonistas, com os seus respectivos significados, em comunidade óptica, em analogia com a que se alcança na cena do teatro. Não foram as tomadas sucessivas – predicado exclusivo do cinema – dir-se-ia que a modalidade teatral o induzira àquela uniformização de valores cênicos; todavia, anteriormente ao teatro, a observação dos acontecimentos, em seu plano real, demonstra inserir equivalente arranjo de personagens e de motivos, a menos que o contemplador, imitando a mobilidade da câmera, se desloque para outro ponto de mira, com o que se alteram os componentes, personagens e motivos, do painel objetivamente estruturado. Em Chaplin, muitas situações descobrem a sua profundeza, sem que para tanto a lupa se prepare especialmente, proporcionando ao fato em curso uma feição aparencial diversa da ordinária apresentação; dissolvem-se, depois de cumprida a sua presença, as passagens que se evidenciam pela nominalidade que encerram, e que nutrem a nominalidade maior, assegurando-lhe a estabilidade ubíqua; e essa evidência se afirma de modo tão tocante e delicado, assim desprovida de ênfase, que, é de pressupor, qualquer relevo fotográfico que se lhe pusesse propiciaria uma retórica mais atraente, contudo se ressentiria o tocante e o delicado que transpiram do episódio.

Consentânea com o tema da fuga, é a seqüência final de *Em Busca de Ouro,* em que surge Carlito na condição de milionário, externamente vitorioso, mas no íntimo continuava o Carlito de sempre, o que se configurou com o gesto de apanhar a ponta de charuto caída no chão, gesto plebeu e afirmador de sua eterna indigência. Atrás de certos aspectos que contradiriam a sua fundamentação filosófica, impera uma verdade subjacente, de sorte que essa verdade, a intuição do mundo consubstanciada na fuga, ora diretamente se exibe, ora se oculta sem entretanto isentar-se da presença; tal o comportamento de Carlito junto ao companheiro pródigo enquanto sob os efeitos do álcool, tal a visita a ambientes de mais alta classe, circunstâncias essas que não corrompem a unidade com que se positiva continuamente a pessoa do protagonista. O subtema da inadaptação tem, em *Luzes da Cidade,* os seus mais minuciosos preenchimentos, que se elucidam em manifestações de comédia, em virtude de estarem mais próximos de seu consagrado conceito. A configuração mesma de Carlito serve de pretexto para os constantes desajustamentos entre ele e as contingências em que vive, serve de alvo a uma série de reações, dentre as quais o impiedoso gracejo que conduz a sensações amargas, e por fim desnorteia-o a habilidade com que Carlito costuma ultrapassá-lo, não se deixando vencer pelo ridículo; ao contrário, nessas ocasiões ele se desaperta mediante uma atitude a que não falta oportuna elegância e superior desprezo, com-

A INTUIÇÃO CHAPLINIANA 207

provando que a vigília em face dos homens e das coisas é permanente em seus contatos, a ponto de possuir padronizados gestos com que responde às habituais animosidades. Contígua a essa conduta, sobressai-se a dos preventivos que ele adota, em face de possíveis contratempos, dessarte mostrando o escarmento a que o levaram outras horas; inclusive, dá a impressão, logo que aparece, de vir de desencadeados infortúnios, de recintos incômodos onde esteve refugiado, de peripécias que constituíram a sua experiência de viver, e por conseguinte são naturais os expedientes, as espertezas, os estratagemas que utiliza a fim de assegurar a devaneadora quietude. Toscas simplicidades, pequenas sabedorias correspondem à modéstia de seus desejos, não lhe demandando esforços a aspiração à felicidade, havendo, portanto, uma interna ironia na hostilidade com que o mundo o recebe, pois que ele é uma individualidade de curto horizonte e repleta de todas as bondades.

À fotogenia da fuga, Chaplin tem atendido com acertado empenho, sobretudo extraindo das situações toda a comicidade que elas podem oferecer, sem transgredir o senso comum da oportunidade, apenas o vulto de Carlito sói centralizar as conjunturas que se operam, o riso nunca se dissociando de seu comparecimento; se a fuga se revela, em si mesma, fotogênica, a obra, que dela deriva, se formará de diretas exteriorizações da imagem, daí surgindo a razão pela qual os seus filmes não contêm a retórica encontrada em fitas à base de novelas, de enredos alongados; certamente que a não-fotogenia de uma trama persuade o cenarista a aplicar recursos para que a mesma se torne fotogênica, surgindo então os processos circunloquiais, em cujo transcorrer se salientam as fusões, os retrocessos no tempo da tessitura, as metáforas e outros elementos que conseguem, às vezes brilhantemente, valorizar de modo artístico as seqüências em que se arrumam. Por isso que na fatura chapliniana as cenas se caracterizam pela simplicidade formal, a fotogenia do assunto a dispensar suplementações, ela própria se expondo imediatamente clara, com a figura de Carlito a irradiar, de súbito, a sua inconfundível significação. A fuga, na qualidade de nominação generalizadora, conta com a visualidade como o terreno em que se manifesta de maneira óbvia, valendo-se de figuras que, sem dificuldade, se prestam a exibi-la, sob a feição de imagens cinematográficas. Inúmeras se prontificam a expressar os cometimentos da fuga, até parecendo que em cada canto do real existe uma simbologia dela, o que admite o instantâneo, o gratuito aproveitamento a quem se dispusesse a sair à rua, à praça, e colher, segundo a sua agenda, os flagrantes naturais da fuga. No cinema de Chaplin, denota-se aquele ar de improvisação, de apressada feitura, que, em última análise, traduz a prodigalidade dos meios que, tanto na realidade como na representação artística,

208   A IMAGEM AUTÔNOMA

se franqueiam à visualização da fuga. Tal nominalidade encerra sutis e variadas nuances, à guisa daquelas em que a personagem Carlito se despe de sua condição de pária a fim de converter-se à condição oposta: Carlito milionário, Carlito bombeiro, Carlito boxeador, Carlito policial e tantos outros Carlitos, não passam de pretextos para a lúcida afirmação de seus contrários, de Carlito não milionário, não bombeiro, não boxeador, não policial, de Carlito sempre inadequado a tudo que leva ao êxito, à vitória.

Outro subtema da fuga e bem adstrito a ela consiste no medo que intranqüiliza a personagem chapliniana: para obter algum dinheiro, Carlito retira, de calçada em calçada, a neve que sobreveio à noite, indo à tarefa com saudável alegria, quando se surpreende ante a calçada da cadeia, e daí se ausenta cauteloso, assim acumulando duas causas de riso: o susto e a precavida retirada. As atitudes de pânico, de tão naturais ao vulto de Carlito, se esperam a cada momento, a sua aparição parece informar que algo de amedrontador o obrigará a correr dentro de alguns minutos; essa expectativa contribui para a atenção nunca diminuída da platéia, tão grande resulta o poder virtualizador de Carlito que ao longo de sua estrada vai tornando exeqüíveis as leves e pesadas intimidações, e a sua escapula, com trejeitos incontáveis, deixa subentendido que a agilidade de seus movimentos, ao escapar dos pavores, procede de diuturna experiência, toda a sua vida filosófica a assentar-se em precauções e desditas iminentes. A comicidade do medo encontra na obra de Chaplin talvez a sua mais intensa apresentação, mesmo porque não se trata de um temor qualquer, mas sim do medo que se integra no tema da fuga; as manifestações do medo, revestidas de ordinárias aparências como a queda repentina, o espanto da face, adquirem densidade de teor quando se articulam àquela nominalidade: o tema da fuga. A catálise, que este determina, avoca-lhe os acontecimentos que, anônimos ou gastos, se animam em virtude da inoculada significação, à obra de Chaplin sendo permitido o uso de situações já havidas em trabalhos de outros autores, mas que, transferindo-se para ela, obtêm importância nova e profunda, como se foram inéditas. Há, na figura de Carlito, a concentração de vasta experiência, contando-se nela o repertório de atitudes que se repetem por toda a humanidade, os gestos comuns aos indivíduos nas mesmas condições, e aqueles pertencentes aos homens que perseveram na simplicidade, gestos humildes e implantados pela timidez; diferentes dos que emitem os vultos de posição oposta, daqueles que habitam o lado hostilizador de seu universo, os quais, em cumprimento aos ditames da soberba, do orgulho, da impiedade, se ostentam explícitos em sua representação, em posturas mais facilmente catalogáveis que as do

A INTUIÇÃO CHAPLINIANA

plebeu e – conforme se vê no tratamento chapliniano – suplementados por uma nominação inseparável deles: o ridículo.

Se o temperamento de Carlito não se coaduna com vingança programada, se, na qualidade de vencido, só lhe compete dar as costas ao vencedor, corporificando assim o ato da fuga, entretanto a individualidade criadora de Chaplin, tendo que se deter nas personagens que contracenam com Carlito, aproveita o ensejo para certas vinditas que o outro não poderia praticar. Precisamente os soberbos e os impiedosos, pelo comportamento facial de seus vultos, imergem num tema que é marginal ao tema genérico: o do ridículo. Por não ser imprescindível ao recheio da mais extensa entidade, a fuga, nem estar necessariamente na linha definidora desta, o ridículo assume a feição de comentário do autor, representando a sua parcialidade no que toca ao insolúvel desentendimento entre Carlito e o seu mundo. Esse tema ladeante se efetiva unicamente à custa de imagens, se processa em pura fotogenia, sem que o aspecto artisticamente autônomo do cinema se vulnere com o emprego do comentário; antes, a conjuntura mostra que a matéria do cinema, a imagem em preto e branco, em silêncio e em sucessividade, se presta, no mesmo instante, a expor um íntimo significado e a apreciação crítica do autor. À revelia de Carlito, arma-se essa transcendente consideração a propósito dele, positivando-se como represália aos que a merecem, porém de forma que Carlito não saiba que outro, dentro de sua fronteira estética, lhe vem a tomar as dores; a conduta de Carlito, concernente a inimizades, se esclarece numa das cenas derradeiras de *Pastor de Almas*, quando ele recolhe flores silvestres e ao policial dá de presente o ramalhete. O partido que toma Chaplin a favor de seu protagonista se externa admiravelmente, pois que o repertório de gestos, computado aos soberbos e impiedosos, contém, em verdade, aquelas aparências que o tema do ridículo costuma abranger. Nesse particular, a câmera representa o papel primeiro, bastando um desvio da lente para que a figura em alvo se remova, do sério em que se demora, para o risível do qual não se apercebe, portanto passível de traiçoeiras e caricatas mutações; segundo a modalidade chapliniana de a lupa se conservar sempre diante dos objetos essenciais, não se infletindo em busca de imagens meramente retóricas, a posição assumida pelo autor em relação à controvérsia estabilizada na obra se perfaz no simples conspecto de presença, emanando-se, com toda naturalidade, dos intérpretes que no entanto não saem nunca do significado a que foram trazidos. Por conseguinte, o ridículo dos opositores à existência de sua personagem é algo de inerente a eles próprios, não sendo soberbos, cruéis, sem serem também ridículos, uma exclusiva aparência a exprimir duas ordens de adjetivação.

210 A IMAGEM AUTÔNOMA

O testemunho de sua derrota, eis outro subtema de Chaplin, referentemente a Carlito que, dessarte, assiste com os próprios olhos a fuga de que se compõe a sua vida, contemplando o espetáculo de si mesmo, sem arrebatamentos, sem estatuídas revoltas: a seqüência dos visitantes, em *Em Busca de Ouro*, que se alegram com ele junto à cabana, e que depois voltam inesperadamente e presenciam, para a angústia da personagem, os seus meneios e pulos de satisfação por haver participado da recente brincadeira e amável curiosidade, atitudes de contentamento que não podem ter outro espectador senão o próprio indivíduo que as externa; em *Luzes da Cidade*, a cena do belo rapaz que, aproximando-se da florista, dá, a esta, a impressão de tratar-se de seu benfeitor, o Carlito que, para ela, devia possuir uma feição correspondente à beleza de seus atos, e outros flagrantes em muitos dos filmes, quer os da imaturidade, quer os da maturidade, representam ocasiões de autoconhecimento, com o vulto de Carlito a se mostrar indefeso diante de sua mágoa. Tais realizações artísticas encontram raras equivalências na história da dramaticidade, e acontecendo que a cinematografia se impõe como o gênero mais adequado para essas motivações, desde que estas são fotogênicas por natureza, a contribuição de Chaplin se eleva, dentro e fora do cinema, sobre quantas intentaram os matizes do patético; desta vez com o prestígio de aliar-se a uma nominação envolvente, dominadora de toda a obra, não consistindo em momentos avulsos, desses que se acham tanto no folhetim como na grande literatura, incluindo-se a dramaturgia.

Com a preocupação de tornar patente o sentido de seu universo, Chaplin às vezes desatende à gramática da cinematografia, não quanto à legitimidade da figuração, mas quanto a certos ordenamentos de imagens; assim, ele prefere a imediata explicitude da nominação ao esforço de, na elaboração do cenário, conseguir o aprimoramento da linguagem mesma, segundo as sugestões colhidas na própria obra de Chaplin. A desnecessidade de letreiros explicativos, registrada em todas as suas produções silenciosas, responde ao intuito do crítico em encontrar, pelo menos em suas maiores produções, o emprego dos mais puros elementos, daqueles que se inscrevem nas relações entre a imagem e a câmera. O princípio da autonomia do cinema, alçando-o à dignidade de gênero artístico, tem na obra chapliniana o seu campo de prova mais fecundo; e torna-se cabível o desejo de que, à sua admirável intuição, correspondesse uma fatura sem jaça, principalmente se se considerar que ninguém compreendeu, como ele, a índole da cena cinematográfica, as peculiaridades de externação que dela resultam. Independentemente do método alegórico, que bastante facilita a obediência a termos gramaticais, reside, em sua criatividade, o pendor a valer-se das mais simples possibilidades da

A INTUIÇÃO CHAPLINIANA

câmera, inclusive a de fazer coincidir a visão mental do intérprete com a visão normal do espectador. Essa conjectura aparece a propósito da apresentação de pensamentos, de sonhos devaneados pelo protagonista, os quais se inserem no transcurso da motivação, todavia quebrando a continuidade das sucessivas e normais presenças, a lógica interna a ressentir-se de tais intromissões. Desde os filmes curtos até *Luzes da Cidade*, ele concede a tais cenas uma importância ponderável, isto em virtude da íntima conexão entre o ato do devaneio e a fuga, entre aquele subtema e a máxima nominação. Em verdade, o sonho, a meditação em soledade, já implica em momento de fuga, sendo portanto regular que Carlito se isole a fim de entregar-se a si mesmo. Mas, quanto ao cinema, pode-se dizer que há situações que são já cinematográficas e outras que o são em virtude do cenarista que nessa forma as converte; em conseqüência, dá-se que o sonho é, na modalidade em que Chaplin o situa em seus filmes, existencialmente anticinematográfico, a despeito de exibir-se através de imagens apenas, e restrito aos sós recursos da câmera. O cunho anticinematográfico do sonho, comparado ao estilo chapliniano de mostrar as coisas que são, por natureza, realmente visíveis aos olhos do espectador, representa, não há dúvida, um defeito na confecção artística, e que também se vulgarizou nas fitas que ilustravam histórias, enredos literários. O caso prende-se, em análise última, à violação do princípio da unidade visual, porquanto o filme se montara em função do direto testemunho da platéia, e o sonho, o pensamento, é exclusivo da figura que o porta; a menos que o sonho compreendesse todo o filme, sem o comparecimento "real" do sonhador, o que não ocorre em nenhuma criação de Chaplin; a obra deste se atenua artisticamente ao confundir-se a "visão" do espectador com a visão da personagem, nessas ocasiões em que esta se refugia em si própria.

À falta de uma teoria do cinema, que objetivasse os pontos de apoio à lógica estrutural e interna dessa arte, vindo a aplicação do som e da cor a desestimular os sensíveis à riqueza da imagem autônoma, à falta de teoria, proliferaram os desatendimentos aquilo que todo gênero de arte reclama: a positividade da matéria, a constância na fecundidade de seus limites; e, sem embargo daquela facilitadora confusão, foi Chaplin, em suas produções silenciosas, aquele que mais a fundo e mais inteligentemente confirmou a fertilidade da matéria. Parece, portanto, que o seu desapreço a fundamentos teóricos mais rígidos advém daquela preocupação de expor a sua ideação básica acerca do mundo habitado por Carlito; a qual impele esta personagem a ser, cotidianamente, de acordo com os ditames que ela, a ideação, estabelece, e um deles consiste em o vagabundo aparecer vitorioso, unicamente em sonho, em pensamento. Na qualidade de subtema da fuga, ressaltada a coerência entre

212   A IMAGEM AUTÔNOMA

uma e outra entidade, o sonho se prestaria melhor à literatura, e, assim como elemento da imaginação criadora, pertencendo à indiferenciação com que se entrega a mais de uma forma artística, tem importância o devaneio, o pensamento recluso, o sonho; e Chaplin não perde ensejo para reativar aquela coerência, quando, no melhor do sonho, um acidente, abrupto e cruel, surge para desfazê-lo. Em *Idílio Campestre*, as manhãs de Carlito eram iniciadas com o pontapé que lhe aplicava o patrão, destruindo-lhe a oportunidade do sonho – e a bota era especialmente calçada para esse fim – o trabalho sendo para Carlito, ora o pretexto para aluir-lhe a possibilidade de sonho, ora o recurso para tentar a sua volta do plano poético para o terreno da realidade. No primeiro caso, o trabalho transforma-se em instrumento a serviço dos ocasionadores da fuga, em capítulo da hostilidade geral, tem o sabor de sentença a cumprir, e no segundo caso, com ele aufere Carlito a viabilidade de obter algum instante de ventura: a seqüência da limpeza da neve em *Em Busca de Ouro* e as de *Luzes da Cidade,* com o intuito de curar da cegueira a protagonista. "A minha personagem é o homem perdido no mundo", disse Chaplin certa vez a propósito de Carlito; e, com efeito, nenhuma ordenação de vida se desenha no cotidiano deste ser, tudo se verifica tumultuadamente, para a só constância da agressividade, da fuga, e da convivência caótica, ele espreita os raros momentos de ternura, nos quais se isola e de súbito enfrenta novo incômodo. Chaplin sabia, como ninguém, tirar partido das situações, indo a explorá-las no que elas possuíam de puramente cinematográfico, avultando, nas prodigalidades cênicas, o comentário repleto de ironia, de sarcasmo instantâneo, à maneira do que transpirava das seqüências em que o patrão, em *Idílio Campestre,* se levantava todas as manhãs, calçava a bota do pé direito e acordava Carlito com a certeira botinada; após, regressava ao aposento e punha-se a ler a Bíblia.

O comentário chapliniano, aderido ao cunho das próprias imagens, incide nelas na qualidade de valor imanente, de sorte que as figurações do cenário, que se prendem a tais flagrantes de crítica, atestam, simultaneamente, a efetivação da fuga e a vindita que, impossibilitada de partir do intérprete, cabe ao autor trazê-la à baila, sem entretanto alterar o contexto das cenas. Para que se não transforme em panfleto a sua idealização artística, Chaplin, ciente da potencialidade da figura, da imagem cinematográfica, impede que o comento revele a sua intenção de comentar, tanto este se integra ao elemento óptico; embora a intencionalidade do autor possa inferir-se, com artística legitimidade, de cenas que são apostas, menos por exigência do significativo teor, que por necessidade do intuito crítico – e isto comumente acontece em cineastas que também imprimiram esse tratamento alguma vez – na obra de Chaplin, a feição comen-

A INTUIÇÃO CHAPLINIANA

tadora pertence às mesmas figurações que portam o tema genérico, sem estender o comentário a cenas metafóricas ou simplesmente complementares. A abreviação de cenas e de motivações que inculca no espectador a impressão de recurso improvisado, igualmente se descobre nessas ocasiões em que Chaplin condensa em passagem única a direta expressão de sua idealidade e a simpatia pelo centralizador de sua intuição, a personagem Carlito, simpatia que não estorva as mais pungentes circunstâncias em que ele a situa; e então, nestes entrechos, retrai-se a parcialidade irônica, vigendo com exclusividade o tema da fuga que se reparte em subtemas, os quais, portanto, sucedem sem a vindita do criador, insulados assim em particular tristeza: a de a cena exibir-se em cristalina objetividade, isto é, não incluir a solidariedade do respectivo autor.

Em *Luzes da Cidade,* a cena última, quando Carlito se apresenta mais pobre e maltrapilho do que nunca, nenhum comentário encerra, a composição a limitar-se ao tema em si mesmo; e sob tão densa manifestação que, em verdade, não havia como acrescer às imagens em absorvente incorporação um aspecto de natureza digressiva ou suplementar a elas próprias. O senso de oportunidade é um atributo dos grandes criadores, e especialmente distinguido entre comediantes, e Chaplin não duplicaria, a respeito das figurações em causa, o interesse do espectador, parecendo-lhe bastante o domínio do tema em foco, o tema da mágoa, da angústia, da incisiva derrota. As pungências vão imediatamente ao público, não cabendo outra coisa senão as atitudes de Carlito em relação à nominalidade maior, para isso entornando-se de seu vulto os subtemas da oportunidade, contidos no desdém pelo figurante que lhe retirou o trapo do fundilho, na impossibilidade de ao vagabundo corresponder um final venturoso, no contraste entre ele e a ambiência da florista. As imagens em medida sucessão prestam-se, homologadoramente, a aviventar a fatalidade de ser ele o objeto de fuga e de renúncia, a qual não se despega dos passos de Carlito, positivando-se, inclusive, em sua aparência, no exótico de seu tipo, que, nesse trecho de *Luzes da Cidade* se apresentou caprichosamente concorde com o significado de seu portador. À forma bastante alia-se o sentimento bastante, sobrevindo ao espectador, experimentado no repertório chapliniano, a impressão de que tal seqüência era o epílogo satisfatório de toda uma procurada elaboração: a de uma presença óptica, no plano da arte, que se assemelha, em normalidade de surgimento e em explicitude, à presença que se alcança no plano da realidade também óptica. Houve, para tanto, a matéria mais condizente, a imagem em preto e branco, sucessiva e silenciosa, coincidindo com o fotogênico daqueles aspectos emocionais; no balcão da florista, as flores se mostraram isentas de coloração, todo o recinto devera estar repleto de atrações desse gê-

214 A IMAGEM AUTÔNOMA

nero, no entanto, no plano da arte, nada sugeria o aproveitamento das cores, nem o dos sons naturais ao ambiente e os originados fora dele; ao contrário, esses elementos, cada um com o desígnio de sua particular essência, implantariam, não a textura da arte e sim, com a plenitude de todos eles, uma espécie de sub-realidade quanto ao seu teor totalizante. Sendo a imagem cinematográfica, de todas as matérias que perfazem o terreno artístico, a que melhor expõe o sentido de essência aplicado à forma, facilita-se a criatividade do autor ao escolher aquelas imagens que traduzem, por si sós, a nominação que o preocupa. Nessa escolha prevalece a fotogenia da imediata presença, entendendo-se por fotogenia a disposição natural de uma coisa a incorporar-se à intenção do artista, retirando-lhe quaisquer resíduos de artificialidade, semelhantes aos que se descobrem, por mais verossímil que se apresente a representação da peça, nas exibições expostas no teatro. A fotogenia é o dom dos objetos visuais em corresponderem, na condição de imagens, à significação que lhes inocula o diretor sob a inspiração do cenarista.

Enquanto, na leitura do romance, compete à imaginativa do leitor a fixação da fotogenia das personagens, por conta de intermediários elementos, quais sejam as palavras, as frases do romancista, no cinema aquele atributo se estampa diretamente aos olhos do espectador, acumulando em si todas as expressividades, todas as correspondências que figuram nas imagens respectivas. O comentário, o supletivo, o reticente, o enfático, o circunloquial, o subentendido, o marginal estão nas imagens em cena e se afirmam no campo meramente óptico; sendo exímio na seleção de objetos que, na representação segunda, se transformam em imagens, o criador de O Circo retira da imagem tudo quanto ela possa conceder sem sair de seu predicado fotogênico e de sua direta aparição. Durante o decurso de um subtema, através de cuja translucidez se divisa o tema generalizante, a objetividade estética se confunde com a estruturalidade, quer dizer, não se indumenta de nenhuma roupagem intermédia, antes se desnuda das incidências reais, como o colorido, o som, o odor. A loja da florista encerra esses elementos, todavia, a intencionalidade do autor se fez de todo efetivada com o só emprego daquilo que se anima na plenitude da arte, a imagem cinematográfica ungida de significação. Ao comparar-se a representação primeira, a do estúdio, com a representação segunda, a da tela, nota-se que o objeto em apreço, a fim de converter-se em imagem, se retraiu de si próprio ao perder a complementação daqueles valores, sem contudo se aluir a sua identidade, agora no índice que convém ao autor da fatura. Em sua estrutural mudez, as imagens chaplinianas – e isso explica a adoção da simplicidade técnica – de qualquer natureza, ou sob a modalidade de pessoa humana, ou de coisa inanimada, se deixam

A INTUIÇÃO CHAPLINIANA   215

introduzir, por influxos determinados pelo comparecimento do principal intérprete, este consistindo em nódulo para todos os arranjos cênicos; e então soem coincidir, no plano visual, o simples da técnica, o simples do tema geral e dos subtemas, e o simples da personagem centralizadora, o vulto de Carlito.

Dentro da mesma personalidade, a constância de uma atitude, a insistência de um gesto pode delinear o escorço dessa mesma personalidade, quanto à sua índole humana, à sua característica social; em Carlito, o ato de correr, correr desabaladamente, praticando as mesuras mais hilariantes possíveis, desviando-se de obstáculos, caindo e erguendo-se, o ato de correr desempenha a explícita configuração de sua fuga, na qual a ilustração do medo assume aspectos que excluem de sua consideração qualquer resquício de piedade, de pena pelo vulto de Carlito a correr. De fato, a corrida que ele empreende, integrando-se em inteira comicidade, não abre ensejo a que sobrevenham outras categorias também normais ao pânico, à maneira do constrangimento, da consternação, cabendo, com exclusividade, no minuto de Carlito correr, o riso e nada mais. Entretanto, esse riso corresponde a uma comédia filosófica, ele se entende com a fuga na qualidade de acepção genérica, e assim se conclui que essa nominalidade é substancialmente cômica. A personalidade de Carlito, incumbida de modular, segundo ele, a ambiência, a atmosfera que o circunda, tem, na corrida em que ocasionalmente se vê, o instante que melhor traduz o grande tema, pois que se trata de uma fuga menor a simbolizar a fuga maior. As cenas que envolvem as corridas da personagem não permitem que suplementações da fuga, mas impróprias ao advento do riso, nelas tenham igual participação, a lente fotográfica a se deter tão-só nas peripécias da corrida; portanto, o que menos parece valer, uma situação análoga à de muitos filmes, tal a de correr de algo perigoso, contém em si um predicamento simbólico: o de oferecer, em termos de simplicidade, ou mesmo de trivialidade, a apresentação linear da grande fuga.

De pequenos motivos, de ligeiros acidentes, de bagatelas da vida, Chaplin faz emergir fecundas ideações, descobrindo na humana realidade uma galeria de miniaturas, de escorços, de sua concepção privativa dele; a realidade, tal como a aproveita na conformidade da câmera, atende, sem nenhuma dificuldade, às solicitações da representação segunda, às vezes podendo a lupa, dispensando ensaios como se procedesse à pura documentação, extrair muitos desempenhos do repertório que o cotidiano lhe oferece. As complicações e complexidades psicológicas inexistem nas produções de Chaplin, as criaturas que entram em seus filmes parece que contribuem apenas com os seus corpos; ainda Carlito manifesta uma tal singeleza de comportamento, se revela tão escasso de opiniões e iniciativas, que

216 A IMAGEM AUTÔNOMA

recorda uma fotografia sem legenda. A simplicidade de ser em seu vulto condiciona-se ao cunho cinematográfico, à autonomia que desfruta a obra de cinema ao se consubstanciar na matéria que lhe é exclusiva, peculiar: a imagem com os seus caracteres estritamente ópticos. Conseqüentemente, interessam à feitura artística as expressões que podem propiciar os vultos na qualidade de vultos, as conexões devendo firmar-se de um para outro, e, assim sendo, não comportará o filme certos encarecimentos que bem estariam na literatura; há que registrar, portanto, a fotogenia das imagens de Chaplin como preciosamente consentânea com a filosofia de sua concepção, o método alegórico a recair, com desenvoltura, nas intimidades com que se entrepenetram o tema da fuga e a humilde feição de seu intérprete. Inadequado para as digressivas especulações, o cinema se presta, com incomparável clareza, a acentuar o fisionômico de determinadas filosofias, realçando-se menos acidental que os gêneros da pintura e da escultura, que, em face da amostra simultânea de seus elementos e valores, reduzem a muito limitado acervo o ponto de partida para uma concepção genérica. A cinematografia, graças à sucessividade de sua composição, e nesse aspecto aparenta-se à literatura, e com ela ao próprio acontecer mental, serve inegavelmente a configurar, com nitidez aliciadora, pensamentos filosóficos ou mesmo ideações unitárias, à similitude do temário chapliniano que se anima em condizentes imagens e em tessitura presidida pelo método alegórico.

A obra de Chaplin, além dos méritos intrínsecos na positivação do cinema como linguagem artística, se sobressai por conter, imprimida em suas parcelas, uma espiritual nobreza que dimana da individualidade do autor nelas expostas; e tanto mais notável era o evento quanto se tratava de uma arte nova, sem nenhuma aprendida experiência a facilitar os propósitos de criação, sem haver produções do mesmo nível que emulassem o criador à maior perfectibilidade. Em compensação, a sua obra avantajar-se-ia sobre outras de gêneros diversos, que lhe foram contemporâneas, sendo possível que, na história das artes, momento algum haja competido com este em que, sob uma forma recente e inédita quanto ao reconhecimento de superior viabilidade, se impunha, com o estímulo de milhões de espectadores, de maneira acessível como nunca, uma concepção cômica do universo. Quase todos da platéia se contentavam com os pretextos ao riso, não vendo o que atrás deles se acumulava; contudo, o êxito superficialmente alcançado não o demoveu da seriedade de seu empenho, e com rara maestria harmonizou o interesse de ambos os tipos de público, o do divertimento e o da obra de arte. A comicidade universal, que transluzia de suas faturas, obviamente agradava a todos, permitindo-lhe condições caroáveis à livre criação e incen-

A INTUIÇÃO CHAPLINIANA   217

tivo à desenvoltura de seus meios, devendo considerar-se o aspecto
oneroso da cinematografia. O que entretanto passava despercebido
era a singular feição dos filmes de Chaplin em comparação com os
que se faziam na mesma época; em geral, estes continham assuntos
que se desenvolviam em determinada direção, independentemente de
um núcleo preservador de sentido, tal como oferecia Chaplin com
o método alegórico. O desconhecimento dessa distinção entre o método cursivo, o método habitual, com que se perfazia o comum da
produção, e o método alegórico, utilizado por Chaplin, justifica muitas distorções em torno do problema da aliança entre a imagem e a
significação que ela comunica.

Na confecção do cenário, por força da história que ele esquematiza, o cenarizador enfrenta maiores dificuldades, na seleção de
imagens ocorrentes, que o cineasta da linha alegórica; este, durante
o seu trabalho, a cada momento volve a atenção para o fulcro sig-
nificador, no caso de Chaplin, o tema da fuga; e enquanto assim
procede, obriga a contextura à disciplinada coerência, conjuntura esta
que predispõe o cenarista a mais facilmente demarcar o campo de
suas escolhas, sendo o seu método por excelência tautológico. De
fato, desde que os motivos mais pertos se deixam absorver pela nominação em causa, não há por que ir a procurá-los à maior distância,
e ainda os distanciados atendem prestes, em face da fixidez de um
centro catalisador. No processo de criação alegórica, a lei do local
é, sem dúvida, mais obedecida que no processo dos desenvolvidos
enredos, que, não se refreando diante de algum *leitmotiv,* como sucede no primeiro caso, se constituem em configurações em fluência,
impossibilitados de se deterem, de traduzirem a permanência de um
significado. As urdiduras que formam o recheio das cenas chaplinianas diferem fundamentalmente das que se encadeiam em história,
não se confundindo, em virtude de pequenas tramas, com os alongados entrechos, estendidos em fases que aguçam o entretenimento.
As tessituras de Chaplin assemelham-se a situações em ato, com
uma densidade que se opera, não no tempo, e sim na estabilidade
do capítulo ou seqüência, e mesmo da cena. Por parte do espectador,
atenua-se ou desaparece, quanto ao final de cada obra, a sofreguidão
que suscita o desfecho, para o qual se ordenam todas as passagens
anteriores. Em Chaplin, o término do filme é mais o término da
última seqüência que o término de toda a obra: pleonástica e tauto-
logicamente construída, a sua criação se fabula ao compasso do tema
envolvedor, tema que persevera em si mesmo e se inculca, para essa
ubiqüidade, nos subtemas ratificadores. O desajeitamento com que
às vezes explora uma tessitura complexa, como a de *O Garoto,* comprova a inabilitação de seu método alegórico a nortear o seguimento
do enredo em curso de história, em que as situações, ungidas do

9. Cena de *A Paixão de Joana D'Arc* de Carl Dreyer (1928).

A INTUIÇÃO CHAPLINIANA

tema geral, se atropelam pela circunstância mesma de oferecerem dependência no tocante às anteriores e ao fluxo de expectativa quanto às que se lhes sucedem. A história, quanto mais se caracteriza, mais dificulta as concentrações do tema e dos subtemas, tendendo a dissolver-se a condensação acaso imprimida pelo autor, os acontecimentos a valerem pela fluência que determinam, entornando-se em continuidade a outro sucesso e sem mais sentido que o de gerar emoções no público. O emprego do método alegórico, numa dessas continuidades emocionantes, ressentir-se-ia em face da discorrência dos objetos em que se aplicasse; fazendo-se preciosa, no cenarista, a qualidade de saber, no uso daquele método, restringir as expansões do enredo, detendo-se, algum tanto, a natural desenvoltura da lente, de maneira que o abreviado curso se conserve dentro da significadora nominalidade.

Na carreira artística de Chaplin, há um momento em que ele, pondo em recesso a figura de Carlito e os seus temas e subtemas, se desvia para a história sem estabilidade nominal, para a tessitura própria de romance ou novela; trata-se de *Casamento ou Luxo,* filme que, à parte o seu mérito concernente à linguagem cinematográfica – mérito por vários títulos realçável – representa o primeiro sintoma de uma versatilidade que, mais adiante, se tornou atentatória de quanto superiormente produzira. A comparação realmente clara entre o método cursivo e o método alegórico estaria entre aquela obra isolada e qualquer um dos filmes em que o tema da fuga se manifesta, principalmente a partir dos que confeccionou para a empresa First National: melhor que equiparar os dois métodos com a inclusão de outro cineasta, vale bem sentir no mesmo criador as distinções com referência à índole formal, ao tratamento, enfim, a valores oriundos da câmera; no término da comparação, concluir-se-ia pela correspondência mais acertada, na adoção do segundo método, entre os recursos da lente e o sentido de que se investem as imagens. A constituição cênica, longe de mostrar-se o evoluir de uma teia, da modulação com que a história se distribui nas personagens, revela-se, no alegórico processamento, com um teor de coerência, de firmeza unitária, que assegura na obra inteira, e de modo mais convincente, a intuição do autor, contendo-se nela a sua lógica íntima e a sua específica autenticidade. Quanto mais cursiva a contextura da obra, mais se perde, por diluição, a verdade pessoal do criador; se algum cineasta houve que possuísse algo a dizer, no tocante a uma visão individual do mundo e de seus pertences, a feição com que se apresentou, em obras marcadamente cursivas, lhe prejudicou a concepção porventura existente. Em Chaplin, a fotogenia do andamento alegórico se aviventa com a conjugação de figuras motivadas, a presença da ideação – a fuga – a presidir os entendimentos para a lógica

220 A IMAGEM AUTÔNOMA

interna dos vários trechos, a coordenação, a harmonização a se positivarem em virtude dessa nominação genérica. Assim, a fuga além de ideação é também e simultaneamente o operoso contra-regra, que, de sua abstração, ordena os aparecimentos e desaparecimentos consentâneos.

Verifica-se, desde as práticas iniciais, quando ainda não lhe amadurecera o sentido da criatividade, a tendência a expor o seu protagonista em situações de sabida natureza, como que a levá-lo a transgredir o ordinário de tais conjunturas. *Carlito Marinheiro, Carlito Bombeiro* e outros em seqüências assim definidas atestam a inserção, todavia incipiente, de sua nominalidade genérica, em recantos sociais em que ele, o protagonista, se salienta pela exceção que as suas atitudes representam perante o comportamento geral. Dessa forma, do princípio ao final da sua carreira artística, o tema da fuga se fez patente sob a modalidade de inadaptação, de a personagem não convir a nenhum aspecto do mundo, a inadequação básica – motivo para inúmeros efeitos cômicos – a influir nas relações entre Carlito e os seus deveres para com a permanente sociedade. Nenhuma posição, nem mesmo a de pária, se lhe harmoniza, para o gozo de alguma estabilidade, com a sua predestinação em ser em constante fuga, ainda que aspire a felicidades pequenas, logo contrariadas, quando em puro e restrito devaneio, fase poética de suas ocorrências. Aliciador de sucessos, o tema abrangedor modula todo o transcorrer dos escolhidos cometimentos, evidenciando-se, em cada seqüência, a integração da matéria ao pensamento do artista, a quantidade e a qualidade das peripécias submetendo-se ao fio lógico da fuga enquanto passível de configurar-se. Pode-se admitir que todas as intuições que se capitulam com humano teor se prestam à externação por meio de figuras, com a ressalva, apenas, de que umas se encarnam sem óbices, e outras sem a mesma naturalidade; e acontecendo que a da fuga propicia ilimitadas aparências, dá-se com a obra chapliniana aquela disponibilidade em prosseguir na mente do espectador, que, não se atribuindo o defeito de plágio, cenarizaria, na mente, senão seqüências inteiras, cenas de fuga e participadas pelo mesmo Carlito.

Nas derradeiras obras mudas de Chaplin, de *Em Busca de Ouro* a *Luzes da Cidade,* a tessitura se adelgaça em trama leve, com os subtemas condicionados pela fotogenia do logradouro, sobretudo nos dois primeiros filmes; resulta agradável o exame dos conectivos entre o subtema e a oportunidade com que ele se externa, compreendendo, nessa oportunidade, o teor nominativo e a imagem advinda do próprio reduto: os fatos que surgiram por força da neve e os fatos que surgiram por força do picadeiro têm, aglutinadas com perfeição, a nominalidade em foco e a imagem que naturalmente a ela corresponde. Assim, a fuga não é factível em particular ambiência, mas

A INTUIÇÃO CHAPLINIANA 221

em todas onde saiba imprimi-la o autor do cenário que, por conseguinte, deve bem conhecer as possibilidades do lugar, enquanto fecundador do tema genérico e de suas variantes. Assim como ela se apresenta em diversas conjunturas sociais, em diversos ambientes se origina e se desenvolve, sucedendo que alguns deles se salientam por seu paisagismo poético, à semelhança de *Em Busca de Ouro,* com a abundância da neve a acolher, com modalidades espontâneas, o advento da fuga; a ponto de ela, a neve, proporcionar diretamente, saídas de sua natureza, as imagens, as contingências ópticas em que a fuga e suas extensões afirmavam o indissolúvel comparecimento. As motivações da fuga eram motivações da neve, aduzindo-se à oportunidade dos eventos a fotogenia com que eles se consubstanciavam nessa mesma neve que até então nunca se mostrara tão fecunda em pretextos cênicos, a par de sua beleza tocante.

No cinema de Chaplin, descobre-se a preocupação de aproveitar do local tudo quanto ele pode oferecer de condizente com o sentido em exibição, atributo este raramente aplicado pelo comum dos cenaristas, excetuando-se, entre esses, Frances Marion em *Vento e Areia,* sob a direção de Victor Sjöström, igualmente um dos melhores condutores de assuntos pelo método cursivo. De ordinário, a significação em foco é o que anima o interesse do cineasta, com pouca iniciativa em explorar, do reduto respectivo, as figuras suscetíveis de colaborar para o clareamento dessa própria significação, talvez desconhecendo que os recintos encerram muitas disponibilidades que não estão entre as prometidas pelo intérprete ou intérpretes em cena; que algumas vozes com que estes ampliam a significação bem se substituiriam pela incidência da câmera em coisas pertencentes ao lugar. A tal propósito, e tendo em consideração a naturalidade com que devem contribuir os objetos, as imagens adjacentes, há que ressaltar, no caso chapliniano, o espírito de comicidade que dessa forma se abastece espontaneamente, conseguindo o autor, de conspectos às vezes impropícios à hilaridade, efeitos risíveis a que não falta o integrante comento. Em várias seqüências de *Em Busca de Ouro,* a sua obra-prima nesse particular, registra-se, nos menores acidentes, a intenção de extrair do meio tudo quanto ele possui de desfrutável sob o ângulo do riso, parecendo que, ao se extinguirem as gargalhadas da platéia, extingue-se também o veio cômico do lugar em que se desenvolvem as cenas. Em verdade, não se justifica a citação de um trecho como o que melhor traduz a cooperação do local, pois que à ubiqüidade do tema abrangedor corresponde a ubiqüidade do cômico a ele inerente; portanto, o logradouro não se dispensaria de conceder a Chaplin a adesão de seus aspectos no gênero de conduta de que participam os exemplares humanos: o da comicidade contínua, permanente.

222   A IMAGEM AUTÔNOMA

Para o exercício da comicidade, Chaplin não exorbita do princípio da normalidade congênita, em que permanecerão os protagonistas, nem o lugar nem os figurantes se deformam para o fim de obter-se a hilaridade, todos os objetos da visualização a se manterem individualmente fiéis a suas formas. Ninguém precisa sair de si mesmo para figurar no elenco dos comediantes, existindo, dessarte, em cada vulto, em cada coisa, a fatalidade de fazer-se cômico, perseverando intato em seu prospecto, em sua aparência. A incolumidade em que se conservam os atores animados e inanimados, escapando à sedução de truques engenhosamente factíveis, representa uma qualidade que confina com a lógica interna de cada obra; efetivamente, importa em redução expressional o atendimento àquele princípio, mas a comicidade não é algo em si mesmo, uma entidade que se presta a livres manifestações, e sim algo imanente à fuga, e assim haverá que adstringir-se aos setores e às contingências em que esta se concretiza; se a fuga reclama, a fim de se patentear, a mera fotografia das coisas existentes, postas em indiscutível identificação, a acompanhante comicidade deve partir da admissibilidade dos eventos, de maneira distanciada daquela que propina o desenho como objeto da câmera, o desenho animado que tanto diverte o público. Enquanto no cinema das coisas empíricas a representação primeira – a do estúdio – é filmada, diretamente, pela câmera, no cinema do desenho animado ocorre o distanciamento da representação primeira em relação à câmera, sendo mais a representação da representação; em outras palavras, o cartão que serve de alvo à lente significa por si mesmo a cópia de entidades concretas, e se reportam a modelos que habitam fora do ambiente da filmagem. A circunstância de estes, em sua originalidade, residirem além do estúdio, nesse sentido de não serem alcançados pela câmera, induz a arbítrios que atentam contra o acervo significativo da arte e ao mesmo tempo concede ao autor facilidades de feitura que, por sua vez, tornam vulgares esses empreendimentos, mais destinados à diversão que à objetividade estética. Sem dúvida que o convencimento artístico se processa, na receptividade do espectador, mediante a simpatia que neste despertam as motivações que ele próprio estaria, como ser humano, em condições de pessoalmente experimentar; por conseqüência, as peripécias que ele julga exceder a sua capacidade de integração tanto mais se lhe ausentam do interesse quanto mais se inidentificam, em forma e em situações, com as possibilidades de vir a cumpri-las o seu vulto de espectador. Com os seus ditames criadoramente cerceados pelas demarcações da fuga, Chaplin tem, no humano e no possível de sua obra, a razão do acolhimento que a ela se costuma dispensar; a simpatia que gera a sua personagem, a estender-se a todo o conteúdo cênico, e indicando que a comicidade, inerente à

A INTUIÇÃO CHAPLINIANA

conduta de Carlito, não se modula à necessidade de riso da platéia e sim conforme com a intuição do autor, com a natureza de sua concepção; descobrindo, desse modo, que a câmera representava o mais fiel e translúcido instrumento para encontrar no comum e sugestivo cotidiano, sem ferir-lhe a legitimidade, a fonte dos subtemas homologadores.

27. A Incidência da Crítica

O acervo significativo da arte, o repositório de motivações que se prestam a conversões artísticas, se forma com sucessos humanos em índice de possibilidade, vigendo, na exploração de tal repertório, o princípio de admissibilidade real, em grau de presumida; da multiplicidade de motivações, umas se dariam melhor no romance, outras na pintura, outras na escultura, competindo portanto a cada gênero artístico, e preferentemente, um quinhão especial no usufruto daqueles teores humanos, cada arte sobrevivendo porque se lhe oferece, como próprio e natural contexto, uma parcialidade assim positivadora. O quinhão da cinematografia compreende as conjunturas que, durante a sucessividade de sua existência, se fazem compreensivas e sensibilizadoras mercê dos recursos da imagem, tal como é definida em sua pureza. Considerando-se que a numerosa maioria das histórias aproveitadas pelo cinema, a despeito da sucessividade, continha insuperáveis estorvos à autonomia das figurações em branco e preto e mudas, há que realçar a consciência teórica de cineastas e críticos ao pretenderem reservar para o cinema os aspectos que outras artes não comportariam. Pode-se, conseqüentemente, falar de episódios que são cinematográficos em si mesmos, e portanto seriam privativos da câmera, e, assim, a imagem lhes serviria na qualidade de mais prestante matéria. A condição principal para que corresponda a cada acidente da vida a matéria que melhor o catalisará reside na circunstância de a motivação e a respectiva matéria se constituírem em igual modalidade de presença: a motivação simultânea, intem-

226 A IMAGEM AUTÔNOMA

poral, se coaduna com a matéria de análoga estruturação; a motivação sucessiva se coaduna com a matéria também sucessiva. Tais correspondências – que não se ventilam nos costumeiros estudos de filosofia da arte – importam fundamentalmente na aplicação do método estético, e repercutem na própria valorização da obra de arte.

Resulta curiosa a observação de que um gênero novo, com a amplitude expressional de arte maior, deixaria a impressão de que sobreveio irremediavelmente tarde. Esta conclusão firma-se no reparo acerca de artista que, no uso da matéria de sua vocação e habilidade, todavia a aplicou em assuntos, em motivações por natureza inconciliáveis com a sua índole de presença. A história da pintura é talvez a mais exemplificativa desse desajustamento, estando repleta de casos em que o tema se externaria superiormente em formas temporais, sucessivas. Ocorrendo que muitos equívocos se resolveriam com o emprego de imagens em sucessão, compete dizer que o cinema surgiu demasiadamente tarde, que os autores, que ansiavam por modular as suas obras ao influxo do tempo, melhor se houveram se tivessem possuído, a seu dispor, a câmera cinematográfica. Nesse particular, faz-se digna de nota a tradição crítica de se prestigiarem as faturas que intentam transcender da naturalidade da matéria, a inconformação do autor, em restringir-se às nominações nela inteiramente cabíveis, a incentivar os julgamentos elogiosos; o que, de certo ângulo, não parece desdenhável, levando-se em consideração menos a autonomia do gênero artístico que a própria expansibilidade criadora. Quanto aos pintores que atuaram cinematograficamente antes da cinematografia, não se lhes deve censurar a leve incursão em domínios da sucessividade: não alcançando, dada a normal insuficiência de sua matéria, estender-se na dimensão temporal, o trabalho de pintura em apreço inegavelmente sobressai-se por trazer à figuração cromática uma densidade acrescida, que, em geral, chamam de sugestão de movimento. Em geral, trata-se de flagrantes de idealizada transcorrência, seccionados pelo arbítrio do autor, e, como tal, instituindo-se em estampa do efêmero e propiciando ao espectador o acolhimento às virtualidades que eles encerram. Muitos pintores foram exímios em obtenções dessa espécie, e suas faturas estimulariam uma fecunda e agradável preocupação: a de os estudiosos se dedicarem à busca de artistas que, desde o mais remoto passado, imprimiram, no simultâneo da tela, assuntos e motivos vantajosamente mais adequados aos processos da sucessão.

A propósito de aparências cinematográficas anteriores à cinematografia, existem exemplos que, sem se prenderem à temporalidade da estrutura, vieram a capitular-se entre os meios e valores próprios do cinema, inclusive indispensáveis em muitas composições cênicas; a incidência do feixe de luz sobre determinado ponto, para

A INCIDÊNCIA DA CRÍTICA 227

efeito de salientá-lo pictoricamente, perfaz uma dessas ocasiões em que o tema se externa por hierarquia de formas, e a que se realça mediante a luz, decerto se capacitara melhor se porventura a câmera dela se incumbisse. O Caravaggio, Rembrandt e outros, inclusive de estética antibarroca, se anteciparam em conceder à luz certas missões que somente se conseguiram, em plenitude completa, com a lente cinematográfica e os refletores do estúdio. Mas a incidência da luz, semelhante aos demais casos de aposição técnica, não se mostra absolutamente privativa da matéria em causa, convindo esclarecer que uma coisa é a matéria e outra os processos de ela se apresentar à vista. O colorido – que é matéria – tanto pode estar nas tintas originariamente usadas como na cópia que o grafismo proporciona; e a pintura e a escultura contam às vezes com instrumentações comuns, e que não interferem na autonomia de cada arte e consubstanciada na matéria respectiva. Em verdade, a divulgação do fato artístico, à margem do problema da representação da peça original, envolve diferenciações quanto à maneira de se pôr em contato com a matéria nesse estado de difusão: tomando-se a fotografia em cores como o veículo da propagação, tem-se que a arte mais beneficiada com o seu emprego é a própria arte da pintura, o cromatismo do modelo a se outorgar perfeitamente no cromatismo da cópia. O mesmo, ou quase o mesmo, se dirá em relação à escultura, valendo nas artes de representação – e não da realidade, a exemplo do espaço íntimo da arquitetura – o reconhecimento de que a divulgação da obra artística, com o fito de legitimar-se, há de recorrer à matéria com que se configurou, em direta fatura, a intenção do artista.

No tocante ao cinema, registra-se a peculiaridade de, a rigor, não existir a distinção entre original e cópia, no sentido com que se considera a distinção entre o quadro do museu e a sua reprodução em livros, torna-se cabível apenas a diferenciação entre representação primeira – a do estúdio – e representação segunda – a da tela – isto em plano diverso do que ocorre no caso de difusão da pintura. Este compreende a unidade, a perseverança, a identidade da matéria, da cor que se mantém incólume a despeito da multiplicidade de sua apresentação; enquanto que, no caso específico do cinema, a representação do estúdio ainda não é cinematográfica, senão teatral, a sofrer mutilações de presença, tal o som e o colorido que se excluem dela, a fim de que, por último, e graças à câmera, prevaleça a imagem, a matéria do autônomo cinema. Com o original a atingir diretamente o público, a representação primeira retrai-se, no domínio da especulação, a um papel sem interesse para a apreciação crítica, apesar de sua condição possibilitadora da obra, do filme, porém inaproveitada no exame e no juízo estéticos. Restrita à representação segunda – a da tela – a crítica, orientando-se por seu método natural,

228   A IMAGEM AUTÔNOMA

exclusivamente haverá de incidir sobre o que observa o espectador, sem lhe competir ao menos informar-se acerca de quanto se verificou no reduto da oficina. À estética do cinema só importa a representação segunda, em termos de original que se oferece, concomitantemente, a platéias de muitos países, ostentando-se de todo isenta de sua genealógica filiação, o original parecendo surgir por espontaneidade, não obstante os complexos bastidores, que se não vêem. Assim, no setor do teatro, competiria ao estudioso dessa modalidade cênica, da dramaturgia, estender a sua atenção para essas conjunturas de preparação cinematográfica, decerto merecedoras de zelos específicos, porquanto consistem elas em algo que se efetivou, não para um fim em si mesmo, circunscrito ao seu próprio gênero, e sim para algo novo, para outro gênero que, por sua vez, possui necessidades e soluções próprias. Opera-se, portanto, no seio da dramaturgia cênica, e tendo os intérpretes a se patentearem no vero do comparecimento físico, uma contingência que não refoge à filosofia do teatro, sem embargo de a sua índole dispensar, por definição, a presença do público e outros requisitos que conceituam a obra teatral.

Limitada à representação segunda, a crítica se ordenará segundo a disposição dos valores contidos na obra, havendo, ainda desta vez, uma fundamentação concreta que, imposta pelo criador, atenderá não só ao desenvolvimento íntimo da obra como orientará, necessariamente, a elaboração do exame e do julgamento estéticos. Não devendo armar-se a crítica ao extremo de pretender encontrar na fatura os requisitos que de antemão ela regulamenta; ao contrário, devendo a crítica abastecer-se ao módulo do filme em consideração, sem prejuízo das oportunidades, que sempre desfruta, de descobrir nele os valores imprescindíveis à tessitura cinematográfica, e indicadores de sua autonomia; a tarefa do crítico de cinema, reservada apenas à representação segunda, sói facilitar-se em virtude de sua objetividade definida. No filme em exibição, nada transparece dos encargos cometidos ao estúdio, as cenas, em sua totalidade, se fizeram e se mostram para o exclusivo olhar do espectador, e estão livres de digressões à custa de outra ou de outras matérias, dispensando-se o cineasta de as intrometer, mesmo à guisa de esclarecimento quanto ao urdume das imagens. Sem dúvida que a obra cinematográfica se presta, notavelmente, à adoção do método estético em sua prerrogativa de frisar o autônomo da atividade, do gênero, e de cada obra de arte de per si. A própria sucessividade, medida sob o metro do assunto, da motivação, da história, encerra em si mesma um encaminhamento em vias de condensação e não dispersivas, com reciprocidade de ingerências entre a linguagem e a significação, assim estabelecendo-se a demarcada estrutura que bem se deixa assimilar consoante aquele propício método. Com ele se deparará a existência

A INCIDÊNCIA DA CRÍTICA 229

do repositório comum a todas as manifestações artísticas, o acervo de sucessos humanos em grau de possibilidade, entendendo-se por esta o que costuma persuadir a homologação endopática, a lógica interna da obra estadeando-se mercê dos humanos acolhimentos. Entretanto, apesar da explicitude de sua natureza óptica, a imagem nem sempre é o objeto preferencial da crítica, esta comumente a reportar-se à história, ao assunto com que se preenche o filme cinematográfico, que assim concorre sobretudo com a arte literária, para a positivação do referido acervo; convindo acentuar que as situações humanas, nos terrenos da realidade e da possibilidade, obtiveram, por meio do cinema, uma oportunidade de cênica ostentação nunca antes alcançada. Parecendo alentar-se ante a ênfase desse básico repositório, o processo cinematográfico se consome, perante a crítica e a recensão diárias, no seu papel de transmissor daqueles atributos, de raro vindo, ao exame e ao realce estético, um e outro momento de valorização formal e posta à margem do assunto. Na história da crítica do cinema, escasseiam os comentadores que ressaltam o cunho específico desse novo gênero cuja matéria – a imagem – tão bem servia à exposição de fatos, de conjunturas humanas, com um sentido de convencimento que o espectador não experimentara até então; com efeito, os assuntos, tratados ao módulo humano, envolvendo passagens da vida, importavam no reconhecimento de que a descorada matéria se prestava a acolhê-los, ainda que os figurantes se desnudassem de alguns de seus congênitos aspectos. Dessa forma, não perdiam evidência aquelas conjunturas quando mostrado apenas um de seus prospectos, o da imagem que, por sinal, é o menos encontradiço no cotidiano da natureza. Na triagem a que se submetiam, os eventos humanos se dispensavam de muito de si próprios, insinuando que eles independiam de caracteres de elementos normais para a identificação de sua índole, à maneira da cor, do som, que se retiravam dos vultos respectivos sem que viesse a debilitar-se o desempenho e a significação em foco. Tornava-se patente que os sucessos humanos e a ambiência em que se localizavam se resumiam, com tais reduções, a uma quinta-essência figurativa, mas bastante para os fins que se propunham. Ao mesmo tempo que se exibiam espetáculos nunca vistos no campo cênico, e só existindo correspondência no campo da narrativa literária, a sua forma inédita provava contê-los favoravelmente e com dose mais acentuada de assimilação que as conhecidas até o momento.

O fenômeno cinematográfico possibilita a revisão, ainda não diligenciada, sobre aqueles aspectos do acervo humano que, embora utilizados por outros gêneros, se afeiçoam melhor à matéria do cinema, à figuração sucessiva, silenciosa e desprovida de cor. De todas as matérias visuais, a do cinema resulta ser a que menos se abastece

230 A IMAGEM AUTÔNOMA

na realidade, a invenção técnica a se fazer decisiva na representação de fatos que tradicionalmente competia a entidades da natureza pôlos em conversão artística, e essa mesma invenção técnica se constituiu no agente de maculação, de extinção, da imagem cinematográfica. Tudo quanto se perfaz no tempo, tudo quanto se efetiva mercê da continuidade, se inscreve mais proveitosamente no setor da cinematografia; e como os eventos próprios à arte se dão, em imensa maioria, em termos de sucessividade, há sempre o ensejo de o cinema renovar o seu repertório. Infinita é a quantidade de coisas, de acontecimentos cinematografáveis, havendo os que se apresentam cinematográficos em si mesmos, anteriormente à câmera, os quais esta recolhera, sem treinos, se os apanhara em seu campo de mira; mas, o que superiormente prevaleceu na história do cinema foi a criatividade da objetiva, foram os arranjos a que se submeteu o cabedal humano em sua transferência para a superfície da tela, com os cometimentos assim postos em feição artística. Eles de ordinário concorriam, em desenvoltura e intensidade nem sempre de todo satisfatórias, com os outros gêneros que, em face do surgimento da cinematografia, deixaram entrever as suas deficiências quanto à plenitude cenográfica e mais valores que o cinema, de modo direto, levava ao espectador que os preferia em sua imediata validez. A pintura e a escultura, no estacionário de suas configurações, se limitam a flagrantes de imutável presença, enquanto a literatura, com a dramaturgia, melhor expõe ao público as amostras humanas, isto em virtude da visualidade em sucessão, porém visualidade imaginativa, processando-se pelos interpostos meios da palavra: a instantaneidade com que a platéia se defronta, no caso do cinema, conduz à sensação de que se tem, livre de intermediários, não o modelo advindo da representação primeira, porém o modelo no vero da sua realidade; havendo o fato curioso de essa realidade fazer-se convincente não obstante desnuda de legítimos e congênitos valores, diminuindo-se a concretude do objeto sem entretanto arrefecer-se a força de sua impressionabilidade.

Esse poder de hipnóptica assimilação talvez explique a importância que sobre a crítica profissional exerce o assunto, o argumento, a história do filme, muitas vezes em desfavor da crítica formal, que é, verdadeiramente, a mais lícita e condizente com o método estético aplicado à cinematografia. Nota-se que a observação crítica no tocante ao cinema geralmente se confunde com a observação crítica destinada à literatura, de onde procedem, com freqüência, as alusões a mensagens, a teses, a proposições morais, esquecidos os interpretadores de que tais entidades nunca se encontram, primordialmente, no seio da obra artística. Em certos momentos, mais que alusões, o propósito e a composição da crítica se prendem de todo ao conteúdo

A INCIDÊNCIA DA CRÍTICA 231

literário, consistindo em narrar a história em função do entretenimento que ela desperta, adicionando juízos de valor a elementos não
específicos da imagem em sucessão, tais como os atores, a cenografia
e a própria direção do elenco. Para essa espécie de crítica, o cinema
é, fora de dúvida, a melhor exposição da vida, e as apreciações devem encaminhar-se à vida antes que à forma de expô-la, o filme a
lhe parecer um documentário translúcido, semelhante àqueles que a
mesma câmera promove em caráter didático, a representação primeira confundindo-se com a real existência do objeto. O espetáculo cênico nunca se externara tão impressionador, concedendo ao público
a oportunidade de assistir, sem esforço algum por parte dele, antes
com a simplicidade de mera testemunha, a ostentações faciais que
os ficcionistas, desde a antiga epopéia ao romance atual, gostariam
de também levar à mente do leitor. Com o seu poder aliciante e o
sortilégio de estabelecer endopáticos ajustamentos entre o espectador
e a obra, o cinema estabeleceu um tal modo de absorção estética, e
em dimensão coletiva, que dificilmente se punha o espectador em
condições de neutralidade, pelo menos a suficiente para a apreciação
e o juízo crítico em torno de sua aparência, de seu aspecto formal.

De fato, a crítica sempre esteve sob o influxo da emocionalidade
com que a platéia acolhia as urdiduras do cinema, as injunções sen-
timentais vindo a merecer a prerrogativa de modular e orientar o
julgamento estético, e as próprias atividades da lente contibuíam para
o realce das comoções; embora a parcela da assimilação, no terreno
de tal crítica, daquilo que a obra encerra de essencial se anime a
expensas de caloroso afeto, a cota de observação analítica sobre os
ensejos da imagem, sobre o valor das presenças instituídas pelo cenarizador, se ressente em face do predomínio que a história, o assunto, costuma exercer na sensibilidade do público. Sucede que, se
a intenção do criador consistiu em gerar emoções, segue-se que a
crítica se deterá na correspondência havida entre a nominalidade co-
movedora e o comportamento da câmera ao veiculá-la. Verifica-se,
portanto, que não faltam pretextos para a aplicação da crítica formal,
e inclusive, muitas vezes, esta descobre que um esplêndido arranjo
de imagens se harmoniza com desinteressante motivação, como
igualmente descobre o inverso, mas tanto um como o outro caso não
atingem o nível da criação autêntica. A fim de que esta se efetive,
urge que se combinem, em grau de equivalência, a importância do
motivo e a importância da imagem, ou das imagens; razão por que
os filmes à base de histórias da literatura não são desdenháveis, ao
contrário, eles se capacitam a flagrantes de pureza, não obstante os
óbices que a câmera não consegue dominar. A natural dispersão da
sucessividade, a que a história comumente obriga, dificulta as oportunidades de legítimo cinema, sendo fácil reconhecer os desencontros

A IMAGEM AUTÔNOMA

entre o valor da imagem e o valor da ocorrente significação. A esse propósito, caberia citar alguns filmes de Ernest Lubitsch, que era exímio na prática do subentendimento, e no entanto chegou a utilizá-lo em seqüências de opereta, assim desprestigiando um dos elementos mais sérios da cinematografia.

Deve entender-se por crítica formal aquela que não prescinde da matéria como a entidade fundamentadora do gênero artístico; realmente, sendo a matéria a essência possibilitadora da arte, cada gênero existindo na medida em que a possui exclusivamente própria, toda especulação mental acerca do mérito e demérito da obra, envolverá a matéria de que esta se compõe, instituindo-se, entre ela, a matéria, e a nominação de que se unge, um correlacionamento que até insinua datar de antes da obra o parentesco entre ambas. Por isso que se sente a íntima unidade que, através do método alegórico, positiva o contato de Carlito com a fuga, com a intuição chapliniana que dessarte obtém, com o gênero cinematográfico, a matéria mais consentânea, trazendo-lhe explicitude não alcançável em nenhum outro gênero, se porventura fossem tentadas versões com o uso de outras matérias. A personagem chapliniana é tão convenientemente cinematográfica e, por conseguinte, afeita, por congenialidade, à sua matéria correspondente, que a nenhuma das versões aconteceria, na dose que o cinema proporciona, aquela receptividade segundo a qual o espectador apreende a objetividade sucessiva sob o cunho de imediata sensação e por via ocular; e em virtude da ausência de intermediários, a exemplo das palavras e frases da literatura, a posição do espectador de filmes, notadamente os de Chaplin, é mais de convivência com eles que de simples observação estética. O sentimento coletivo da exultação, na qualidade de fenômeno da experiência estética do público, não se confundindo com a reação psicológica ante conjunturas da realidade e do entretenimento; o sentimento da platéia, como desponta em virtude da obra cinematográfica, nunca sucedera anteriormente, nem mesmo nas manifestações teatrais mais convincentes e comovedoras; com efeito, a experiência estética do espectador de cinema abrange predicados específicos, aqueles oriundos da câmera e da contingência de ser esta o próprio olhar dele, espectador. Sobretudo este requisito encerra o condão de articular a pessoa do assistente a quanto se desenrola na tela, parecendo que ele, o assistente, se retira da cadeira e devassando a fronteira que o separa do filme, e através dos movimentos que exercita a câmera, passa a percorrer o campo da objetividade óptica, em busca de tal ou qual elemento determinado pelo cenarista; e na falta de movimentos, ele, o espectador, também se outorgará no desempenho da câmera ao ver, por meio dela, a cena em sua feição normal ou posta em expressiva angulação. Tem-se, portanto, na matéria cinematográ-

A INCIDÊNCIA DA CRÍTICA 233

fica e nos recursos técnicos de sua aplicação, os favorecimentos para a estreita aliança entre a receptividade da platéia e a obra em exibição; firmando-se um tipo de intimidade, entre uma e outra que não desfruta o próprio ator que, enquanto cumpre o seu dever, está insciente da posição exata de seu papel no conjunto do texto, e do próprio texto em plena e geral configuração; mais que o diretor sob cujo olhar todas as cenas se deram, mais que o verdadeiro criador, o cenarista, ao reler o cenário, o espectador da representação segunda, do filme que transcorre na tela, se aglutina sentimental e intelectualmente ao território da arte, mercê da contemplação estética.

A visão do crítico se aprofundará desde que ele mentalmente se ponha, após o contato com a fita, no lugar da câmera em sua disponibilidade de promover presenças; a recordação do filme, e não o filme na atualidade de sua percepção, confere oportunidade ao melhor julgamento sobre os valores com que ele se arma, considerando-se que o fluir das cenas impede a verificação na modalidade que se aplica às artes da simultaneidade. Decerto que a sucessão é muito menos contemplativa que a concomitaneidade, que na hora de o filme transcorrer, a atenção do espectador transcorre no mesmo ritmo, sem demorar-se no ponto ou nos pontos em que a acuidade crítica tem necessidade de deter-se. De sorte que a reconstituição mental do assistente significa o ensejo de mais interiorizar-se nele a obra que, entretanto, se compusera sem talvez imaginar o criador que alguém, assim alheio à sua elaboração, iria, com a câmera, ao íntimo da fatura, a curiosidade e a intenção da lente vindo a ser as mesmas desse alguém que tudo recebera em sua poltrona. O trabalho crítico importa, conseqüentemente, numa espécie de devaneio posterior ao tempo da apresentação do filme; e na meditação do espectador, com o seu olhar interno, como se fora uma câmera no encalço da outra de que se imbuíra à véspera, por ocasião do espetáculo, na meditação do espectador se discernam então os momentos de hierarquia estética, ou seja, aqueles instantes em que à matéria do cinema se aliou a mais e a menos a intuição do cenarista, a visual interpretação que este oferece de seu mundo particular. Geralmente, a memória fiel lhe não proporcionará, dentre as produções que registra a história do cinema, abundantes exemplares daquela aglutinação que conceitua toda grande arte, a que se forma entre a matéria e a intuição; a subordinação à literatura, contraída logo ao início do cinema, se algumas concepções do universo esclareceu ou motivou através de filmes, eram pertencentes aos autores da literária ficção, e não originais de cenaristas que, na estruturação de sua criatividade, se a tiveram, nunca amalgamariam, com outra matéria senão a imagem cinematográfica, o teor de sua pessoal cosmologia.

234 A IMAGEM AUTÔNOMA

A crítica formal, entendida como a que se empenha em aquilatar a fusão desses dois elementos, a matéria e a intuição, descobre, nas fitas de Chaplin, anteriores a *Tempos Modernos,* os instantes de mais satisfatório emprego, inegavelmente o caso único, na breve crônica do cinema, que se alteou a nível de grande arte. O julgamento estético de tais obras de Chaplin sobremodo simplifica-se quando se conjugam aqueles dois elementos, o que efetivamente sucede nos seus filmes de longa metragem, no decurso dos quais a fuga, a intuição chapliniana, se configura em imagem, na matéria exclusiva do cinema. Apegado à matéria, um pensamento filosófico do artista somente se articula a outro, na medida desejada por ele, se não se dilui a aglutinação em que pensamento e matéria se ultimam, o primeiro vindo sempre em companhia da segunda, a fim de que cada qual se avive com a sua legitimação. A crítica formal, deixando à crítica filosófica o mister de imergir na densidade da intuição, para si reservará, com a clara ciência do significado com que esta se qualifica, a tarefa de assimilar a correspondência entre a afetiva entidade e as maneiras de a matéria apor-se aos seus ditames. Acontecendo que os filmes ilustradores da literatura, os que se desenvolvem em contextura semelhante à da novela tradicional, oferecem ao crítico uma fundamentação de critérios bem menos fecunda que a deferida `pela criação de Chaplin; e na ausência de explícita e implícita intuição, o propósito crítico se rarefará na observação e juízo de cenas e seqüências em dimensão de mera linguagem. A espiritualidade que dimana de tais obras – quase toda a ficção cinematográfica é dessa índole – se ressente de fixação, do necessário pouso, tendo-se em conta que a sucessividade, diferente do que se verifica nas matérias simultâneas, se revela um agente de dissolução de tudo o que provém de uma centralização geradora; consoante o método alegórico, vê-se que em Chaplin se estabiliza um núcleo produtor de surgimentos, o qual é a própria fuga em sua qualidade de intuição; ao passo que nos filmes de histórias, de enredos extensos, não existem, agravados ainda pela natural sucessividade, núcleos formadores nesse sentido de, por meio deles, operar-se a unidade das respectivas obras, à maneira da fuga que, em Chaplin, está presente do começo ao término de cada fita; o conspecto da imagem então se ordena, segundo a motivação ocorrente no minuto, e como os filmes daquela espécie se compõem de minutos desiguais, segue-se que, no curso da história, a dispersão e a variedade se positivam em todas as ocasiões. Devendo atender a essa conjuntura, a crítica formal ainda mais se formaliza ao cuidar do procedimento do cenarizador, do diretor, do fotógrafo referentemente a cada um daqueles minutos de variada e dispersiva significação.

10. O cineasta Victor Sjöström e a atriz Greta Garbo.

236 A IMAGEM AUTÔNOMA

Assim, além do método alegórico de Chaplin, há o método cursivo dos que ilustraram enredos da literatura, este exigindo a constante novidade nominal, tendo-se em conta que o desenrolar de uma história, pela descentralização de seu curso, é fator que suscita versatilidades, incentivando o cenarista a, variando as conjunturas, variar também os modos da sua externação, através de imagens. Enquanto os filmes de Chaplin persistiram com os mesmos recursos técnicos, de simplicidade às vezes tocante, os de outros cineastas se fizeram famosos exatamente porque expunham, de produção a produção, originalidades de movimento e de angulação da objetiva. Eles forneciam à crítica outros elementos de especulação, não raro induzindo-a a diletantes pronunciamentos, a uma espécie de forma pela forma, em certos pontos muito atrativa e muito intelectual, mas se inclinaria, sem dúvida, para descobertas e conclusões desespiritualizadas. De qualquer maneira, os processos cinematográficos vigentes em faturas que, por isso mesmo, foram consideradas obras-primas valeram principalmente quanto à importância deles nas conexões entre o sujeito espectador e o objeto cinematografado. Tal reconhecimento denotou o prestígio que obtive a câmera em seu papel de diferenciadora de aparências, de dissociadora de aspectos, enfim, de agente que altera uma firmada impressão pela simples mudança de lugar que venha a sofrer essa mesma câmera que impusera a anterior visualidade. Para essa multiformidade do objeto, a especulação formal, abstraindo-se de atender ao só reclamo do motivo, da nominação em causa, entretanto poderia abrir-se a uma dimensão que não se recusaria a teores espirituais: o que adviria ante a consideração em torno dos efeitos da lupa ao modificar, a arbítrio de seu manipulador, aquilo que estava em definida acepção. Enriquecida com a observação de que mais interessa a posição da câmera que o objeto em sua compleição radical, a crítica se desanuviaria de alguns impedimentos, de estreitezas que sempre a situaram em plano inferior ao da crítica de outras artes. A verificação da criatividade da lupa estimularia a especulação acerca do cinema como o único gênero artístico a propiciar aos olhos do assistente a mutabilidade figurativa de ser; mutabilidade a que todas as coisas se submetem e para a qual de si próprias não contribuem, e em geral desconhecem que assim se desfazem do que fisionomicamente se presumem.

A crítica cinematográfica estiolou-se pela insciência a respeito das expansões a que iria a sua matéria, senão mesmo porque ignorava os seus poderes e sua autonomia, descurando de aprofundar-se e deter-se nos setores que lhe eram naturais; por conseguinte, em vez de insistir no campo formal, entretinha-se na história em si mesma, sem se preocupar, salvo uma ou outra exceção, com as possibilidades de cinema acaso contidas no transcurso do enredo. Muitos entusias-

A INCIDÊNCIA DA CRÍTICA 237

mos se emitiram por conta de momentos da história em suas fases emocionadoras, aceitando-se que a cinematografia se convertesse no instrumento mais condigno para contentar aqueles que só vêem a arte como a estimuladora de fortes sentimentos. Não assimilando a natureza da imagem, nem o desempenho existenciador da câmera, a crítica habitual fatalmente incidiria, como incidiu, em anotações e conotações de ordem teatral, parecendo-lhe que a nova arte se definiria em termos equivalentes aos empregados na dramaturgia que, a um tempo, era literatura e espetáculo visual; então, os predicados exigidos para a obra de cinema se confundiam com os do romance e os do teatro, e principalmente estes últimos se faziam insistentes na crítica, para tanto influindo as empresas produtoras que, até na publicidade dos filmes, imitavam os processos em uso no gênero da ribalta. O realce concedido aos atores, com uma hierarquia fixada através da ordem e grafia dos nomes, repercutia nos estudos especializados, incluindo-se freqüentemente neles uma parte sobre os vultos do elenco, assim agradando os leitores e aficionados da cinematografia; continuava-se a tradição do teatro, se bem que o cinema, contrastando com o espetáculo da dramaturgia, indicava ser merecedor, além de terminologia especial, de modalidades críticas adequadas a ele, levando-se em consideração as suas diversas e íntimas peculiaridades.

Consubstanciando-se em sucessividade, promovendo-se a sua matéria em consonância com o olhar do espectador, haveria de ao cinema corresponder uma visão crítica diferente da que se nutriu de figurações estáticas e de cometimentos em objetividade absoluta, a exemplo dos que constituem o repositório dos gêneros cromático e da plástica; as dimensões estéticas originárias do emprego da câmera facultam à especulação alguns propósitos que não se afinam com os dedicados à pura presença, à estabilidade de ser. que são próprias daquelas artes. As cenas em continuidade temporal não se ajustam a conceitos, a expressões formuladas para obras que estão totalmente defronte do espectador, com o seu surgimento e o seu desaparecimento condicionados a esse espectador que chega e que se retira; enquanto que, no caso da cinematografia, o surgimento e o desaparecimento se dão em virtude do objeto estético, com o espectador a se obrigar, portanto, a um comportamento óptico que é distinto do que ele usa na galeria de exposições. A assimilação estética, diante do quadro de pintura, nasce do ato de repouso com que se exerce a contemplação, mas, na ocasião do cinema, ela resulta de permanente expectativa, de um alerta sem interrupção, como se necessitasse de ver o tempo fluir, sem perda de nenhum de seus recheios; a cena de agora, ao contrário da cena da pintura, não significa algo em si mesmo, e sim um instante do envolvedor decurso, dessarte

238   A IMAGEM AUTÔNOMA

firmando mais um elo de proximidade entre o assistente e o filme em tela. De fato, na galeria de exposições, o visitador se acompanha de sua temporalidade, há uma concordância entre o seu tempo de observação e o do relógio que ele conduz; porém, quanto ao quadro que contempla, e examina, o tempo não coincide com o do visitante, o tempo do quadro se conceitua como estacionado conspecto, pois que nenhum vestígio de transcorrência se vislumbra em sua face, demorando-se em si mesmo perante o assistente, cuja fadiga, entre outros sinais porventura supervenientes, atesta o viger de sua pessoal temporalidade. De outra forma se processa a observação crítica em relação à obra de cinema, o espectador sempre em vigília de acuidade, a fim de que se não prejudique o atual episódio por motivo de se lhe escapar uma virtualização de que ele se preenche, um ponto de aliança com cenas anteriores e posteriores, não lhe sendo permitido examinar todos os pormenores de cada painel; muito menos aqueles durante os quais, de sua poltrona, o espectador testemunha, juntamente ao flagrante, o seu próprio olhar convertido na câmera que se movimenta à procura de determinado objeto. Não sendo possível levar a bom êxito o julgamento estético de uma obra sem antes se conhecerem os valores que integram o gênero artístico a que ela pertence, valores que são da matéria correspondente à arte em apreço, no domínio do cinema se tornou assídua a disposição para se conceberem esses elementos, adquiridos através da câmera, em sua qualidade simplesmente extrínseca; isto é, em sua condição de meios consagradores da tecnologia e não em seu caráter de instrumentos medidos, dosados e aproveitados de acordo com as necessidades íntimas da cenarização. A exibição da técnica em si mesma sói empolgar as pessoas inexperientes na prática da criatividade, as quais não compreendem que a presença de um recurso e a modalidade de trazê-lo à obra competem à iniciativa do autor, tendo em vista o momento de adotá-lo. No tocante ao cinema, e em face das variações que a história oferece em seu itinerário, proliferam os instantes de urgências técnicas, daí sobrevindo a desordenada abundância de movimentos, de angulações, raramente aplicados com justeza. A crítica se deixou impressionar por esses cometimentos, responsabilizando-se por algumas notoriedades que entretanto não resistem a uma abordagem mais séria.

Acresce que a fundamentação espiritual da arte não consente que as formas de sua exteriorização se definam, se efetuem consoante a diligência de inventores que, engenhosos, mudam freqüentemente o que engendraram os seus antecessores e eles inclusive; tudo em nome do insopitável aperfeiçoamento que, sendo cabível no setor da realidade, no da criação artística – setor este que, no plano da espiritualidade, não admite o conceito de progresso – não há que pre-

A INCIDÊNCIA DA CRÍTICA 239

valecer sobre a circunstância de que esta necessita de uma estabilidade de cunho externo, em outras palavras, necessita de meios parcimoniosos, de estudado apego ao índice de técnica julgado convenientemente bastante. Resultaria em contra-senso abrir-se uma exceção para a cinematografia, exceção que haveria de retirar-lhe a própria significação estética, e consistindo em submeter-se a espiritualidade à inventiva dos propiciadores de suas formas. De certo ângulo de consideração, todo gênero artístico provém de recursos que os inventores proporcionaram; sem eles a espiritualidade não se veicularia, mas o exagero desse reconhecimento, a subordinação da essência intuitiva à volubilidade técnica, importa em indigência da sensibilidade crítica, a mesma que se evidenciou e se evidencia cada vez com empenho mais interessado e aplaudido. O cinema, em particular, se vitimou de tais renovações, sem que houvesse apresentado ainda, com a ressalva das produções representativas de Chaplin, obras inteiramente livres de concessões e contemporizações comprometedoras. Muitos se precipitam no emprego de técnicas recentes, de modismos aparenciais que ainda não serviram a espiritualizações, ou não passaram por mãos de quem as possuiu, esquecendo-se, nessa sofreguidão de buscar inéditos veículos, que as obras mais consagradoras da criatividade humana se compuseram mercê de recursos rotineiramente utilizados; e que os primeiros a adotarem um processo, uma invenção material, não se constituíram necessariamente em grandes autores, antes, a história esclarece que os mais excelentes se valeram dos meios habituais, alguns até divulgando os ensinamentos que obtiveram.

Todavia, um problema pode dimanar dessas considerações: o de surgir nova arte, novo gênero artístico, em virtude de terem condições de suficiente expressibilidade os valores da matéria recém-aparecida, à similitude do que ocorreu com a imagem cinematográfica. As matérias artísticas são extremamente raras, contam-se nos dedos as entidades que mereceram esse título, legitimando-se a diferença entre artes maiores e artes menores, pois que às maiores cumpre satisfazer, com a plenitude que elas se permitem, a vontade de exteriorização contida na alma do criador. Estas, em número escasso, se distinguem entre si, a par de outras coisas, pela maior ou menor acidentalidade de que se investem em seus conectivos com a intuição. Nesse aspecto, a imagem cinematográfica – a matéria que veio a se consolidar em arte maior, dentre as poucas da tradição – se avantaja inquestionavelmente, propinando à crítica umas direções de interesse que anteriormente não se lhe inculcavam, quer no tocante a elementos da forma, quer a respeito da qualidade de possibilitadora de intuição. Realmente existem concepções, à base do sentimento, que, pela densidade, reclamam de seu portador os processos que lhes

240 A IMAGEM AUTÔNOMA

favoreçam a almejada amplitude; e então, pelo sentido de presença e de ausência que a imagem imediatamente concede, tem-se que a matéria cinematográfica se habilita a externar da intuição urgentes e diretas profundidades. Para a crítica, em sua mais extensa acepção, resultaria proveitoso, imiscuindo-se em matérias outras que a do cinema, comparar, quanto à mesma linha de intuição, qual a que se explicitara melhor, se a do cinema, se a de outra arte. Decerto que a conclusão premiaria o gênero cinematográfico em virtude do poder narrativo que este encerra, afora o imediatismo de sua clareza; porém tal conclusão, a que chega facilmente a especulação teórica, se desentenderia com a porventura expedida pelo usufruidor da matéria em causa e distinta da matéria do cinema; não compreendendo o pintor ou o escultor que a sua intuição, embora reduzidamente apresentada, se efetive em versão mais perfeita que aquela por ele escolhida e adequada à sua vocação. O elo que aglutina a intuição do criador à matéria de sua preferência, capitulando-se entre os sortilégios da arte, impede que o criador transija em desviar para outra matéria as convicções que mantém acerca daquela de sua consangüinidade, convicções concernentes ao desígnio de sua matéria em lhe ser de fidelidade exclusiva.

Por tudo isso, a incidência da especulação filosófica deve também repousar na autonomia do gênero conquanto concretizado por matéria própria, sendo importante estabelecer que a mesma história, imaginada pelo autor, não se prestará, em grau de idêntico êxito quanto ao mérito artístico, à técnica do cinema e à técnica da literatura; segundo o seu criador seja cineasta ou literato, segue-se a ímpar materialização dessa história, inoculando-se nela os requisitos, os caracteres da entidade que a tornou passível de comunicação com o público. Dir-se-á então que a história em si mesma não se valoriza a ponto de impor, no julgamento estético, a sua presença determinante, competindo esse decisivo papel à encarnação do assunto, da história que assim passa a valer em identidade com a escolhida matéria. A autonomia do gênero artístico se discerne como o preliminar de toda consideração crítica, limitando a seu setor as apreciações supervenientes, o que aproveita à cinematografia atual que, infringindo aquela norma, com intromissões de valores do teatro, da pintura etc., entretanto às vezes oferece ao espectador momentos de sua verdadeira matéria, até presumindo-se que ali estão à revelia do cineasta. Manifestações de puro cinema se encontram em obras de materialidade eclética, no entanto a conceituação crítica a seu respeito sempre se opera com a adição de ressalvas, a menos que o crítico, aceitando a mistura de díspares matérias, se contente com as suplementações que à imagem concederam os valores de outros gêneros artísticos. Ordinariamente, a crítica se faz alheia a quaisquer

A INCIDÊNCIA DA CRÍTICA 241

alusões a propósito da autonomia da imagem cinematográfica, e quando acontece refletir sobre o assunto, é geral o reconhecimento de que a ela resulta menos danosa a intervenção da cor que a intervenção da sonoridade. Tal observação advém de um preconceito muito arraigado nos que especulam em torno de problemas artísticos: o de estimar, excessivamente, as entidades empíricas em sua congenialidade de aparência, de forma que o vulto surgido na tela deve ser. em seu caráter óptico, o mesmo enquanto em sua realidade, em sua representação primeira.

Embora, em época anterior à maturidade do cinema, já a pintura houvesse demonstrado que a presença da cor não significava o cego respeito à integridade real da aparência, com que se mostram as coisas, nem por isso o exemplo da própria pintura veio a colaborar, como argumentação, no intento de garantir-se a imagem em preto e branco, na plenitude de sua autonomia. Em obras de Matisse, contemporâneas dos começos do cinema, a coloração se ditava não pelas entidades reais, a que correspondiam, e sim pela arbitrariedade criadora de quem as pintara, assim libertando o seu gênero artístico de uma tradicional convenção; sem dúvida que se pode chamar de convenção a essa disciplina sempre ativada por um realismo que retirava e retira do autor, sem que ele tenha consciência do desvio, um dos ensejos mais fecundos quanto à observância da matéria, no domínio da arte: o de condicionar às exigências da personalidade do criador a feição aparencial dos elementos mais adstritos ao seu papel de modelo, dos mais positivos na preservação de sua índole natural. Tratando-se da imagem do cinema, o seu afastamento da exatidão visual, com que se via na representação primeira, equivalia ao descaso daquele pintor em relação a algo que era do terreno de sua preferida matéria, da cor; descaso muito mais sério que o contido na imagem cinematográfica, este a consistir na exclusão de uma entidade, não de sua escolhida matéria, mas de outro gênero artístico. Matisse prestigiou a matéria de sua arte ao diminuir-lhe a fonte do empírico abastecimento, avocando a si a faculdade de dispor da coloração em termos de intuitividade, de projeção da individualidade artística na obra que, necessariamente, se desvincula das categorias da realidade; mesmo das que mantêm aproximações com a especialidade da própria obra, à maneira da cor que possui encantamentos em sua normalidade de origem, antes de converter-se em matéria de arte.

Com a representação do estúdio, com a representação primeira, a apresentar um tipo de fundamentação concreta, no qual o desempenho da câmera é um testemunho e não um processo de fábrica, de feitura, à semelhança do que anima o pintor ou o escultor com as suas mãos; e definindo-se como registradora apenas dos sucessos da representação primeira, a cinematografia se revela inseparável de

242 A IMAGEM AUTÔNOMA

concreções e por conseguinte, de todas as artes, a menos propícia a eliminações dentro de sua matéria, dificilmente operando-se nela um fenômeno igual ao que se verificou na carreira de Matisse. Assim como, para o levantamento do testemunho, se creditam todos os meios de curiosa observação, para a tarefa da lente, no fito de obter a imagem cinematográfica, se apela a todos os recursos derivados da mesma câmera, da pura visualidade da objetiva, legitimando-se tudo o que for proveniente de seu emprego. A câmera é um olhar prodigiosamente móvel, que entretanto se ordena, se disciplina, mercê dos objetos com que se defronta, em seu caráter de olho-testemunha, aplicado na representação primeira; nesse mister, a câmera se evidencia o permanente qualificador de toda a crítica formal, o dado especulativo e indispensável em qualquer momento de valorização estética, sendo a lente da própria crítica, desde que, através de seu cristal, se anotam e se julgam os predicamentos da imagem em preto e branco. Nenhuma consideração se tece, a propósito de um filme, sem a presença da câmera, muitas vezes o especulador, ao utilizá-la mentalmente, desloca-a do caminho, da posição em que a situaram, a fim de que melhor ela se ponha em seu exercício, no caso de parecerem incorretas a ele, o especulador, as mobilidades e imobilidades conduzidas pelo autor da fatura. Visar à câmera significa visar à matéria cinematográfica, ela exercendo o papel do olhar do espectador, o qual não se entende senão na medida em que recai sobre figuras, acomodando-as de conformidade com o seu metro.

A fim de devidamente operar-se, a atividade crítica, em qualquer de suas modalidades, procede de uma prática da meditação, que não é mais nem menos que a ação de uma câmera interna, recompondo e alterando o que vira na sala das exibições; o pensamento move-se em desejada direção, ora repetindo o que presenciara o seu portador, ora inovando segundo a reforma que recomendaria se, em tempo, lera o cenário antes de sua efetivação em filme. Fazendo as vezes da câmera, agora sob a sua orientação ideal, o crítico assume a posição de tardio cenarizador, promovendo atitudes e ações de uma lente que, reclusa ao entendedor da matéria, todavia se estenderá à compreensão dos leitores que assistiram à obra em apreço. Talvez mais do que a qualquer outra espécie de crítica, à do cinema torna-se necessário que o leitor haja visto a obra em apreciação, e que assim contenha, na memória, a subtela na qual acolherá a proposta emenda. Quanto à crítica de outras artes visuais, há momentos de consideração que independem da circunstância de o objeto estético ter sido, ou não, contemplado pelo leitor, no cinema, afora a dificuldade de substituir-se o conhecimento direto por alusões meramente verbais, existe a sucessão de cenas que é, em última instância, um processo durante o qual se impossibilita a estabilização delas; tais contingên-

A INCIDÊNCIA DA CRÍTICA 243

cias incapacitam o autor da crônica ou do ensaio a convencer, no mesmo grau com que convence os havidos espectadores, aqueles que não estiveram na sala das sessões. Nenhum tipo de sabedor, de testemunha de obra de arte, se faz tão precioso para a crítica, como o do cinema, em cuja imaginação reside uma lupa de internas cinematografias, pronta a mover-se de conformidade com o aceno crítico, e só se abastece, satisfatoriamente, com os dados que a recordação lhe faculta. Acresce a conjuntura de a crítica desenvolver-se no campo da matéria, campo que induz à detença formal e que impede, para efeito de comunicação, que o processo cinematográfico se deixe permutar por outros meios que os oferecidos pela câmera; por conseguinte, a observação, o adendo, a corrigenda, o reparo e quaisquer sugestões trazidas pelo crítico em sua qualidade de assimilador dos elementos, das imagens instituídas na fatura, se sobressaem como correspondências à insubstituível matéria, e exprimem instantes de ressalva àquilo que ele transferiu para a sua câmera interior.

Inseparável da matéria a que se incorpora, a ideação artística, seja na profundidade da intuição, seja no simples aproveitamento de uma novela, exigirá do crítico o recebê-la de envolta com a original substância, e desse modo atender aos reclamos com que ela, parecendo um corpo vivo, defende a nominalidade exposta, de acordo com ela mesma. Tem a matéria, portanto, mais do que o caráter de fator veiculativo, ela se estatui na posição de essência, de núcleo de identidade e de integração congênitas, de definidora de seu respectivo ser. A nominalidade de uma obra artística, por se ater inerentemente à matéria, retornaria à indiferente abstração desde que se desarticulasse de sua privativa aparência. No caso do cinema, existe a segurança de a obra não necessitar, a fim de bem difundir-se, de alienar à outra matéria a nominação que lhe está aglutinada. A cinematografia possui o privilégio de contar com muito maior divulgação que os outros gêneros visuais, inclusive computando-se em seu favor os filmes que a televisão projeta; portanto, o crítico dessa arte dispõe de uma cota de leitores que viram as produções de que ele cuida e lêem os seus juízos estéticos, que ultrapassa a do crítico de literatura em relação ao conhecimento que os seus leitores possuem sobre as obras por este referidas, criando-se, para o cinema, um volume de interesses que as obras-primas dos demais gêneros não podem alcançar, ainda que desfrutem das técnicas de representação. A publicidade pela difusão, na íntegra, do original único e zelosamente preservado em museu ou coleção particular, tal como se verifica principalmente no domínio da pintura, de forma que o exemplar da reprodução se compara, para fins de apreciação estética, ao próprio original único, a publicidade assim profusamente satisfatória inexiste no campo do cinema; nisso equiparando-se à literatura,

244 A IMAGEM AUTÔNOMA

cujo exemplar – o livro – se multiplica indefinidamente, conservando-se intato em sua condição de modelo único. Mas, exibindo-se menos pródigo do que a literatura, o cinema, em seu mister de expor imediatas figurações, restringe-se à matéria de que se perfaz, fornecendo à crítica os valores que na câmera se contêm, e que visam exclusivamente à imagem em preto e branco e silenciosa. Enquanto a matéria da literatura torna infinito o repertório dos temas, a matéria da cinematografia demarca a natureza e as dimensões de sua nominalidade que virá à tela segundo o deferimento que lhe confere a câmera, esta, por sua vez, adstrita à pura visualidade.

Inadvertida a propósito dessa limitação, a crítica cinematográfica sempre se norteou no sentido de exceder os valores da simples matéria, sendo comuns os casos em que nem sequer se mencionam esses valores, indo freqüentemente ao setor literário, inclusive a alguns pontos que até dispensam o conspecto de figuras, como certas digressões verbais que nem o teatro acolheria. A influência da literatura na crítica do cinema recebeu estímulos propiciados pelas empresas produtoras: em vez de providenciarem nominações, assuntos que se entendessem com a câmera e sua imagística, valeram-se de romances, de contos, de peças, de passagens históricas que a literatura já externara; e as considerações que se emitiam quanto às obras literárias mantiveram-se no tocante aos filmes correspondentes, com as ditas considerações a se modularem de acordo com os moldes da literatura e não de conformidade com os cometimentos da câmera na plenitude de sua autonomia. Se o ensejo crítico se demorasse no que o modelo possuísse de figuração e de arranjo cênico, sugerindo que certas atitudes de protagonistas – atitudes de pura visualidade – tivessem a sua exatidão repetida pelo fotógrafo, assim alcançar-se-ia um momento de legitimidade crítica a se prestar tanto à literatura como ao cinema. Ressalvada a contingência de, na primeira, a figuração mostrar-se à mente do leitor, e, no segundo, de forma direta e imediata aos olhos dele, resta entretanto o acervo das entidades faciais, que, inegavelmente, encerram substâncias comuns a ambos os gêneros artísticos. Nesse tocante não seria indevida a presença do entendido de literatura em questões de cinema, conquanto ela se reduzisse ao que aquela dispõe de cinematografável, precisamente aquelas coisas que, durante a leitura, vêm à subjetividade do leitor e parecendo trazidas por uma lente à margem da imaginação, e seguindo-lhe os acontecimentos ópticos. Dentro ainda desse aspecto, registra-se o influxo do cinema sobre ficções literárias que se ordenam e se desenvolvem à semelhança de cenários; o autor, à medida que compõe a tessitura, passa a utilizar aquela câmera posta ao lado de sua imaginativa, imprimindo em seu romance, em seu conto, o arranjo cênico, o estilo de apresentação visual que tem na cinema-

A INCIDÊNCIA DA CRÍTICA 245

tografia o seu terreno mais adequado. A nova arte contribui, sem dúvida, para uma preocupação mais instante acerca das visualidades que a literatura absorve, e a crítica, especializando-se nessa via que tanto interessa ao cinema como à literatura, envolve uma contingência, no plano teórico, ainda não esclarecidamente discernida: a de o crítico de determinado gênero necessitar, tendo em vista a comunidade de ser entre acidentes de uma e outra arte – sem infringência do princípio de autonomia de cada gênero artístico – de sensibilidade para as conjunturas em que eles se processam no decorrer da criação, sensibilidade que atinge os poderes de cada uma das respectivas matérias.

Numa espécie de território neutro, onde se abastecem os autores de diferentes artes, contendo inspirações e elementos que uns e outros podem usufruir, a imagética se distribui na forma de pensamento e na forma de concreta objetividade, assim prestando-se à literatura e à cinematografia. A fonte comunitária proporciona, às vezes, acidentes que levam a confusões teóricas, à maneira da que ainda obscurece o entendimento sobre a feição plástica na pintura: a qual é matéria do gênero escultórico mas que na pintura não aparece com a constituição empírica de sua corporeidade, e sim sob a feição representativa do desenho. Em quadros como os de David – o fenômeno está presente em todos os instantes de exacerbação classicista – há configurações que parecem fotografias de volumes, com evidente redução da forma cromática, sendo esta a entidade pictórica por excelência. Assemelha-se, conseqüentemente, ao modo de criação de tais pintores, ao acidente plástico na obra de pintura, o acidente cinematográfico na obra de literatura, principalmente depois da maturação do cinema. Tratando-se da concorrência de entidades que fecundam outro gênero artístico, além daquele em que se situam na qualidade de matéria – a exemplo do volume escultórico que se vê desenhado na tela da pintura, do arranjo cênico próprio da cinematografia, mas também existente na composição literária – tratando-se de tais concorrências no domínio da literatura e do cinema, há que salientar a verificação de que muitos episódios da arte literária, anteriores à aparição do cinema, se estruturaram de conformidade com o futuro gênero artístico; a especulação vindo agora a anotar, prestigiando antigas obras, um atributo, um predicamento, de todo impossível de revelar-se nas épocas em que foram escritas: a presença, nelas, e de modo virtual, de valores do cinema antes da própria cinematografia.

Oferece-se, portanto, à crítica literária e à crítica cinematográfica a ocasião de recolher, em feituras literariamente concebidas e executadas, os dados cênicos de clara cinematografia, trechos de cenário, apenas escritos sem a esquematização técnica dos verdadeiros. Tais

246 A IMAGEM AUTÔNOMA

vocações de cineasta lembram a de alguns autores que, seguros de sua habilidade em compor situações e relacioná-las entre si, dispensam o cenário em sua feição de escritura, criando-o mentalmente, à medida que desenvolve a urdidura, à base de leves apontamentos. Para que a improvisação não venha a prejudicar a estrutura e o tratamento do filme, a crítica recomendará que a história, a nominação, se isente de lateralidades, que seja a menos complexa possível, e então ela proporcionaria ao crítico espectador um empenho maior na observação das imagens e do comportamento da câmera; e, ao não se deter especialmente na história, ela, a crítica, se faria mais cinematográfica, presa aos valores de sua exclusiva competência. Outro ponto, ainda, suscita a improvisação do cineasta: ela geralmente nasce quando o autor reúne em si tarefas outras que a de mera cenarização, constituindo-se no inteiro confeccionador da obra, esta a propiciar, ao espectador atento, a impressão de unidade que é difícil de obter em faturas que se compuseram com muitos intervenientes. A crítica formal, sem ir ao extremo de pretender que a fita se arme a expensas de um fio de assunto, despido de reais ou virtuais encarecimentos de teor humano, aspiraria a que a matéria e a respectiva nominalidade não lhe dessem a impressão de algo repartível e de pronta passividade diante de analíticos exames; ao inverso, ela almejara, posto o filme em representação segunda, em exibição na tela, e em virtude da unidade que transpira, da função de todos os seus elementos e valores, que nenhum desejo de parcelar a obra se lhe inculque, no decorrer da captação estética, do acolhimento à ideação do cineasta. Quando esta se faz presente, a atividade analítica do espectador é sempre uma fase subseqüente à da contemplativa assimilação, que às vezes se executa sem o mesmo contentamento, molestando-se o crítico em encontrar defeitos ali onde só esperara perfeições; porém, as falhas decerto existentes numa arte em que tantos são os setores que devem ser atendidos nunca se revelam suficientemente graves para comprometer uma perfeição mais transcendente: a do conúbio entre a matéria e a intuição, já uma vez consubstanciada na figura e no comportamento de Carlito.

Prescindindo da obediência ao cenário escrito, a confecção que de improviso se elabora não subordina os seus flagrantes e minúcias ao arbítrio da lente, vigorando, no transcurso da filmagem, um sentido de unificadora composição; o cineasta se conduz um tanto à maneira do documentarista, daquele que apreende, com a câmera, as coisas que não relutam em oferecer a permanência de sua originalidade. A iniciativa e a resolução do momento, embora se empreguem em formações tecidas na hora e com os ensaios procedidos apressadamente, com os intérpretes a desconhecerem, inclusive, a natureza do próximo trabalho, a atuação do criador que independe

A INCIDÊNCIA DA CRÍTICA 247

de antecipado programa, desvela uma inclinação que, em si, não leva necessariamente a superiores resultados, reconhecendo-se que a cenarização mais condizente com a feição mental da cinematografia é aquela que se baseia na prévia escritura. É evidente que, em sua raridade, a improvisação merece relevo como prova de singular vocação para o cinema; contudo, a aplicação desse regime estritamente pessoal elimina aquela escritura, um elemento que, oriundo da prática do cinema, encerra características próprias e, em si mesmo, pode ser considerado um setor da literatura; detentor de essências que vão diretas à imaginação do leitor, se, transcendendo do âmbito profissional, fosse ele, o escrito cenário, distribuído aos curiosos e conhecedores das siglas e nomes técnicos. Desaparecidas as produções que se apresentaram na tela – a fragilidade do filme, a sua conservação dificultosa contrastam com o sentido de perpetuação da arte – restariam os cenários correspondentes que estimulariam a mente do leitor a proceder como a lupa cinematográfica, assim mostrando-se-lhe na imaginativa o que não mais conseguiria por meio da tela, fixa diante dos assistentes.

Está ameaçada de extinção – se é que se guardam os cenários escritos – a memória de cenas e seqüências de valor cinematográfico, de trechos que, mesmo considerados merecedores de elogio, não foram suficientemente narrados pelos enaltecedores de sua importância; e ainda mais ameaçadas de extinção se encontram as obras que se fizeram independentemente de cenário, apenas mediante apontamentos muito breves, e às vezes sem apontamento algum. Ocorre, para maior gravidade do perdimento, que várias e condignas situações cênicas se compuseram à revelia de nótulas, de indicações, de como procedeu o diretor na ocasião de utilizar a câmera, tais os momentos de improvisação de Chaplin, de King Vidor, este sendo portador de extraordinária vocação para a matéria da cinematografia. A contingência de lidar com história obrigou-o a cingir-se a instantes psicológicos, a dramaticidades a que podiam concorrer também o teatro e a óptica indireta da literatura; mas, a despeito de tão íntima comunidade de assunto, King Vidor forneceu à crítica especializada muitos ensejos de esta recair nos sós poderes da câmera, reservando a receptividade assimiladora para o exclusivo empenho ocular, a imagem pura a lhe parecer a meta da perfeição, e a asseguradora da posição do cinema em termos de grande arte. Em virtude de dominar, como poucos, a matéria cinematográfica, a extremos conduzia a sua desenvoltura, improvisando cenas que iriam impressionar o entendido espectador, porque eram verdadeiramente dignas de preservar-se, de gloriosamente abrir-se à divulgação, de franquear-se como se franqueiam os livros, os quadros de pintura, acessíveis, onde se conservam os seus exemplares, preciosos ou múltiplos. Agradava a King

248 A IMAGEM AUTÔNOMA

Vidor – assim se depreende de declarações de sua lavra – esclarecer que, salvo notas curtas e de caráter mnemônico, de nenhuma coadjuvação, externa à imaginativa, se valera durante a filmagem de *A Turba*, prevalecendo, em certos instantes, a própria ocasionalidade, a invenção repentina que, de tão correta, se ajustava à cena anterior e não impunha óbices às cenas seguintes. Ele acreditava no seu pendor pela cinematografia, mas, com essa convicção acerca de seu modo individual de entender-se com a matéria, se esvaía um elemento que, publicado, garantiria a permanência da obra em grau de virtualização, o que seria uma forma de ganhá-la. Trata-se do cenário que não foi escrito e a *A Turba* é quase impossível retornar à tela, desvanecendo-se mais ainda a esperança ao saber-se que, no tempo de sua estréia, não se constituíra em êxito comercial, nem se inscreveu na historiografia crítica o lugar que justamente convinha à obra e ao autor.

CINEMA NA PERSPECTIVA

A Significação no Cinema
Christian Metz (D054)

A Bela Época do Cinema Brasileiro
Vicente de Paula Araújo (D116)

Linguagem e Cinema
Christian Metz (D123)

Sétima Arte: Um Culto Moderno
Ismail Xavier (D142)

Práxis do Cinema
Noel Burch (D149)

Salões, Circos e Cinemas de São Paulo
Vicente de Paula Araújo (D163)

Um Jato na Contramão
Eduardo Peñuela Cañizal (org.)
(D262)

Humberto Mauro, Cataguases, Cinearte
Paulo Emílio Salles Gomes
(E022)

A Imagem Autônoma
Evaldo Coutinho (E147)

COLEÇÃO ESTUDOS

1. *Introdução à Cibernética*, W. Ross Ashby.
2. *Mimesis*, Erich Auerbach.
3. *A Criação Científica*, Abraham Moles.
4. *Homo Ludens*, Johan Huizinga.
5. *A Lingüística Estrutural*, Giulio C. Lepschy.
6. *A Estrutura Ausente*, Umberto Eco.
7. *Comportamento*, Donald Broadbent.
8. *Nordeste 1817*, Carlos Guilherme Mota.
9. *Cristãos-Novos na Bahia*, Anita Novinsky.
10. *A Inteligência Humana*, H. J. Butcher.
11. *João Caetano*, Décio de Almeida Prado.
12. *As Grandes Correntes da Mística Judaica*, Gershom G. Scholem.
13. *Vida e Valores do Povo Judeu*, Cecil Roth e outros.
14. *A Lógica da Criação Literária*, Käte Hamburger.
15. *Sociodinâmica da Cultura*, Abraham Moles.
16. *Gramatologia*, Jacques Derrida.
17. *Estampagem e Aprendizagem Inicial*, W. Sluckin.
18. *Estudos Afro-Brasileiros*, Roger Bastide.
19. *Morfologia do Macunaíma*, Haroldo de Campos.
20. *A Economia das Trocas Simbólicas*, Pierre Bourdieu.
21. *A Realidade Figurativa*, Pierre Francastel.
22. *Humberto Mauro*, Cataguases, Cinearte, Paulo Emílio Salles Gomes.
23. *História e Historiografia do Povo Judeu*, Salo W. Baron.
24. *Fernando Pessoa ou o Poetodrama*, José Augusto Seabra.
25. *As Formas do Conteúdo*, Umberto Eco.
26. *Filosofia da Nova Música*, Theodor Adorno.
27. *Por uma Arquitetura*, Le Corbusier.
28. *Percepção e Experiência*, M. D. Vernon.

29. *Filosofia do Estilo*, G. G. Granger.
30. *A Tradição do Novo*, Harold Rosenberg.
31. *Introdução à Gramática Gerativa*, Nicolas Ruwet.
32. *Sociologia da Cultura*, Karl Mannheim.
33. *Tarsila – sua Obra e seu Tempo* (2 vols.), Aracy Amaral.
34. *O Mito Ariano*, Léon Poliakov.
35. *Lógica do Sentido*, Gilles Delleuze.
36. *Mestres do Teatro I*, John Gassner.
37. *O Regionalismo Gaúcho*, Joseph L. Love.
38. *Sociedade, Mudança e Política*, Hélio Jaguaribe.
39. *Desenvolvimento Político*, Hélio Jaguaribe.
40. *Crises e Alternativas da América Latina*, Hélio Jaguaribe.
41. *De Geração a Geração*, S. N. Eisenstadt.
42. *Política Econômica e Desenvolvimento do Brasil*, Nathanael H. Leff.
43. *Prolegômenos a uma Teoria da Linguagem*, Louis Hjelmslev.
44. *Sentimento e Forma*, Susanne K. Langer.
45. *A Política e o Conhecimento Sociológico*, F. G. Castles.
46. *Semiótica*, Charles S. Peirce.
47. *Ensaios de Sociologia*, Marcel Mauss.
48. *Mestres do Teatro II*, John Gassner.
49. *Uma Poética para Antonio Machado*, Ricardo Gullón.
50. *Burocracia e Sociedade no Brasil Colonial*, Stuart B. Schwartz.
51. *A Visão Existenciadora*, Evaldo Coutinho.
52. *América Latina em sua Literatura*, Unesco.
53. *Os Nuer*, E. E. Evans-Pritchard.
54. *Introdução à Textologia*, Roger Laufer.
55. *O Lugar de Todos os Lugares*, Evaldo Coutinho.
56. *Sociedade Israelense*, S. N. Eisenstadt.
57. *Das Arcadas do Bacharelismo*, Alberto Venancio Filho.
58. *Artaud e o Teatro*, Alain Virmaux.
59. *O Espaço da Arquitetura*, Evaldo Coutinho.
60. *Antropologia Aplicada*, Roger Bastide.
61. *História da Loucura*, Michel Foucault.
62. *Improvisação para o Teatro*, Viola Spolin.
63. *De Cristo aos Judeus da Corte*, Léon Poliakov.
64. *De Maomé aos Marranos*, Léon Poliakov.
65. *De Voltaire a Wagner*, Léon Poliakov.
66. *A Europa Suicida*, Léon Poliakov.
67. *O Urbanismo*, Françoise Choay.
68. *Pedagogia Institucional*, A. Vasquez e F. Oury.
69. *Pessoa e Personagem*, Michel Zeraffa.
70. *O Convívio Alegórico*, Evaldo Coutinho.
71. *O Convênio do Café*, Celso Lafer.
72. *A Linguagem*, Edward Sapir.
73. *Tratado Geral de Semiótica*, Umberto Eco.
74. *Ser e Estar em Nós*, Evaldo Coutinho.
75. *Estrutura da Teoria Psicanalítica*, David Rapaport.
76. *Jogo, Teatro & Pensamento*, Richard Courtney.
77. *Teoria Crítica I*, Max Horkheimer.
78. *A Subordinação ao Nosso Existir*, Evaldo Coutinho.
79. *A Estratégia dos Signos*, Lucrécia D'Aléssio Ferrara.
80. *Teatro: Leste & Oeste*, Leonard C. Pronko.
81. *Freud: a Trama dos Conceitos*, Renato Mezan.
82. *Vanguarda e Cosmopolitismo*, Jorge Schwartz.
83. *O Livro dIsso*, Georg Groddeck.

84. *A Testemunha Participante*, Evaldo Coutinho.
85. *Como se Faz uma Tese*, Umberto Eco.
86. *Uma Atriz: Cacilda Becker*, Nanci Fernandes e Maria Thereza Vargas (org.).
87. *Jesus e Israel*, Jules Isaac.
88. *A Regra e o Modelo*, Françoise Choay.
89. *Lector in Fabula*, Umberto Eco.
90. *TBC: Crônica de um Sonho*, Alberto Guzik.
91. *Os Processos Criativos de Robert Wilson*, Luiz Roberto Galizia.
92. *Poética em Ação*, Roman Jakobson.
93. *Tradução Intersemiótica*, Julio Plaza.
94. *Futurismo: uma Poética da Modernidade*, Annateresa Fabris.
95. *Melanie Klein I*, Jean-Michel Petot.
96. *Melanie Klein II*, Jean-Michel Petot.
97. *A Artisticidade do Ser*, Evaldo Coutinho.
98. *Nelson Rodrigues: Dramaturgia e Encenações*, Sábato Magaldi.
99. *O Homem e seu Isso*, Georg Groddeck.
100. *José de Alencar e o Teatro*, João Roberto Faria.
101. *Fernando de Azevedo: Educação e Transformação*, Maria Luiza Penna.
102. *Dilthey: um Conceito de Vida e uma Pedagogia*, Mª Nazaré de Camargo Pacheco Amaral.
103. *Sobre o Trabalho do Ator*, Mauro Meiches e Silvia Fernandes.
104. *Zumbi, Tiradentes*, Cláudia de Arruda Campos.
105. *Um Outro Mundo: a Infância*, Marie-José Chombart de Lauwe.
106. *Tempo e Religião*, Walter I. Rehfeld.
107. *Arthur Azevedo: a Palavra e o Riso*, Antonio Martins.
108. *Arte, Privilégio e Distinção*, José Carlos Durand.
109. *A Imagem Inconsciente do Corpo*, Françoise Dolto.
110. *Acoplagem no Espaço*, Oswaldino Marques.
111. *O Texto no Teatro*, Sábato Magaldi.
112. *Portinari, Pintor Social*, Annateresa Fabris.
113. *Teatro da Militância*, Silvana Garcia.
114. *A Religião de Israel*, Yehezkel Kaufmann.
115. *Que é Literatura Comparada?*, Brunel, Pichois, Rousseau.
116. *A Revolução Psicanalítica*, Marthe Robert.
117. *Brecht: um Jogo de Aprendizagem*, Ingrid Dormien Koudela.
118. *Arquitetura Pós-Industrial*, Raffaele Raja.
119. *O Ator no Século XX*, Odette Aslan.
120. *Estudos Psicanalíticos sobre Psicossomática*, Georg Groddeck.
121. *O Signo de Três*, Umberto Eco e Thomas A. Sebeok.
122. *Zeami: Cena e Pensamento Nô*, Sakae M. Giroux.
123. *Cidades do Amanhã*, Peter Hall.
124. *A Causalidade Diabólica I*, Léon Poliakov.
125. *A Causalidade Diabólica II*, Léon Poliakov.
126. *A Imagem no Ensino da Arte*, Ana Mae Barbosa.
127. *Um Teatro da Mulher*, Elza Cunha de Vicenzo.
128. *Fala Gestual*, Ana Claudia de Oliveira.
129. *O Livro de São Cipriano: uma Legenda de Massas*, Jerusa Pires Ferreira.
130. *Kósmos Noetós*, Ivo Assad Ibri.
131. *Concerto Barroco às Óperas do Judeu*, Francisco Maciel Silveira.
132. *Sérgio Milliet, Crítico de Arte*, Lisbeth Rebollo Gonçalves.
133. *Os Teatros Bunraku e Kabuki: Uma Visada Barroca*, Darci Kusano.
134. *O Ídiche e seu Significado*, Benjamin Harshav.
135. *O Limite da Interpretação*, Umberto Eco.
136. *O Teatro Realista no Brasil: 1855-1865*, João Roberto Faria.
137. *A República de Hemingway*, Giselle Beiguelman-Messina.

138. *O Futurismo Paulista*, Annateresa Fabris.
139. *Em Espelho Crítico*, Robert Alter.
140. *Antunes Filho e a Dimensão Utópica*, Sebastião Milaré.
141. *Sabatai Tzvi: O Messias Místico I, II, III*, Gershom Scholem.
142. *História e Narração em Walter Benjamin*, Jeanne Marie Gagnebin.
143. *Bakhtin*, Katerina Clark e Michael Holquist.
144. *Os Direitos Humanos como Tema Golbal*, J. A. Lindgren.
145. *O Truque e a Alma*, Angelo Maria Ripellino.
146. *Os Espirituais Franciscanos*, Nachman Falbel.
147. *A Imagem Autônoma*, Evaldo Coutinho
148. *A Procura da Lucidez em Artaud*, Vera Lúcia Gonçalves Felício